Gerechtigkeit leben

Veröffentlichungen der
Rudolf-Bultmann-Gesellschaft für
Hermeneutische Theologie e. V.

Gerechtigkeit leben

Konkretionen des Glaubens in der gegenwärtigen Welt

Herausgegeben von Christof Landmesser und Doris Hiller

EVANGELISCHE VERLAGSANSTALT
Leipzig

Bibliographische Information der Deutschen Nationalbibliothek
Die Deutsche Nationalbibliothek verzeichnet diese Publikation in der Deutschen Nationalbibliographie; detaillierte bibliographische Daten sind im Internet über http://dnb.dnb.de abrufbar.

Printed in Germany

Das Buch wurde auf alterungsbeständigem Papier gedruckt.

Cover: Kai-Michael Gustmann, Leipzig
Satz: Doris Hiller, Heidelberg
Druck und Binden: Hubert & Co., Göttingen

ISBN 978-3-374-05380-3
www.eva-leipzig.de

Vorwort

Der vorliegende Sammelband dokumentiert die ausgearbeiteten Vorträge der 19. Jahrestagung der Rudolf-Bultmann-Gesellschaft für Hermeneutische Theologie, die vom 20.–22. Februar 2017 in der Evangelischen Tagungsstätte Hofgeismar stattfand. Mit ihrem Thema »Gerechtigkeit leben. Konkretionen des Glaubens in der gegenwärtigen Welt« schließt sie an die Vorjahrestagung an, die sich mit dem Verständnis von Gerechtigkeit aus theologischer, philosophischer und hermeneutischer Perspektive beschäftigt hat.

Bereits die Planung, die Vorträge und die Diskussionen der 18. Jahrestagung 2016 haben deutlich gemacht, dass »Gerechtigkeit« ein Lebenskonzept ist. Gerechtigkeit findet sich dort, wo gerecht gelebt wird. Die in diesem Band versammelten Aufsätze widmen sich dem weiteren Verständnis von »Gerechtigkeit« im Horizont der »Gerechtigkeit Gottes« als Auseinandersetzung mit konkreten gesellschaftlichen Aufgaben und Herausforderungen. Der Referentin und den Referenten sei an dieser Stelle ebenso gedankt, wie allen Teilnehmerinnen und Teilnehmern, die das Lebensthema zum Gesprächsthema gemacht haben.

Zu danken haben wir auch denen, die zum Gelingen der Tagung beigetragen haben, insbesondere der Leitung und den Mitarbeiterinnen und Mitarbeitern der Evangelischen Tagungsstätte Hofgeismar. Unser Dank gilt ebenso allen, die an der Dokumentation der Tagung beteiligt waren, Max Bohley und Christopher Zeyher für das gewissenhafte Korrekturlesen und den Mitarbeiterinnen und Mitarbeitern der Evangelischen Verlagsanstalt Leipzig mit ihrer Verlagsleiterin Dr. Annette Weidhas für die ausgezeichnete editorische Betreuung.

Tübingen und Heidelberg im Oktober 2017
Christof Landmesser
Doris Hiller

Inhalt

Einleitung

Gerechtigkeit ist konkret. Sie steht für Lebensvollzüge und Beziehungsverhältnisse. Gerechtigkeit gestaltet Leben. Gerechte Verhältnisse werden gelebt. Aus der Reflexion auf einen vielschichtigen Begriff erwächst die Beschäftigung mit gelebter Gerechtigkeit. Dieser Erkenntnis sahen sich bereits die Beiträge der 18. Jahrestagung der Rudolf-Bultmann-Gesellschaft für Hermeneutische Theologie e.V. verpflichtet, die sich dem Verstehen von Gerechtigkeit gewidmet haben[1]. Das begonnene Gespräch, orientiert an der ›Gerechtigkeit Gottes‹ (Röm 1,17), bedarf der Fortführung hinein die Herausforderung menschlicher Gemeinschaft und Gesellschaft.

Gründet gelebte Gerechtigkeit in Gottes Gerechtigkeit, dann ist es notwendig und sinnvoll, zunächst den biblischen Spuren zu folgen. Lukas Bormann (Marburg) geht in seinem Beitrag den Konzepten sozialer Gerechtigkeit im Neuen Testament vor dem Hintergrund des alttestamentlich und im Judentum bereits etablierten Maßstabs der Lebensdienlichkeit nach. Gebunden an theokratische Strukturen, erhalten die in Kreuz und Auferstehung Jesu gedeutete Befreiung und die im Leben Jesu manifeste Option für die Armen auch eine politische Qualität. Mit seiner These, dass die Wahrnehmung von Texten als politische Texte selbst ein politscher Akt ist, zeichnet Bormann die Linien zu einer Auseinandersetzung um eine herrschaftskritische, politische Theologie.

Dass der Zusammenbruch eines Unrechtsstaates nicht selbstverständlich in gerechte Lebenszusammenhänge führt, zeigt Christian Stäblein (Berlin) in seinem theologisch-literarischen Beitrag. Orientiert an Juli Zehs Gesellschaftsroman »Unterleuten« fragt er danach, ob und was Kirche dem morbiden Verfall gesellschaftlichen Lebens entgegenzusetzen hat. Eine Gerechtigkeit, die als Sonne besungen wird, scheint von Gott her und dringt so auch im säkularen Raum zumindest als diakonisches Handeln durch.

Ganz konkret stellt sich die Frage nach gerechten Verhältnissen im Raum wirtschaftlichen Handelns. Hier gibt Ute Mennecke (Bonn) Einblicke in die Diskussionen um den Kaufmannsstands im Mittelalter und in der Reformationszeit. Zins und Wucher stehen generell unter dem Verdacht der Ungerechtigkeit.

---

[1] Vgl. Christof Landmesser/Enno Edzard Popkes (Hg.), Gerechtigkeit verstehen. Theologische, philosophische, hermeneutische Perspektiven, Leipzig 2017.

Handel und Marktorientierung sind aber, ausgerichtet an einem iustum pretium, durchaus unter gerechten Verhältnissen lebbar. Gleichwohl bleibt für Martin Luther der Kaufmannsstand ein weltlicher Stand, was aber nicht davon abhält, nach christlich-ethischen Maßstäben zu handeln.

Die ethischen Maßstäbe sind auch Thema der von Johannes Eurich (Heidelberg) eingebrachten praktisch-theologischen Perspektive. Vor dem Hintergrund gegenwärtiger Gerechtigkeitsvorstellungen reflektiert er Gerechtigkeit als Grunddimension christlich-religiöser Praxis. Am Beispiel der Bildungsgerechtigkeit entfaltet er Orientierungen im helfenden und leitenden Handeln der Kirche, konstatiert dann aber am Ende, dass Gerechtigkeit als praxisleitender Themenbegriff einer breiten praktisch-theologischen Diskussion noch aussteht.

In unserer Gesellschaft ist ein Gerechtigkeitsempfinden stark ausgeprägt, weshalb Rochus Leonhardt (Leipzig) mit seinem Beitrag zunächst auf die Gefahr einer Überdehnung des sozialethischen Zentralbegriffs hinweist. Um dem Prägnanzverlust des Begriffs entgegenzuwirken, diskutiert er die Gerechtigkeitskonzepte bei Aristoteles, Zwingli und Luther. Die in der philosophischen und theologischen Tradition geschärfte Unterscheidung von normativer und empirischer Wahrnehmung wird in die gegenwärtige Inklusionsdebatte übertragen. Im aporetischen Charakter solcher Diskussionen zeigt sich, dass der theologische Gedanke des Fragmentarischen eine nach sozialer Vollkommenheit strebende Moral hilfreich unterbrechen kann.

Ein Kennzeichen im Tagungsprogramm der Rudolf-Bultmann-Gesellschaft ist es, sich einem interdisziplinären Diskurs zur stellen. Es ist naheliegend, bei dem diesjährig gewählten Thema einen Sachverständigen der Rechtswissenschaften zu befragen. Der Jurist und Strafrechtswissenschaftler Jörg Kinzig (Tübingen) führt in das Verständnis von Strafgerechtigkeit und strafrechtlicher Sanktionen ein. Der Einblick in konkrete Rechtsprechung führt die juristischen Kriterien in der Urteilsfindung vor Augen und konterkariert sie jeweils mit deren gesellschaftlicher Akzeptanz und dem Ruf nach einem gerechteren Staat. Demgegenüber stehen Untersuchungsergebnisse, die zeigen, dass eine Verschärfung des Strafrechts nicht notwendig zu gerechteren Lebensverhältnissen führt.

Mit den Beiträgen beider Tagungen zur Reflexion auf und Konkretion von »Gerechtigkeit« sind begriffliche Orientierungen geschärft, theologische, philosophische und rechtswissenschaftliche Perspektiven eröffnet und soziale, politische und kirchliche Dimensionen beschrieben, die eine weitere Beschäftigung mit diesem umfassenden Lebensthema theologisch vertieft und hermeneutisch verantwortet begleiten wollen.

Die 19. Tagung der Rudolf-Bultmann-Gesellschaft für Hermeneutische Theologie e.V. war auch verbunden mit einem Rückblick auf ihre Vorgeschichte als theologischer Arbeitskreis. Vor 90 Jahren, im Oktober 1927, traf sich erstmals ein

Kreis von Schülern Rudolf Bultmanns, um auch nach abgelegtem Fakultätsexamen mit ihrem Lehrer im theologischen Austausch bleiben zu können. Das Treffen, dem jährlich weitere folgen sollten, wurzelte auf dem Boden der Marburger Theologischen Fakultät, woraus sich die spätere Bezeichnung der sich stetig erweiternden Gruppe als »Alte Marburger« etablierte. Konrad Hammann (Münster) als ausgewiesener Bultmann-Biograph und Bernd Wildemann (Berlin) als langjähriger Schriftführer und Wegbegleiter der Neuformierung des Arbeitskreises bis in die heutige Rudolf-Bultmann-Gesellschaft für Hermeneutische Theologie e.V. geben mit ihren Beiträgen einen zeit- und theologiegeschichtlich spannenden Einblick. Ihre Beiträge sind ebenfalls in diesem Tagungsband abgedruckt und sind nicht nur für alte und neue Marburger von Interesse.

Christof Landmesser
Doris Hiller

Soziale Gerechtigkeit und ihre politische Verwirklichung im Neuen Testament

Lukas Bormann

1. Problemhorizont

Die Frage nach den Vorstellungen von sozialer Gerechtigkeit im Neuen Testament und ihrer politischen Verwirklichung wird in der deutschsprachigen Theologie spätestens seit der Auseinandersetzung zwischen Dorothee Sölle und Rudolf Bultmann in den frühen siebziger Jahren des vergangenen Jahrhunderts kontrovers diskutiert.[1] Zwischen diesen beiden war die Frage strittig, inwiefern das für Bultmann zentrale Kerygma von Kreuz und Auferstehung Jesu und dessen existentiale Interpretation, in der allein der »moderne Mensch« der Gegenwart die Evangeliumsbotschaft angemessen zu erfassen in der Lage sei, auch eine politische Komponente mit sich bringe.[2] Sölle insistierte in ihrer aus einem Vortrag vor den Alten Marburgern in Hofgeismar am 7. Oktober 1970 hervorgegangenen »Politischen Theologie« darauf, dass das Kerygma, aber auch die rechtfertigungstheologischen Begriffe Sünde und Vergebung »politisch« zu interpretieren seien. Sünde sei die apathisch duldende oder aktive Kollaboration mit dem strukturellen Unrecht der spätkapitalistischen Gesellschaft, Vergebung konkretisiere sich als Befreiung von den Systemzwängen und Sozialpathologien dieser Gesellschaft sowie als Ermöglichung einer solidarischen Praxis.[3]

An der Frage, ob die rechtfertigungstheologisch inspirierte existentiale Interpretation in eine aktive politische Theologie zu überführen sei, schieden sich vielfach die Geister, so dass seit dieser Zeit eine gewisse Polarisierung festzustellen ist. Auf der einen Seite steht eine sozial und politisch engagierte Exegese, die

---

[1] DOROTHEE SÖLLE, Politische Theologie, Stuttgart 1982, 11–111.

[2] RUDOLF BULTMANN, Neues Testament und Mythologie. Das Problem der Entmythologisierung der neutestamentlichen Verkündigung (1941), in: HANS-WERNER BARTSCH (HG.), Kerygma und Mythos, Band 1, Hamburg [4]1960, 15–48, hier 17f.

[3] SÖLLE (s. Anm. 1), 93 u. 100.

sich durch die lateinamerikanische Befreiungstheologie, die feministische Theologie und heute durch die *post-colonial Bible studies* und die mit dieser verbundenen *minority studies* inspirieren lässt, und auf der anderen eine theologisch interessierte Exegese, die die Wahrheit des Evangeliums in philosophische und anthropologische Kategorien fasst.[4] Der gemeinsame Grund ist nach wie vor die historische Methode, so dass in der Regel die Gemeinsamkeiten im Umgang mit den Schriften des Neuen Testaments den Dissens in der Auslegung überwiegen. Auch im Folgenden sollen die Fragen nach der sozialen Gerechtigkeit und ihrer politischen Verwirklichung aus der Perspektive der Gegenwart formuliert werden, die Antworten werden aber aus den in ihrem historischen Kontext interpretierten Texten des Neuen Testaments gegeben.

Das Adjektiv »sozial«, das erst im 19. Jahrhundert zunehmend verwendet wird, um unter dem Stichwort »die soziale Frage« die gesellschaftlichen Folgen der Industrialisierung und die Entstehung der Arbeiterklasse zu reflektieren, kommt in den neutestamentlichen Quellen nicht vor und hat dort auch kein unmittelbares Äquivalent. Dennoch spricht auch das Neue Testament von sozialen Beziehungen zwischen Menschengruppen, die über soziale Eigenschaften näher definiert werden, etwa wenn es das Gegenüber von Reichen und Armen, Besitzenden und Besitzlosen, Geachteten und Verachteten, wie auch Mächtigen und Machtlosen thematisiert (z.B. Lk 6,20–26). In diesem Sinn finden sich im Neuen Testament Texte, die die Frage nach sozialer Gerechtigkeit stellen.

Das Adjektiv ist aber noch aus einem weiteren Grund wichtig. Es macht deutlich, dass sich der so benannte Sachverhalt von Begriff und Sache der »Gerechtigkeit (Gottes)« unterscheidet, mit dem in biblischer Tradition das Verhältnis zwischen Gott und Mensch, genauer zwischen Sünder und rechtfertigendem Gott, benannt wird (z.B. Röm 3,21–31; Mt 5,20). Dieser Gebrauch des Begriffs ist für die protestantische Theologie von herausragender Bedeutung und wird von ihr in einer Tiefe reflektiert, die heute viel zu wenig Beachtung findet. Paulus, Augustinus und Luther waren der Ansicht, dass diese anthropologisch-theologische Gerechtigkeit als relationaler Begriff seit Abraham, wenn nicht gar seit Adam das normative Verhältnis von Gott und Mensch erfasst. Mit Adam und Abraham sind die biblischen Namen genannt, die für die Verdichtung der anthropologisch-theologischen Einsichten stehen, in denen nach reformatorischer Theologie der Mensch in seiner adamitischen wie abrahamitischen Existenz, in

---

[4] Vgl. John J. Collins, The Bible after Babel. Historical Criticism in a Postmodern Age, Grand Rapids 2005, 53–98 und 131–161; Ulrich Luz, Theologische Hermeneutik des Neuen Testaments, Neukirchen-Vluyn 2014, 263–312.

seinem vorfindlichen Sosein wie auch seiner Bestimmung im Glauben charakterisiert ist.[5] Die matthäische wie paulinische Akzentuierung dieses Gerechtigkeitsbegriffs hat Christof Landmesser in seinem Beitrag »Gerechtigkeit und Leben« überzeugend dargestellt.[6]

Die biblische Forderung nach sozialer Gerechtigkeit steht nicht in Konkurrenz zu dieser anthropologisch-theologischen Gerechtigkeit. Sie hat eine eigene Traditions- und Rezeptionsgeschichte, die in keiner unmittelbaren Beziehung zu der des anthropologisch-theologischen Gerechtigkeitsbegriffs steht. Es geht in den folgenden Überlegungen deswegen zunächst nur darum, die im Neuen Testament und seinen Hauptzeugen zu beobachtende kritische Distanz zur Welt, die Vorbehalte gegenüber Besitz, Macht und Reichtum, die Option für die Armen, Demütigen und Randständigen, d.h. für diejenigen, die von der Teilhabe am gesellschaftlichen Reichtum ausgeschlossen sind, zu reflektieren und auch danach zu fragen, welche Vorstellungen einer politischen Umsetzung dieser Anliegen das Neue Testament vertritt.[7]

Der Schwerpunkt der folgenden Ausführungen liegt auf dem politischen Teil der Themenstellung. Ich gehe davon aus, dass es nicht nötig ist, in jedem Fall extensiv die Belege zusammenzustellen, die sich im Neuen Testament dafür finden, dass es den Mächtigen misstraut und den Machtlosen etwas zutraut (Mt 5,3–12), dass es Besitz für die größere religiöse Herausforderung hält (Mt 6,24/Lk 16,13) und der Meinung ist, dass vom Reichtum Einflüsse auf den Menschen ausgehen, die ihn von Gott entfernen (Lk 18,23–25).

Aber: Welche Vorstellungen einer politischen Umsetzung verbindet das Neue Testament mit diesen Sichtweisen? Wie soll die Gerechtigkeitsforderung verwirklicht werden? Die Frage nach dem Politischen im Neuen Testament stellt sich neben der historischen Frage nach den Sichtweisen der neutestamentlichen Texte auch der hermeneutischen Herausforderung der Gegenwart, in der die ethnischen, kulturellen und religiösen Gruppen von der postsäkularen Gesellschaft auf ihren Beitrag zum Wohlergehen aller angesprochen werden. Auch Theologie und Kirche werden, etwa von Jürgen Habermas, danach gefragt, welchen Beitrag sie zum »sozialen Band« der gegenseitigen Anerkennung in postsäkularen Gesellschaften leisten.[8] Sie sind aufgefordert, Übersetzungsarbeit zu leisten, d.h. die eigenen religiösen Traditionen in einer Weise für den rationalen

---

[5] CHARLES K. BARRETT, From First Adam to Last. A Study in Pauline Theology, London 1962, 5.

[6] CHRISTOF LANDMESSER, Gerechtigkeit und Leben. Ambiguität und Ambivalenz eines Grundbegriffs bei Matthäus und Paulus, in: DERS./ENNO E. POPKES (HG.), Gerechtigkeit verstehen. theologische, philosophische, hermeneutische Perspektiven, Leipzig 2017, 51–70.

[7] WOLFGANG SCHRAGE, Ethik des Neuen Testaments, GNT.NTD.E 4, Göttingen ^{2}1989, 353.

[8] JÜRGEN HABERMAS, Glauben und Wissen, Frankfurt 2009, 9–31, hier 23.

Diskurs der post-säkularen Gesellschaft zu formulieren, in der auch für diese die bewahrenswerten Impulse des Christentums fassbar werden.[9]

2. Zur Hermeneutik des Politischen

Die Hermeneutik des Politischen setzt an der Frage an, welche Sachverhalte, Äußerungen oder Handlungen als politisch zu verstehen sind. Wie komplex diese Fragestellung ist, soll zu Beginn an einem Text aus dem babylonischen Talmud reflektiert werden.[10] Schon die rabbinischen Weisen diskutierten kontrovers, ob dieser Text politisch ist:

> Bavli Chullin 139b: Rab Kahana erzählte: Ich sah mit eigenen Augen sechzehn Reihen herodianische Tauben, jede Reihe eine Meile lang, und sie zwitscherten »Herr, Herr«. Nur eine von ihnen zwitscherte nicht »Herr, Herr«. Der Vogel neben ihm sagte zu ihm: »Blinder, dummer Vogel, zwitschere ›Herr, Herr‹!« Der andere Vogel antwortete: »Blinder, dummer Vogel, zwitschere ›Herr, Sklave‹!« Da nahmen sie ihn und schlachteten ihn.[11]

Einige Worte zur Erklärung: Der Traktat Chullin (Profanes) befasst sich mit Schlachtungen jenseits des Kults, so genannten profanen Schlachtungen. Zahlreiche religionsgesetzliche Fragen sind in diesem Zusammenhang zu erörtern, etwa zum Schächten oder zur Unterscheidung reiner von unreinen Tieren. Am Ende des Traktats wird eine Regelung aus Dtn 22,6f. behandelt, nach der beim Ausheben eines Vogelnestes die Vogelmutter zu schonen sei. Allerdings gilt diese Regelung nicht, wenn das Nest sich an einem Wohnhaus befindet, und auch nicht für eine bestimmte Sorte von Tauben, deren Bezeichnung in der Mischnah von den einen als Hadresioth (nach einer heute nicht näher bekannten Ortschaft), von anderen aber Hardesioth, d.h. herodianische Tauben gelesen wird. Als Beleg für die Meinung, dass diese Vögel nicht geschont werden müssten, wird das obige

---

[9] HABERMAS (s. Anm. 8), 29: »Eine Säkularisierung, die nicht vernichtet, vollzieht sich im Modus der Übersetzung.«

[10] Vgl. LUKAS BORMANN, Befreiung und Rettung. Das Politische in der lukanischen Vorgeschichte (Lk 1–2), in: ECKART REINMUTH (HG.), Neues Testament und Politische Theorie. Interdisziplinäre Beiträge zur Zukunft des Politischen, Religionskulturen 9, Stuttgart 2011, 98–113, hier 98–100.

[11] BAVLI CHULLIN 139b. Die königliche Akklamation »Herr!«, gr. κύριε (kyrie) lautet als Lehnwort im Aramäischen קירי (kiri). Der zunächst schweigende Vogel schlägt vor, dass man rufen sollte: »Herr, Sklave!«, gr. χείριε (cheirie) als Lehnwort im Aramäischen כירי (keri). Vgl. zur Stelle: ISIDORE EPSTEIN (HG.), Hebrew-English Edition of the Babylonian Talmud, 30 Bde., London 1960–1990; JACOB NEUSNER, The Babylonian Talmud. A Translation and Commentary, Peabody Mass. 2005.

Wort des Rab Kahana in die sachlich-präzisen halachischen Überlegungen eingefügt. Der semantische Horizont dieser Aussage sprengt allerdings offensichtlich den religionsgesetzlichen Diskurs über die Vogelnester. Vögel, die sich in meilenlangen Reihen lagern, stellen bereits eine merkwürdige Vorstellung dar. Das Fiktionale der Episode wird noch deutlicher dadurch angezeigt, dass die Vögel sinnvolle Laute ausstoßen und dann sogar miteinander sprechen. Wie Soldaten in Reihen geordnet, rufen sie den Herrschergruß »Kyrie!«. Nur ein Vogel macht nicht mit. Sein Schweigen wird aber als Provokation empfunden. Er wird zum Mitmachen aufgefordert, antwortet aber frech: »Ruft doch »›Sklave!‹«. Die Antwort formuliert die rabbinische Anschauung, nach der Herodes der Große ein ehemaliger Sklave der Hasmonäer gewesen sei (bBB 3b). Der Vorschlag führt zur Ermordung des Vogels oder wörtlich zu seiner »Schlachtung«.

Wie politisch ist ein solcher Text? Unter religionsgesetzlichen Gesichtspunkten trägt er wenig oder nichts zur Klärung der halachischen Frage nach der erlaubten Profanschlachtung bei. So sieht es der Teil der Rabbinen, die diesen Ausspruch als »leeres Gerede« abtun. Dennoch transportiert die Erzählung etwas Politisches. Sie legt parabelhaft die Gewalt offen, die sich in den scheinbar so selbstverständlich funktionierenden gesellschaftlichen Prozessen manifestiert und die vernichtend über denjenigen hereinbricht, der sich dieser Ordnung widersetzt, selbst oder gerade dann, wenn er eine Wahrheit ausspricht.

In diesem antiken Widerstreit findet sich in verfremdeter Form die Ursache für eine Debatte in der politischen Philosophie wieder, die sich mit der Politik und dem Politischen befasst. Die auf Max Weber (1864–1920) zurückgehende wirkmächtige Anschauung, dass Politik sich auf die Beeinflussung und Lenkung einer Gemeinschaft – Weber dachte an den Staat – beziehe und politisches Handeln darin bestehe, nach Macht zu streben, diese zu erwerben und zu festigen, definiert Politik als ein gesellschaftliches Subsystem, das der Machtverteilung dient und klar von Handlungsweisen in anderen Bereichen, etwa dem Recht oder der Religion, abzugrenzen ist.[12] Dieser Politikbegriff richtet den Blick auf die Akteure des politischen Systems und erlaubt es, eine ganze Reihe gesellschaftlicher Prozesse außerhalb der Sphäre der Politik anzusiedeln und als unpolitisch zu bezeichnen. Diese Unterscheidung hat für die Mentalität des deutschen protestantischen Bürgertums im 20. Jh. eine herausragende Rolle gespielt und nicht zuletzt ermöglicht, dass zahlreiche Verhaltensweisen und Handlungen, die systemstabilisierend waren, dennoch als unpolitisch dargestellt werden konnten.[13]

---

[12] MAX WEBER, Politik als Beruf, Berlin [4]1964, 7.

[13] Vgl. LUKAS BORMANN, Der Politikbegriff der neutestamentlichen Wissenschaft in Deutschland, in: ECKART REINMUTH (HG.), Politische Horizonte des Neuen Testaments, Darmstadt 2010, 28–49.

Gegenüber dieser Position, die einen Bereich der Politik abgrenzt und eine Reihe von Handlungen als diesem Bereich zugehörig definiert, wird eingewandt, dass das Politische weniger ein Bereich oder eine bestimmte Gruppe von Handlungen sei, sondern eher eine Qualität, die durch einen hermeneutischen Prozess freigelegt werde. So verweist etwa Ernst Vollrath (1932–2003), ein Schüler Hannah Arendts (1906–1975), darauf, dass das Politische eine Qualität sei, die wahrgenommen und erst in der Wahrnehmung als politisch bezeichnet werden könne, ja nach Vollrath ist die Wahrnehmung selbst bereits ein politischer Akt: »Das Phänomen des Politischen zeigt sich in seiner Wahrnehmung und von dieser her. Es ist außerhalb seiner Wahrnehmung gar nicht sichtbar, d.h. kein Phänomen. Noch mehr: das Politische, das, ohne etwa bloß Subjektives zu sein, kein objektives Ding ist, existiert außerhalb seiner Wahrnehmung gar nicht.« [14] In ihrem Lehrbuch zur politischen Theorie formulieren Marcus Llanque und Herfried Münkler diesen hermeneutischen Zugang zum Politischen in Abgrenzung von Webers Politikbegriff in folgenden Worten: »Das Politische ist kein Bereich der sozialen Wirklichkeit, der auf Grund seiner Gegenständlichkeit von anderen Bereichen abgegrenzt werden kann. Im Laufe der Theoriebildung ist kaum ein Gegenstand nicht für politisch relevant erachtet worden. Das Eigentümliche der Politik liegt in der Art und Weise des Umgangs mit den Gegenständen.«[15]

Folgt man dieser Einsicht, dann wird man im Umgang mit dem Neuen Testament ebenfalls nicht nach einem Bereich der antiken Gesellschaft oder nach eine Gruppe spezifischer Handlungen, die auf Erringen, Festigen und Ausüben von Macht im Gemeinwesen, dem Staat bzw. dem Imperium Romanum ausgerichtet sind, wie das Webers Politikverständnis fordert, sondern vielmehr in einem hermeneutischen Prozess die Gegenstände, Äußerungen und Handlungen wahrzunehmen suchen, die am Diskurs um die gesellschaftliche Ordnung mitwirken und in diesem einen spezifischen Standpunkt beziehen.

3. Verfassung, soziale Ordnung und gesellschaftliche Macht

Die Wahrnehmung des Politischen in antiken Gesellschaften setzt eine Kenntnis der Strukturen voraus, die für deren gesellschaftliche Ordnungen maßgebend sind. Gegenüber modernen Gesellschaften ist zunächst festzuhalten, dass die

---

[14] Ernst Vollrath, Was ist das Politische? Eine Theorie des Politischen und seiner Wahrnehmung, Würzburg 2003, 17.

[15] Marcus Llanque/Herfried Münkler (Hg.), Politische Theorie und Ideengeschichte. Lehr- und Textbuch, Berlin 2007, 13.

antiken nicht in Subsysteme ausdifferenziert sind.[16] Insbesondere die Bereiche Politik, Wirtschaft, Recht und Religion sind eng miteinander vernetzt, was man sich z.B. an den Funktionen des römischen Kaisers als Staatslenker, oberstem Richter und Pontifex Maximus verdeutlichen kann. Die historische Forschung versucht die Verteilung gesellschaftlicher Macht dadurch näher zu bestimmen, dass sie die Personengruppen, aus denen die Träger öffentlicher Ämter und Funktionen ausgewählt werden, von denjenigen unterscheidet, die für solche Aufgaben nicht infrage kommen. Vereinfacht stehen sich demnach Elite und Nicht-Elite gegenüber.[17] Besonders einflussreich ist das aus den Quellen erarbeitete Modell von Alföldy, das eine gesellschaftliche Pyramide abbildet, die vor allem *honestiores*, Oberschichten, also Elite, von *humiliores*, Unterschichten, Nicht-Elite, unterscheidet.[18] Alföldy gibt an, dass die Verteilung etwa 1-3% zu 97-99% sei, so dass die Darstellung als Pyramide das Bild verfälscht, hingegen sei eher an eine breite Basis mit außerordentlich enger Spitze zu denken. Friesen übernimmt die Zahlen von Alföldy und konzentriert die Fragestellung auf Armut und Hunger, gemessen am Subsistenzlevel bzw. am ökonomischen und finanziellen Status.[19] Seiner Ansicht nach lebten etwa 90% der Bevölkerung des Imperium Romanum beständig an der Subsistenzgrenze, nur 7% verfügten über einen stabilen Überschuss. Folgt man diesem Modell, dann wird deutlich, dass die Armen in den Seligpreisungen jedenfalls keine kleine Gruppe der Bitterarmen darstellen, sondern die Mehrheit der Bevölkerung bildeten.

Die soziale Ordnung, die Alföldy für das Imperium Romanum erläutert, kann man im Wesentlichen auch auf die Verhältnisse in Judäa und Galiläa im 1. Jh. n. Chr. übertragen. Einer kleinen Elite steht die große Mehrheit der Bevölkerung gegenüber, die als Nicht-Elite von der Mitwirkung an der gesellschaftlichen Ordnung ausgeschlossen ist. Mit Martin Goodman wird man allerdings die Eigenschaften, die in Judäa für die Zugehörigkeit zur Elite gefordert werden, von denen, die in Rom gelten, unterscheiden müssen.[20] Goodman hat in seinen Arbei-

---

[16] BURKHARD GLADIGOW, Religion in der Kultur – Kultur in der Religion, in: FRIEDRICH JAEGER (HG.), Handbuch der Kulturwissenschaften, Bd. 3. Themen und Tendenzen, Stuttgart 2004, 21–33, hier 21.

[17] LENNART GILHAUS, Krise und Elite – Einführung in die Thematik, in: DERS. (HG.): Elite und Krise in antiken Gesellschaften = Élites et crises dans les sociétés antiques, Stuttgart 2016, 11–31.

[18] GÉZA ALFÖLDY, Römische Sozialgeschichte, Stuttgart ^{4}2011, 197–199.

[19] STEVEN J. FRIESEN, Poverty in Pauline studies: Beyond the so-called New Consensus, in: JSNT 263 (2004) 323-361; PETER OAKES, Reading Romans in Pompeii. Paul's Letter at Ground Level, London 2009, 65.

[20] MARTIN GOODMAN, Rome and Jerusalem. The Clash of Ancient Civilizations, London 2007, 330–365.

ten zum jüdisch-römischen Verhältnis und zur Klassenordnung antiker Gesellschaften eine einleuchtende These vorgelegt. Die Missverständnisse zwischen Juden und Römern – er spricht von einem Aufeinanderprallen antiker Kulturen – gründen in den unterschiedlichen Elitekonzeptionen. Während für die Römer die Eigenschaften vornehme Herkunft, Reichtum (vor allem durch Landbesitz) und militärisches Prestige zu den entscheidenden Voraussetzungen für die Zugehörigkeit zur Elite zählten, würden im Judentum andere Eigenschaften die Elitezugehörigkeit bestimmen. Im Judentum sei es aufgrund der zentralen Stellung der Tora möglich, trotz Armut und trotz mangelnder militärischer Erfahrung, alleine aufgrund von religiöser Kompetenz zu dem Kreis derjenigen Personen zu gehören, die für Elitefunktionen ausgewählt werden. Goodman kann sich bei seiner These auf zahlreiche Quellen des antiken Judentums stützen, die davon sprechen, dass religiöse Anführer gesellschaftliche Macht ausüben. Dieser Sachverhalt hätte allerdings ständig zu Missverständnissen zwischen Römern und judäischer Elite geführt. Goodman stellt die unterschiedlichen Elitekonzeptionen einander gegenüber: »In Rome, political status derived primarily from wealth, noble ancestry, age and (above all) military glory. In Jerusalem, what mattered was lineage (priestly or royal), learning in the law and (occasionally) a claim to divine inspiration."[21] In diesem Spannungsfeld von römischer und jüdischer Elite, von Elitekonkurrenzen und Elitenwechsel bewegt sich ein Autor des antiken Judentums, der uns einen eindrücklichen Einblick in das Selbstverständnis der judäischen politischen Ordnung gibt, Flavius Josephus bzw. Joseph ben Mattathias (ca. 37–100). Er erläutert in seiner Schrift Contra Apionem für eine nichtjüdische Leserschaft die politische und soziale Ordnung des Judentums. In Auseinandersetzung mit den aristotelischen Konzepten von Monarchie, Aristokratie und Demokratie bzw. deren Verfallsformen Tyrannis, Oligarchie und Herrschaft des Pöbels definiert Josephus das jüdische Staatswesen (πολιτεία) als eine Theokratie:

> Josephus, Ap. 2,165: »Die einen vertrauten die Macht über die Staatswesen Alleinherrschern, die anderen den Oligarchen, wiederum andere den Volksmassen an. Unser Gesetzgeber aber war von keiner dieser (Herrschaftsformen; LB) überzeugt, sondern überantwortete das Staatswesen – mag man den etwas gezwungenen Ausdruck verwenden – einer Gottesherrschaft (θεοκρατία), indem er Gott die Herrschaft und die Macht überantwortete.«

Was Josephus unter einer solchen Theokratie versteht, führt er an anderer Stelle aus:

> Josephus, Ap. 2,185: »Gott als der Herrscher über alle Dinge, vertraute den Priestern die Verwaltung der höchsten Angelegenheiten

[21] GOODMAN (s. Anm. 20), 352.

im Gemeinwesen an, den Hohepriester aber wiederum betraute sie [die Verfassung; LB] mit der Leitung aller anderen Priester.«

Die Theokratie des Josephus erweist sich demnach als Hierokratie, als Priesterherrschaft. Die Klasse der Priester war im Judentum durch Abstammung recht klar definiert und stellte »ein soziales Elitekorpus« dar.[22] Der Priesterklasse steht der Hohepriester vor. Josephus selbst war sowohl priesterlicher wie auch königlicher Abstammung, also Angehöriger der judäischen Elite, so dass seine Ausführungen *cum grano salis* als repräsentativ für die Sichtweise der judäischen Elite des 1. Jh. gelten können. Demnach versteht sich die politische, religiöse und soziale Ordnung des judäischen Judentums als Theokratie, d.h. Herrschaft Gottes, ausgeübt durch die männlichen Angehörigen der priesterlichen Familien. Die Zugehörigkeit zur politischen Elite wird demnach nicht durch militärische Kompetenz, auch nicht wesentlich durch Landbesitz, sondern durch religiöse Kompetenz bestimmt.

Wer wie Jesus von Nazareth vor diesem Hintergrund einer theokratischen Verfassungstheorie der judäischen Elite die Königsherrschaft Gottes verkündet, wirkt am Diskurs um die gesellschaftliche Ordnung mit und nimmt einen eigenständigen Standpunkt gegenüber der Verfassung des judäischen Judentums ein. Wer zudem wie Jesus von Nazareth den Anspruch erhebt, an der Auslegung der Tora mitzuwirken, vollzieht eine Praxis, die als Eliteeigenschaft gilt. Derartige Handlungen haben somit unter den Bedingungen des Judentums des 1. Jh. eine politische Qualität. Für das Verständnis der neutestamentlichen Texte bedeutet das, dass sowohl die Verkündigung der Gottesherrschaft durch Jesus von Nazareth als auch die Neuinterpretation des judäischen Religionsgesetzes, der Tora, durch Paulus unter diesen historischen und hermeneutischen Voraussetzungen durchaus als Beteiligung am politischen Diskurs, wenn nicht gar als Engagement in der judäischen Elitenkonkurrenz beurteilt werden müssen.

4. Soziale Gerechtigkeit im Neuen Testament

4.1 Hebräische Bibel

Das Neue Testament ist nicht ohne die Hebräische Bibel zu verstehen. Das gilt insbesondere für das Verständnis von Gerechtigkeit. Nach Walter Dietrich gilt: »Nach diesen Vorüberlegungen sei nunmehr behauptet, die Mitte des Alten Testaments lasse sich am besten mit dem Begriff und der Sache der ›Gerechtigkeit‹ bezeichnen.«[23] Ähnlich urteilen Otto Kaiser, Frank Crüsemann, Erich Zenger und

---

[22] Oliver Gussmann, Das Priesterverständnis des Flavius Josephus, TSAJ 124, Tübingen 2008, 102.

[23] Walter Dietrich, Theopolitik. Studien zur Theologie und Ethik des Alten Testaments, Neukirchen-Vluyn 2002, 16f.

andere.[24] Die Besonderheit dieser biblischen Gerechtigkeitsvorstellung beruht auf ihrer Bindung an das Leben, d.h. ihrem Bezug zur Barmherzigkeit als der Haltung, die die Gemeinschaft dazu auffordert, das geltende Recht zu überschreiten oder zu transzendieren, wenn diejenigen zu schützen sind, die sonst ihre Lebensgrundlage verlieren. Diese Personengruppe ist in den biblischen Texten repräsentiert als diejenigen, die in der patriarchalen Rechtsordnung am schwächsten sind, nämlich die Witwen und Waisen (z.B. Jes 10,1f.; Jer 49,11), insgesamt die »Armen« (z.B. Am 5,11f.). Der Schutz ihrer Lebensgrundlagen ist das, was viele Traditionslinien der Hebräischen Bibel als Gerechtigkeit verstehen. In der prophetischen Tradition eines Amos und eines Jeremia fokussiert sich diese Gerechtigkeitserwartung bis hin zur Aussage, dass ein Israel ohne Gerechtigkeit seine Existenzberechtigung verliert.[25] Angesichts der Bedeutung der Gerechtigkeit in ihrer sozialen und politischen Dimension in der Hebräischen Bibel hat Eckart Otto mehrfach die These vorgetragen, dass der moderne Sozialstaat das biblische gemeinschaftsorientierte Gerechtigkeitsverständnis und die mit ihr verbundene Barmherzigkeitsforderung aufgenommen und verwirklicht habe.[26]

Dieses Gerechtigkeitsverständnis, wonach Leben und Überleben ein wichtiger Maßstab von Gerechtigkeit ist, wird in der Verkündigung der Gottesherrschaft durch Jesus von Nazareth aufgenommen. Dieser Sachverhalt hat zu der gängigen Formel geführt, die in den sozialethischen Arbeiten von Wolfgang Huber und Heinrich Bedford-Strohm zugrunde gelegt sind, nach der die protestantische Sozialethik die prophetische Gerechtigkeitsforderung und deren Weiterführung in der Reich-Gottes-Verkündigung Jesu aufnehme.[27]

Tatsächlich steht aber im Diskurs um Gerechtigkeit, der in der Hebräischen Bibel geführt wird, nicht immer der soziale Aspekt der Gerechtigkeitsforderung

---

[24] OTTO KAISER, Der Gott des Alten Testaments. Theologie des AT 3: Jahwes Gerechtigkeit, Göttingen 2003, 39; FRANK CRÜSEMANN / WALTER DIETRICH / HANS-CHRISTOPH SCHMITT, Gerechtigkeit-Gewalt-Leben. Was leistet eine Ethik des Alten Testaments?, in: ECKART OTTO / BERNARD M. LEVINSON (HG.), Recht und Ethik im Alten Testament, Münster 2004, 145-169, hier 146f.

[25] ERICH ZENGER, Amos, in: DERS. (HG.), Einleitung in das Alte Testament, Stuttgart [3]1998, 484-493, hier 493.

[26] ECKART OTTO, Gerechtigkeit in der orientalischen und okzidentalen Antike, in: CHRISTOF GESTRICH (HG.), Die Aktualität der Antike. Das ethische Gedächtnis des Abendlandes, Berlin 2002, 44-60.

[27] WOLFGANG HUBER, Rechtfertigung und Recht: Über die christlichen Wurzeln der europäischen Rechtskultur, Würzburger Vorträge zur Rechtsphilosophie, Rechtstheorie und Rechtssoziologie H. 27, Baden-Baden 2001, 7f.; DERS., Gerechtigkeit und Recht, Gütersloh [3]2006, 190-196; HEINRICH BEDFORD-STROHM, Gemeinschaft in kommunikativer Freiheit, Gütersloh 1999, 216f.

im Vordergrund. Das deuteronomistische Geschichtswerk etwa lässt nicht erkennen, dass soziale Fragen für seine geschichtstheologische Deutung des Untergangs Israels eine Rolle gespielt hätten. Vielmehr stehen dort Verehrung fremder Götter, Mischehen und Missachtung der Kultzentralisation im Mittelpunkt. Albertz verweist darauf, dass die Deuteronomisten in ihrem geschichtstheologischen Programm zwar Überschreitungen geahndet sehen wollen, diese aber nicht mit sozialen Kriterien verbunden sind, sondern sich bekanntlich an der Forderung der Kultzentralisation, Monolatrie und an der ethnisch-religiösen Integrität Israels orientieren.[28] Es sind die »Jeremia-Deuteronomisten«, die die Geschichte Israels ausdrücklich auch unter sozialen Kriterien deuten, wenn sie Jeremias »soziale Anklagen« übernehmen und mit der sozialen Gesetzgebung des Deuteronomiums in Verbindung bringen (Jer 7,5f.; 22,3).[29] Innerhalb des biblischen Gerechtigkeitsdiskurses ist demnach der soziale Aspekt nicht immer in gleicher Weise zentral, vielmehr ist nur eine Sache vollkommen gerecht: der Wille Gottes. Diese Überzeugung kann auf sehr unterschiedliche Weise auf die konkreten Verhältnisse in Israel angewendet werden, etwa in der Barmherzigkeitsforderung gegenüber den Armen, Witwen und Waisen oder aber in der Forderung nach Abwendung vom Götzendienst, fremden Frauen oder kultischen Fehlhandlungen im Tempel. Das Gerechtigkeitsverständnis der Hebräischen Bibel umfasst die Forderung der sozialen Gerechtigkeit, geht aber in ihr nicht auf.[30]

4.2 Antikes Judentum

Im antiken Judentum und im frühen Christentum ist ebenfalls unbestritten, dass der Wille Gottes schlechthin Gerechtigkeit ist (Röm 3,5f.; 9,14). Es ist demnach undenkbar, dass in der Königsherrschaft Gottes Ungerechtigkeit Raum finden könnte (1Kor 6,9; Gal 5,21). Wenn Jesus von Nazareth diese Gerechtigkeit der Gottesherrschaft als soziale Gerechtigkeit konkretisiert, dann ist das keineswegs selbstverständlich, wie etwa die Vorstellungen in den Psalmen Salomos, einem vermutlich der pharisäischen Bewegung nahestehenden Text des 1. Vorchristlichen Jahrhunderts, belegen.[31] Diese Schrift vertritt einen uns ambivalent erscheinenden Begriff von Barmherzigkeit. Der »gerechte« Gott (PsSal 2,18.32; 8,7

---

[28] RAINER ALBERTZ, Religionsgeschichte Israels in alttestamentlicher Zeit 2, ATD.E 8/2, Göttingen ^{2}1997, 390–413.

[29] ALBERTZ (s. Anm. 28), 395.

[30] Vgl. HERMANN SPIECKERMANN, Gerechtigkeit zwischen Gott und Mensch im Alten Testament. Psalter und Jesajabuch im theologischen Austausch, in: LANDMESSER/POPKES (HG.) (s. Anm. 6), 13–50, hier 49.

[31] KENNETH ATKINSON, I Cried to the Lord. A Study of the Psalms of Solomon's Historical Background and Social Setting, S.JSJ 84, Leiden 2004, 211; JOACHIM SCHÜPPHAUS, Die Psalmen Salomos. Ein Zeugnis Jerusalemer Theologie und Frömmigkeit in der Mitte des vorchristlichen Jahrhunderts, ALGHJ 7, Leiden 1977, 137.

u. ö.), straft in seiner »Barmherzigkeit« diejenigen, die das Heiligtum entweiht, Unzucht getrieben und sich »vermischt« haben (1,8; 2,11.13), um damit zugleich die Frommen und Gerechten in Israel, die sich von diesen Taten ferngehalten haben, zu schützen (2,33.36; 15,13; 16,15 u. ö.). Letztere werden in den Psalmen Salomos auch die »Armen« (10,6: πτωχοί) genannt, während Gott als »Zuflucht der Armen« gilt (15,1). Der Begriff »arm« ist demnach in den Psalmen Salomos synonym mit »fromm« und »gerecht«.[32] An diesen Kriterien orientieren sich in den Psalmen Salomos auch die Vorstellungen von der Königsherrschaft Gottes, die von einem majestätisch machtvollen Messias/Christus aufgerichtet wird. Das barmherzige Handeln Gottes umfasst nur diejenigen, die der Tora unbeirrt folgen, nämlich die Frommen, Gerechten und eben auch »Armen« im obigen Sinn, und grenzt deren Feinde aus. Soziale Sachverhalte werden nicht näher thematisiert, um dieses Verständnis von Gerechtigkeit zu entfalten.

Vor dem Hintergrund einiger Traditionslinien, die sich in der Hebräischen Bibel und im antiken Judentum finden, ist es demnach zwar naheliegend, aber nicht zwingend, dass die Verkündigung der Gottesherrschaft auch Aussagen über die Verwirklichung der sozialen Gerechtigkeit umfasst. Selbst dort, wo ausdrücklich von »Armen« die Rede ist, muss nicht notwendig materielle Armut angesprochen sein. Vielmehr bilden die Vorstellungen von gesellschaftlicher Ausgrenzung, Gehorsam gegenüber der Tora und soziale wie wirtschaftliche Benachteiligung ein Kontinuum von Eigenschaften, die mit unterschiedlicher Akzentuierung in den Texten der antik-jüdischen und frühchristlichen Armenfrömmigkeit aufgenommen werden. Die Redaktion des Psalters durch die Trägergruppe, die sich selbst als die »Armen« und »Elenden« bezeichnet, und die qumranischen Hodayot (Danklieder) gehören zu den wichtigsten literarischen Zeugnissen der Armenfrömmigkeit dieser Zeit.[33]

4.3 Älteste Jesusüberlieferung

Die Verkündigung Jesu knüpft an den Traditionen der Armenfrömmigkeit an.[34] Jesus von Nazareth macht allerdings nicht die Gleichung »arm« ist gleich »gerecht« und »fromm« auf, sondern thematisiert die materielle Armut in ihren ökonomischen, rechtlichen und geschlechtlichen Konkretionen. Wolfgang Schrage bezeichnet die Position Jesu als »Parteinahme zugunsten der Armen« und charakterisiert diese näher: »Jesus übt radikale Kritik am Reichtum, sagt den an den

---

[32] SVEND HOLM-NIELSEN, Die Psalmen Salomos, JSHRZ 4/2, Gütersloh 1977, 85, Anm. 6b: »πτωχός ist identisch mit ὅσιος, δίκαιος usw.«

[33] FRANK-LOTHAR HOSSFELD, Art. Psalmen 1. AT, LThK 8, 1999, 689–693, hier 692; NORBERT LOHFINK, Lobgesänge der Armen: Studien zum Magnifikat, den Hodajot von Qumran und einigen späten Psalmen, SBSt 143, Stuttgart 1990; JOHANNES UN-SOK RO, Die sogenannte »Armenfrömmigkeit« im nachexilischen Israel, BZAW 322, Berlin 2002, 186–188.

[34] JAMES DUNN, Jesus Remembered. Christianity in the Making 1, Grand Rapids 2003, 608.

Rand gedrängten Armen die Gottesherrschaft zu und macht ihr Recht geltend.«[35] Die älteste Jesusüberlieferung spiegelt ganz überwiegend die soziale Realität des Alltags einfacher Menschen wider. Die Bildwelt der Reich-Gottes-Gleichnisse wählt nicht majestätische und herrschaftliche Attribute wie den Feldherrn, Richter oder König, sondern greift die agrarischen Alltagsvorgänge von Saat und Ernte oder das im Ablauf des antiken Hauses regelmäßig wiederkehrende Kneten von Teig durch Frauen auf (Mk 4,1–9.26–32; Lk 13,18–21). Wenn den Jüngerinnen und Jüngern der Nachfolgegemeinschaft in Mk 10,29f. das endzeitliche Heil geschildert wird, dann ist trotz allen Überschwangs nicht die Rede von Palästen und Reichtum, sondern von der Wiederherstellung der Normalität von Familie, Acker und Haus: »Jeder, der Haus oder Brüder oder Schwestern oder Vater oder Mutter oder Kinder oder Äcker um meinetwillen und um des Evangeliums willen verlassen hat, wird hundertfach empfangen zu diesem Zeitpunkt Häuser und Brüder und Schwestern und Mütter und Kinder und Äcker [...]«. Diese Königsherrschaft kündigt sich so an, wie das Ausschlagen der Feigenbäume den Sommer (Lk 21,29–31).

Natürlich spricht Jesus auch von konkreter Armut, etwa in den Seligpreisungen, die sich den materiell Armen, ja den Hungernden und Trauernden im Sinne der bitter Verzagten zuwenden (Lk 6,20b–22). Die Lösung ist aber nicht Reichtum und Besitz, denn das Wort von der Gefahr, die vom Mammon ausgeht, wird nicht eschatologisch aufgehoben, sondern bleibt bestehen: »Ihr könnt nicht beiden dienen, Gott und dem Mammon« (Lk 16,13/Mt 6,24).

In diesen Texten wird nicht unmittelbar die Aufhebung sozialer Ungerechtigkeit thematisiert. Die Positionierung, die Jesus von Nazareth durch die Wahl dieser Bild- und Vorstellungswelt vollzieht, ist aber mindestens ebenso deutlich: Die Königsherrschaft ereignet sich nicht zuerst im Tempel oder in den Palästen, auch nicht in Jerusalem oder in Caesarea, sondern in der Alltagswelt einfacher Frauen und Männer in Galiläa und im judäischen Bergland.

Auch dort, wo Fragen der sozialen Gerechtigkeit nicht explizit thematisiert werden, wählt die älteste Jesusüberlieferung einen bestimmten Standpunkt im Diskurs um die gesellschaftliche Ordnung. Sie entwickelt ihre Rhetorik aus der Perspektive der einfachen Leute, der Frauen und Kinder, der Armen. Das Politische dieser Texte, das sich aus der Wahl des Standorts ergibt, wird unterstützt von expliziten Aussagen, die sich auf die Nachfolgegemeinschaft beziehen: Der Ruf in die Nachfolge ist mit der Aufforderung verbunden, sich von der Familie abzuwenden (Lk 14,26). Diese unmissverständliche Forderung, Frauen, Kinder, Hausgemeinschaften, Äcker und Handwerksbetriebe zurückzulassen, ja die Begräbnispflichten des Sohnes zu missachten (Lk 9,59–60), bricht mit den sozialen Konventionen dieser Zeit und rührt damit an Machtstrukturen des Alltags. Die Welt der patriarchalen Familien, die durch die Sippenältesten dominiert wird,

---

[35] SCHRAGE (s. Anm. 7), 107.

ist Jesus fremd geworden (Lk 12,51–53). Noch nicht einmal als Prophet ist er in seiner Vaterstadt anerkannt (Mk 6,4). Das gemeinsame Mahl der Nachfolgegemeinschaft Jesu gilt als Vorwegnahme des eschatologischen Mahls mit den Erzvätern. In ihm realisiert sich die Königsherrschaft mit einer ebenso überraschenden Teilnehmerschaft, nämlich Sündern und Zöllnern, wie im eschatologischen Mahl, an dem überraschend diejenigen mit den Erzvätern zu Tische liegen werden, die von Osten und Westen kommen (Mk 2,15f.; Lk 13,28f./Mt 8,11f.).

Jesus wählt eine Sprecherposition, die nicht die der Eliten seiner Zeit, noch nicht einmal die der Ältesten seines Herkunftsorts Nazareth ist. Gerade deswegen werden sein Verhalten und seine Botschaft von diesen Eliten als Konkurrenz um die gesellschaftliche Macht interpretiert. Alle vier Evangelien sprechen übereinstimmend davon, dass Jesus im Verhör mehrfach gefragt wird: Bist Du der König der Juden? Sie stimmen ebenso darin überein, dass der Titulus am Kreuz diesen Hinrichtungsgrund nennt: Jesus von Nazareth König der Juden.[36] Die Verkündigung Jesu wurde demnach als Teil der Elitenkonkurrenz in Judäa verstanden. In einer Gesellschaft, in der Religion und Recht, Politik und Wirtschaft auf das engste verwoben und durch die Tora geregelt sind, wird die Elitenkonkurrenz um die gesellschaftliche Macht in der Auseinandersetzung um den Willen Gottes und seine gerechte Herrschaft ausgefochten. Die Religion ist die Sprache der Politik. Jemand, der wie Jesus in der Öffentlichkeit ein Verständnis vom Willen Gottes und den Eigenschaften seiner Königsherrschaft vertritt, nimmt an der politischen Debatte um die Verhältnisse in Galiläa und Judäa teil und erhebt den Anspruch, am Diskurs um die Verteilung gesellschaftlicher Macht mitzuwirken.

4.4 Lukanisches Schrifttum

Das lukanische Schrifttum greift diesen sozialen Aspekt der Verkündigung dann noch einmal besonders auf und verstärkt ihn, während das Matthäusevangelium wiederum diese Komponente etwas zurückstellt und der Linie der Torafrömmigkeit, nach der die Armen die Frommen und Gerechten sind, folgt. Die matthäische Variante der Seligpreisung der Armen, die in Mt 5,3 als »geistlich Arme« (οἱ πτωχοὶ τῷ πνεύματι) im Sinne der Demütigen vor Gott bezeichnet werden, macht die Anknüpfung an dieser Traditionslinie der Armenfrömmigkeit besonders anschaulich. Andererseits treten in der Schilderung des Weltgerichts, Mt 25,31–46, wieder die Konkretionen des fürsorglichen Liebeshandelns, Speisen, Kleiden, Besuchen usw., zugunsten der »Geringsten der Brüder« in den Mittelpunkt. Man sollte demnach nicht von Gegensätzen zwischen Matthäus- und Lukasevangelium sprechen. Es handelt sich vielmehr um Positionierungen innerhalb eines Kontinuums, das sich zwischen den Polen rituell-religiöse und sozial-religiöse Achtung der Tora bewegt. Religiöse Praxis und soziale Gerechtigkeit stehen zueinander in

---

[36] Mt 27,37; Mk 15,26; Lk 23,38; Joh 19,19; vgl. Mt 27,11.29; Mk 15,2.9.12.18; Lk 23,2f.; Joh 18,33.37.39; 19,14f.

Beziehung, wie auch Matthäus in Bezug auf das Verzehnten von Gewürzen und das Tun der Barmherzigkeit festhält: »Dieses soll man tun und jenes nicht lassen« (Mt 23,23).

Das Lukasevangelium knüpft an die Impulse der ältesten Jesusüberlieferung an, transformiert sie aber, indem es noch intensiver als die älteste Jesusüberlieferung literarische Traditionen der Armenfrömmigkeit aufgreift und aus ihr geradezu eine »Terminologie des Heils« übernimmt.[37] Besonders Lk 1f. und 24 thematisieren die politische Messianität Jesu auf eine Weise, wie sie in der ältesten Jesustradition nicht zu finden ist.[38] In Erfüllung der Heilszusagen an Israel tritt mit der Geburt Jesu der »Retter« (2,11: σωτήρ; vgl. 1,47) auf den Plan, der in einer Handlungsgemeinschaft mit dem Täufer »Befreiung« (1,68; 2,38: λύτρωσις) und »Rettung« (1,69.71.77: σωτηρία) für Jerusalem und Israel mit sich bringt. Die Jünger auf dem Weg nach Emmaus sprechen erneut aus, dass sie von Jesus, einem Propheten mächtig in Wort und Tat, erwartet hätten, dass er »Israel befreien« werde (24,21). Lukas selbst teilt wohl diese Sicht, da er in die apokalyptische Rede Jesu in 21,28 gegenüber der Markus-Vorlage (Mk 13,24–27) ausdrücklich ergänzt, dass mit dem endzeitlichen Menschensohn die »Befreiung« (ἀπολύτρωσις) kommt. Die Terminologie des Heils wird auch vom Paulus der Apostelgeschichte wieder aufgenommen, wenn er in Rom vor den versammelten Vertretern der dortigen Judenschaft erklärt: »Um der Hoffnung Israels willen trage ich diese Ketten!« (Apg 28,20). Diese massive politische Messianologie mit starken Anklängen an die Erwartung eines davidischen Königs wird verbunden mit Traditionen der Armenfrömmigkeit, wie sie im Lobgesang der Maria, dem Magnificat, vorgezeichnet im Lobgesang der Hanna im ersten Samuelbuch (1Sam 2,1–10), formuliert werden, Lk 1,52f.: »Mächtige hat er von den Thronen gestoßen und Niedrige erhöht. Hungrige hat er erfüllt mit Gütern und Reiche leer fortgeschickt.«

Wiewohl hier das Handeln Gottes grammatisch in der Vergangenheit geschildert wird, so wird doch im Stil des heilsgeschichtlichen Rückblicks der Psalmen die Gewissheit unterstrichen, dass Gott auf diese Weise auch jetzt an Reichen und Mächtigen einerseits und Niedrigen und Hungrigen andererseits handeln wird. Diese Gegenüberstellung von Reichen und Armen, von Elite und Nicht-Elite wird in der Komposition der Seligpreisungen und Weherufe in Lk 6,20–26 aufgenommen. Die älteste Jesusüberlieferung spricht den Armen, Hungernden, Weinenden und Verachteten in den Seligpreisungen Heil und Wohlergehen zu. Die lukanische Sonderüberlieferung stellt diesem Heil für die Armen antithetisch das

---

[37] FRANÇOIS BOVON, Das Evangelium nach Lukas, EKK III/4, Neukirchen-Vluyn 2009, 191.

[38] MICHAEL WOLTER, Reich Gottes und weltliche Macht. Frühchristliche Perspektiven auf Staat und Gewalt, in: FRIEDRICH SCHWEITZER (HG.), Religion, Politik und Gewalt, Gütersloh 2006, 172–184, hier 179.

Unheil gegenüber, das die Reichen, Satten, Lachenden und Angesehenen erwartet. Diese Komposition ist eine bewusste Gestaltung, die sich im lukanischen Traditionskontinuum aus Sondergut, lukanischer Redaktion und lukanischer Kreativität gebildet hat. Wie sehr die Armenfrömmigkeit dieses lukanische Traditionskontinuum bestimmt, zeigen etwa auch weitere Texte, von denen hier nur der reiche Kornbauer (Lk 12,16–21), der arme Lazarus (Lk 16,19–31), die Warnungen vor Besitz und Habgier und die Forderung des Besitzverzichts (Lk 12,13–15; 18,18–30) eigens genannt werden sollen. Im lukanischen Schrifttum wird der Ausgleich zwischen Arm und Reich, der fürsorgliche und lebensfördernde Umgang mit Besitz als Ausdruck der Umkehr des exemplarischen Einzelnen (*μετάνοια*) zur Wiederherstellung Israels verstanden, wie insbesondere die Zusage an die am Sabbat geheilte verkrümmte Frau und an den seinen Reichtum verteilenden Zachäus zum Ausdruck bringt: »Musste diese Tochter Abrahams [...] nicht am Tag des Sabbats von ihrer Fessel befreit werden?« (Lk 13,16; vgl. 19,9).

4.5 Paulus

Die Thematik der sozialen Gerechtigkeit ist bei Paulus wiederum anders akzentuiert. Während die Jesusüberlieferung davon berichtet, dass Jesus innerhalb des judäischen und galiläischen Judentums öffentlich auftritt, in Konflikt mit den Eliten seiner Zeit gerät und als »König« hingerichtet wird, also in einer sehr deutlichen Weise politisch relevant handelt, schreibt Paulus Briefe an Gemeinden von etwa 10 bis 50 Mitgliedern, die in Städten mit einer römisch-hellenistischen Mehrheitsbevölkerung leben. Dort gelten die Elitekriterien der römischen Welt, zu denen Torakompetenz im Gegensatz zu Judäa und Galiläa nicht zählt. Es verwundert deswegen nicht, dass der Autor der Apostelgeschichte in seinen biographischen Angaben über Paulus Eigenschaften hervorhebt, die den Status des Apostels in den Augen der römisch-hellenistischen Welt heben. Paulus wird als Bürger von Tarsus vorgestellt, ausgebildet in Jerusalem, ehemals tätig im Auftrag des Jerusalemer Synhedrions und des Hohepriesters mit dem Recht in »allen« Synagogen verhaften und foltern zu lassen und schließlich wird er als römischer Bürger das Recht einfordern, vor ein Kaisergericht gestellt zu werden.[39] Paulus selbst hingegen betont die Elitekriterien des Judentums: beschnitten am achten Tag, Hebräer von Hebräern, Pharisäer, untadelig im Gesetz über alle seine Altersgenossen hinaus, aktiv im Judaismus, dem gewaltbereiten persönlichen Einsatz für das eigene Verständnis von Judentum (Gal 1,13f.; Phil 3,5f.).

In der Verkündigung des Paulus ist nun allerdings der Begriff »Gerechtigkeit« weitgehend auf die im Eingang erwähnte Gott-Mensch-Relation beschränkt. Gerechtigkeit wird durch die von Gott initiierte Lebenshingabe seines Sohnes, die die Sündenschuld der Menschen sühnt, hergestellt und durch den Glauben angeeignet. Wenn Paulus Themen der sozialen Gerechtigkeit aufgreift, dann in der

---

[39] Apg 9,1f.; 16,37; 21,39; 22,3–5.25.28; 25,10; 26,9–12.

Regel beschränkt auf die Gemeinde und deren innere Struktur. Dennoch fallen immer wieder Bemerkungen über die »Welt«, die seine Distanz zu den dort geltenden Kriterien zum Ausdruck bringen. In diesen Aussagen verbindet Paulus seine heidenkritische Perspektive, wie er sie in Röm 1,18–32 zum Ausdruck bringt, mit einer apokalyptisch-dualistischen Sicht, die die »Welt« insgesamt im Argen liegen sieht (1Kor 3,19; 7,31; 11,32) und nach der die »Schöpfung« nach Erlösung seufzt (Röm 8,22). In seiner Schilderung des endzeitlichen Herrschaftsantritts des erhöhten Kyrios sind vor allem der Machtantritt des Kyrios und die Unterwerfung »aller Herrschaft, Gewalt und Macht« hervorgehoben; soziale Dimensionen werden nicht eigens benannt, sind aber wohl mit der Vorstellung der Königsherrschaft verbunden (1Kor 15,23–28).

Der Umgang des Paulus mit Gemeindekonflikten weist aber doch darauf hin, dass auch er in der Tradition der Armenfrömmigkeit steht. In Röm 12,4–8 und deutlicher noch in 1Kor 12,12–27 entfaltet er die Metapher vom Leib und seinen Gliedern in einer Weise, die fordert, dass die Gemeinde als Leib Christi den unehrenhaften und unbedeutenden Gliedern die höchste Anerkennung zollen soll (1Kor 12,23f.). Im Umgang mit den Körpermetaphern stellt Paulus keine Rangfolge vor. Obwohl er im gleichen Kontext die Ämtertrias von »Apostel, Propheten und Lehrer« einführt (12,28), bezieht er diese Gemeindefunktionen nicht in sein Bild des Leibes Christi mit ein. Er verzichtet demnach auf die Lokalisierung eines Unten und Oben und damit auf eine Hierarchisierung der Glieder der Gemeinde. Man kann mit Recht von einem eher demokratischen, sicher aber hierarchiefreien und kooperativ-kollaborativen Gemeindeverständnis sprechen.[40] Im angelsächsischen Raum werden diese Texte übrigens unmittelbar für die These in Anspruch genommen, dass aus der Gemeindestruktur des neutestamentlichen Christentums die Demokratie hervorgegangen sei.[41]

Soziale Gerechtigkeit hat es aber nicht nur mit Partizipation an Entscheidungsprozessen, Teilhabe und Anerkennung zu tun, sondern bedarf auch materieller Interaktionen. Diese sind für Paulus zwar nicht zentral, wenn sie aber Konfliktpotential für die Gemeinde bilden, thematisiert er sie. 1Kor 6,1–11 regelt materielle Konflikte in der Gemeinde, die sich um alltagsbezogene Rechtsstreitigkeiten über Erbe, Besitz, Ehe- und Vertragsrecht drehen. Stefan Koch hat darüber gearbeitet und herausgestellt, dass Paulus hier die Ansicht vertritt: Wenn es zu Rechtsstreitigkeiten kommt, dann ist der »Verzicht auf Durchsetzung der Rechtsansprüche« das Gebotene.[42] Wenn das aber nicht möglich ist, dann solle

---

[40] ANDREAS LINDEMANN, Die Kirche als Leib. Beobachtungen zur »demokratischen« Ekklesiologie bei Paulus, in: ZThK 92 (1995) 140–165.

[41] THEODOR STROHM, Art. Demokratie 3. Demokratie und Christentum, EKL 1, 1986, 805–808, 807.

[42] STEFAN KOCH, Rechtliche Regelungen von Konflikten im frühen Christentum, WUNT 2/174, Tübingen 2004,146–155.

eine weise, damit eher klug ausgleichende Instanz eine Entscheidung treffen; keinesfalls sollten die weltlichen Gerichte einberufen werden, so würden sich die Klagenden ins Unrecht setzen, denn, so Paulus (1Kor 6,3): »Wisst ihr nicht, dass wir über Engel richten werden, und darum erst recht über Alltägliches!«. Inwieweit die jesuanische Ethik des Rechts- und Besitzverzichts zu diesem Zwei-Instanzen-Modell geführt hat, das entweder Verzicht oder Schiedsgericht vorsieht, ist nicht sicher zu entscheiden. Die Kommentare zur Stelle reflektieren jedenfalls kaum die soziale Dimension dieser Regelung. Es liegt jedoch auf der Hand, dass der geforderte Rechtsverzicht, etwa die Herausgabe der für die Scheidung vereinbarten Schutzzahlung an die Frau, einem reichen Mann leichter von der Hand geht als der Verzicht der entlassenen Frau darauf, diese einzufordern, um nur einen häufig vorkommenden antiken Rechtsfall zu nennen. Die Kriterien, nach denen der Weise ausgleichend und Gerechtigkeit herstellend handeln soll, werden nicht genannt, sie werden aber doch im Horizont der altruistischen Ethik der Synagoge anzusiedeln sein, die in biblischer Tradition die Armen, Witwen und Waisen schützt. Ähnlich ist auch der Konflikt in Röm 14,1–15,6 zu werten. Die Informationen, die Paulus gibt, verweisen auf Speisetabus, vermutlich Vegetarismus, die nur von Teilen der Gemeinde, die Paulus als die Schwachen bezeichnet, befolgt werden (14,2). Die Starken (15,1), zu denen sich Paulus selbst zählt, berücksichtigen diese und andere Tabus nicht (14,20: »Alles ist rein!«). Auch hier verlangt Paulus von den Starken, von der Scham, die die Schwachen belastet, mitbetroffen zu sein und nicht selbstbewusst über diese hinwegzugehen.

Die paulinische Ethik fordert für die Gemeinde einen reziproken Altruismus, die Bereitschaft füreinander einzustehen, die soziale Dimension der gemeindlichen Ethik wird nur selten unmittelbar angesprochen. Es ist vor allem die Kollekte für Jerusalem, in der das materielle Füreinander explizit als Ausgleich zwischen Armen und Reichen thematisiert wird.[43] Die nach Gal 2,10 als »Sammlung für die Armen« beschlossene Kollekte für Jerusalem, beschäftigt Paulus während seiner Evangeliumsverkündigung im östlichen Mittelmeerraum und führt ihn zum Abschluss dieser Tätigkeit zur Übergabe der Kollekte wieder nach Jerusalem (Röm 15,25f.), um den »Armen« unter den Gemeindegliedern zu helfen. Die Kollekte kommt aus der »tiefen Armut« der paulinischen Gemeinden und wird zum »Reichtum« (2Kor 8,2). Die Kollekte für die »Armen« wird ekklesiologisch gedeutet als die materiellen Güter, die die nichtjüdischen Gemeinden für den Empfang der geistlichen Güter den jüdischen Jesusanhängern in Jerusalem schuldig sind (Röm 15,27). Sie wird christologisch begründet, da sich in der Kollekte die Hingabe Jesu am Kreuz abbilde, »der, obwohl er reich war, arm geworden ist, damit ihr durch seine Armut reich werdet« (2Kor 8,9).

---

[43] DIETER GEORGI, Der Armen zu gedenken. Die Geschichte der Kollekte des Paulus für Jerusalem, Neukirchen-Vluyn ^{2}1994, 144–146.

Zusammenfassend sei festgehalten: Die paulinische Ethik bezieht sich auf die Gemeinde. Diese soll sich in Distanz zur »Welt« halten, in ihrem ethischen Verhalten soll sie an die Ethik der Synagoge anknüpfen. Im nichtjüdischen Umfeld der heidenchristlichen Gemeinden begründet Paulus diese Ethik nicht mehr explizit im Rückgriff auf die Tora, sondern ekklesiologisch in der Vorstellung von der Gemeinde als Leib Christi und christologisch in der Selbsthingabe Jesu.

Es ist hier jetzt nicht der Raum, diese Fragen auch auf die übrigen Schriften des Neuen Testaments auszuweiten. Es sei so viel gesagt, dass diese Schriften jeweils unter dem Aspekt der Minderheitensituation der Gemeinden in der römisch-hellenistischen Umwelt zu interpretieren sind. Soziale Gerechtigkeit ist demnach ein Thema der Binnenethik. Besonders deutlich wird diese im Johannesevangelium, das das Liebesgebot auf die innergemeindliche Bruderliebe konzentriert, wenn nicht gar beschränkt (13,34; 15,12).

5. Politische Verwirklichung

Kommen wir nun zu dem besonders interessanten Punkt der politischen Verwirklichung der sozialen Gerechtigkeit. Es ist hier wieder zu unterscheiden zwischen dem Auftreten Jesu als Akteur in der Elitenkonkurrenz Judäas einerseits und den Perspektiven, die sich aus der Auswertung der gemeindebezogenen Literatur des Neuen Testaments ergeben, andererseits.

Jesus von Nazareth nimmt für seine Reich-Gottes-Verkündigung den Willen Gottes absolut und uneingeschränkt in Anspruch. Er knüpft an die Traditionen der Armenfrömmigkeit des antiken Judentums an und akzentuiert deren Forderung sozialer Gerechtigkeit im Sinne der materiellen Sicherung und der sozialen Anerkennung. Die Hinwendung Gottes zu den Armen, Schwachen, Marginalisierten und Randständigen verfolgt das Ziel, diese in die Mitte der Königsherrschaft zu stellen. Im eschatologischen Mahl ist eine überraschende Gemeinschaft versammelt, die mit den üblichen Erwartungen bricht. Diejenigen, die als Schriftgelehrte und Pharisäer den gegenwärtigen Versammlungen vorsitzen, werden diese Plätze an andere abgeben müssen (Mt 8,11f./Lk13,28f.; Mt 23,6;). Dreh- und Angelpunkt dieser Gerechtigkeit ist jedoch Gott selbst, der barmherzige Vater. An seinem majestätischen wie fürsorglichen Willen wird nicht gezweifelt. Dessen Durchsetzung wird in einem synergistischen Modell vorgestellt, das die Barmherzigkeit Gottes auf die soziale Praxis der Nachfolgegemeinschaft bezieht (Lk 6,36; Mt 5,44f.). So sehr Gott selbst als notwendige Voraussetzung der Königsherrschaft gedacht ist, so deutlich ist auch, dass die Nachfolgegemeinschaft in der Nachahmung der Eigenschaften Gottes zu ihrer Identität als »Söhne und Töchter Gottes« findet (Mt 5,45). Diese aktualisieren ihren Status als Söhne und Töchter Gottes gerade indem sie die Werte der Gottesherrschaft repräsentieren und inszenieren.

Und Jesus selbst? Als derjenige, der als Informant und Interpret des Willens Gottes auftritt, erhebt Jesus den Anspruch darauf, dass er als Person die Kommunikation um die Gottesherrschaft kontrolliert und an der Lenkung des Willens anderer beteiligt wird, d.h. Elitefunktionen ausübt. Er stammt zwar nicht selbst aus einer Personengruppe, die den judäischen Elitekriterien voll entspricht, dennoch ist die judäische Elitekonzeption anders als die römisch-hellenistische offen genug, einen vollmächtigen Lehrer des Willens Gottes integrieren zu können. In seinem kommunikativen Handeln verweist Jesus wiederum auf die direkte Wahrnehmung der Macht durch Gott selbst, der als barmherziger Vater unmittelbar in Beziehung zu den Alltagsnöten (Brot, Schulden usw.) einfacher Menschen tritt. Dunn hält fest: »Die politische Spitze der Lehre Jesu an dieser Stelle [Armenfrömmigkeit; LB] sollte nicht abgeschwächt werden.«[44] Die für Jesus wichtige Forderung der Feindesliebe, die er als Gewalt-, Besitz- und Rechtsverzicht konkretisiert (Lk 6,27–30), gibt der Nachfolgegemeinschaft Praktiken des Synergismus mit der Königsherrschaft Gottes und ihrer Inszenierung und Repräsentation an die Hand, sie weist aber auch darauf hin, dass Jesus auf die üblichen politischen Mittel des Machterwerbs und des Machterhalts verzichtet. Insofern ist Jesus kein Politiker im Weber'schen Sinn gewesen. Das politische Handeln Jesu hinterlässt ein Machtvakuum. Jesus selbst steht im Zentrum der Machtkonstellation, die die Königsherrschaft Gottes als Synergismus der Barmherzigkeit beschreibt, er füllt diese aber nicht aus. Manche Exegeten vermuten, dass sein Zug nach Jerusalem mit dem Zwölferkreis, der das wiederhergestellte Israel repräsentiere, seine Aussage vom Gericht der Jünger über die zwölf Stämme (Lk 22,28–30/Mt 19,28) und sein Auftreten im Tempel an eine Mitwirkung an der Herbeiführung der eschatologischen Herrschaft Gottes denken lassen.[45] Schließlich ist dann auch wieder an den Titulus zu erinnern, der mit der Anklage als »König der Juden« an eine solche politische Machtergreifung erinnert.

Wir haben also ein Handeln Jesu, das auf der einen Seite innerhalb der Elitenkonkurrenz Judäas Ansprüche auf Macht, Lenkung und Kontrolle erhebt, das auf der anderen Seite aber in dieser Konkurrenz ein Vakuum erzeugt, da es nicht von politisch verwertbaren Aussagen über die neue Machtkonstellation begleitet wird. Jesus dachte an eine Theokratie, verzichtet aber darauf, die menschlichen Agenten ihrer Ausübung näher zu beschreiben, wie das Josephus in seinem Konzept der Priesterherrschaft vorbringt. Mit dieser Ambivalenz bezüglich der politischen Verwirklichung hat Jesus seine Nachfolgegemeinschaft belastet, mit ihr muss dann auch die historische Interpretation leben. Nach den Kriterien politischen Handelns, die Weber aufgestellt hat, wird man festhalten können, dass

[44] DUNN (s. Anm. 34), 609.
[45] ULRICH LUZ, Warum zog Jesus nach Jerusalem?, in: JENS SCHRÖTER (HG.), Der historische Jesus. Tendenzen und Perspektiven der gegenwärtigen Forschung, BZNW 114, Berlin 2002, 409–427.

Jesus in der Frage des Machterwerbs als Politiker im Rahmen der Elitenkonkurrenz Judäas agiert hat, seine öffentliche Wirksamkeit löste die Erwartung aus, dass hier jemand in der Tradition des politischen Messianismus als »König der Juden« auftritt. Sein Handeln in Jerusalem hingegen ließ in seiner Nachfolgegemeinschaft Fragen offen, wurde aber von den gesellschaftlichen Eliten als politisch relevant wahrgenommen und mit Gefangennahme, Folter und Hinrichtung sanktioniert.

In der literarischen Verarbeitung des Auftretens Jesu in den neutestamentlichen Texten werden nun andere Akzente gesetzt. Das lukanische Schrifttum, das sich an die Gemeinden der dritten Generation wendet, greift die Elemente der Verkündigung Jesu auf und stellt sie noch deutlicher in die Tradition der Armentheologie. Die Errichtung der Königsherrschaft Gottes als sozialen Ort, an dem die biblische Barmherzigkeit als gerechter und gerechtfertigter Schutz des Lebens jenseits des geltenden Rechts ausgeübt wird, ist in dem inbegriffen, was Lukas mit der Terminologie des Heils zum Ausdruck bringt. Er überliefert in seinem Evangelium und etwas weniger ausgeprägt in der Apostelgeschichte Texte, die den Standpunkt derjenigen einnehmen, die die Realisierung des Willens Gottes erhoffen. Es sind die Erzähltechniken des Lukas, die nun eine politische Qualität erlangen, indem sie von Rettung und Befreiung berichten, von Gefängnistüren, die sich öffnen, von willkürlicher Folter, voreingenommenen Verhören, von ungerechten Gerichtsprozessen, Rechtsbeugung und Gefangenentransporten, die dennoch nicht die Macht haben, ihre Opfer zu demütigen, unter anderem weil gerade diese Aktionen zur Ausbreitung des Evangeliums beitragen.[46] Das lukanische Schrifttum reflektiert die Ausbreitung der Jesusbewegung in die römisch-hellenistische Gesellschaft und deren Minderheitensituation in einer als unbeeinflussbar erlebten politischen Wirklichkeit des Imperium Romanum. Die Frage nach dem Politischen ist nun an die Erzählweise, die Figurenkonstellationen und die Standpunkte, die im Diskurs um die gesellschaftliche Ordnung eingenommen werden, zu richten. Folgt man dieser Lektüreweise neutestamentlicher Texte, kann die Qualität des Politischen auch in den anderen gemeindebezogenen neutestamentlichen Schriften erfasst werden. Paulus wählt als Sprecherposition die eschatologische Tat Gottes in Kreuz und Auferstehung. Er wendet sich an seine Gemeinden mit der Erwartung, dass diese die Kraft, die von der Verkündigung des Gekreuzigten und Auferstandenen ausgeht, d.h. vom Evangelium, aufnehmen, sich aus dieser Welt herausrufen lassen, ihren Status als Marginalisierte zurücklassen und sich als Erben der Königsherrschaft Gottes verstehen (1Kor 1,26; 6,9f.). In diesem Prozess ist auch die Umkehrung des sozialen Status ausgesprochen: Innerhalb der Gemeinde sind die personenrechtlichen und ethnischen Unterschiede aufgehoben (Gal 3,28; 1Kor 12,13). Diejenigen, die nicht über

---

[46] Apg 12,1-19; 16,19-40; 18,12-18; 19,23-20,1; 21,27-28,30.

einen Elitestatus verfügen (1Kor 1,26–29; 6,11), werden nun als diejenigen angesprochen, die Elitefunktionen wie die Rechtsprechung ausüben werden, indem sie »über Engel richten werden« (1Kor 6,3). Dazu sind sie und werden sie ermächtigt, wenn sie sich auf den Standpunkt stellen, der durch Kreuz und Auferstehung Jesu markiert ist: Der im Gehorsam am Kreuz bis in den Tod Erniedrigte ist von Gott über alle Maßen erhöht worden (Phil 2,8f.).

In ähnlicher Weise lässt sich auch das Johannesevangelium lesen. Diejenigen, die in die durch die Geschwisterliebe konstituierte Gemeinschaft eingetreten sind, sehen sich einer feindseligen Welt gegenüber. Verfolgung und Ausschluss sind die Konkretionen der politischen Realität, der sich die johanneische Gemeinde gegenübersieht. Politisches Handeln im Sinne Webers als Erringen gesellschaftlicher Macht wäre in dieser Situation geradezu wahnwitzig. Die Texte aber, die im Mittelpunkt der johanneischen Gemeinde stehen, sprechen von einer Selbstermächtigung der Gemeinde. In ihr ist der Wille Gottes wirksam und seine »Herrlichkeit« zu erleben (Joh 17,22), nicht aber in der Welt.[47]

Unter diesen Gesichtspunkten erscheinen auch neutestamentliche Texte, die selbst ausgrenzende Ordnungsformen propagieren, wie die Pastoralbriefe, manchen Exegeten als Vermittler herrschaftskritischer Impulse. Zumindest sieht das Michael Theobald so, der darauf hinweist, dass trotz des Gebets für den Herrscher (1Tim 2,1f., vgl. Tit 3,1f.) der Verweis auf die Kreuzigung unter Pontius Pilatus (1Tim 6,13), der Bericht von der Haft des Paulus (2Tim 4,7f.) und die Aussage »Gott ist König« (1Tim 6,15) als Herrschaftskritik, zumindest als »Relativierung menschlicher Herrschaftsansprüche« verstanden werden können.[48] Allerdings wird man ein angemessenes Gesamtbild der politischen Dimension der Pastoralbriefe nur dann gewinnen, wenn man auch die Ausgrenzung von Frauen, die Diffamierung von Andersdenkenden und die Etablierung patriarchaler Ordnungsstrukturen, wie sie die Pastoralbriefe zweifelsohne anstreben, miteinbezieht.

Die Johannesoffenbarung durchdenkt ihre politischen Optionen konsequenter. Dieser visionäre Text enthält zweifellos die schärfste explizite Kritik an der Wahrnehmung der politischen Macht in der römischen Mehrheitsgesellschaft (Apk 13). Zugleich wird die Vorstellung vom machtvollen Eingreifen Gottes so gesteigert, dass dieser als Pantokrator, Allherrscher angesprochen wird, eine Gottesbezeichnung, die sonst im Neuen Testament gemieden wird.[49] Die endzeitliche Königsherrschaft übt der Pantokrator gemeinsam mit dem im Kampf gegen die widergöttlichen Mächte siegreichen Lamm aus. In die neue, endzeitliche Stadt

---

[47] Vgl. HAROLD ATTRIDGE/WARREN CARTER/JAN VAN DER WATT, Are John's Ethics Apolitical?, in: NTS 62 (2016) 484–497.

[48] MICHAEL THEOBALD, Israel-Vergessenheit in den Pastoralbriefen. Ein neuer Vorschlag zu ihrer historisch-theologischen Verortung im 2. Jahrhundert n. Chr. unter besonderer Berücksichtigung der Ignatiusbriefe, SBS 229, Stuttgart 2016, 128–135.

[49] Apk 1,8; 4,8; 11,17; 15,3; 16,7.14;19,6.15; 21,22.

ziehen aber auch die Knechte, Brüder und Genossen der Gemeinden der Märtyrer ein. Die Johannesoffenbarung hält in den letzten Worten der Vision des Neuen Jerusalems fest (22,3–5), dass die Glaubenden als Knechte Gottes sowohl als Priester dienen als auch wie Könige mitherrschen werden (5,10; 20,6; 22,5).[50] Die Apokalypse lehnt sich in ihrer politischen Konzeption an die Priesterherrschaft an, wie sie bei Josephus dargestellt ist (Ap 2,165), interpretiert sie aber in einer neuen Weise, indem sie den Kreis der Priester auf alle Glaubenden ausweitet und auf eine Hierarchie der Priester verzichtet.[51]

6. Fazit

Die Forderung sozialer Gerechtigkeit wird in neutestamentlichen Texten jeweils als Bestandteil der Verwirklichung der Königsherrschaft Gottes verstanden. Diese Herrschaft ist gerecht und barmherzig; soziale Gerechtigkeit als Schutz der Lebensgrundlagen der materiell Armen und als Integration der sozial Deklassierten ist ein Kennzeichen der Königsherrschaft. Die politische Realisierung der Königsherrschaft war von Jesus selbst als ein Zusammenwirken von Entmachtung und Delegitimierung der judäischen Eliten und der Machtergreifung Gottes vorgestellt worden. In diesem synergistischen Prozess hatte die Nachfolgegemeinschaft die alltagsbezogenen Werte der Gottesherrschaft zu repräsentieren und zu inszenieren.

Die gemeindebezogenen neutestamentlichen Texte sind mit der römisch-hellenistischen Mehrheitsgesellschaft konfrontiert und verzichten auf eine unmittelbare Mitwirkung in der Elitekonkurrenz um gesellschaftliche Macht. Sie nehmen aber einen Standpunkt im Diskurs um gesellschaftliche Macht ein, der eine politische Qualität hat. Selbst die konservativsten neutestamentlichen Texte wie die Pastoralbriefe, die Hierarchien etablieren, abweichende Sichtweisen ausgrenzen wollen und damit die gleichberechtigte Partizipation aller beschränken, führen noch Traditionen der Herrschaftskritik weiter, indem sie Gott als König bezeichnen.

Die Einsicht, dass Texte nicht nur durch ihren Inhalt und ihre Textpragmatik, sondern vor allem durch den Standpunkt, von dem sie sprechen, politische Qualität haben, führt uns wieder zur Eingangsfrage bezüglich der rabbinischen Parabel zurück. Ist ein solcher Text politisch? Welche Wahrnehmungen erlauben es, die politische Qualität eines solchen Textes zu entdecken, und welche stehen dieser Wahrnehmung im Wege? Damit sind wir als Leserinnen und Leser selbst mit im

---

[50] ELISABETH SCHÜSSLER FIORENZA, Priester für Gott. Studien zum Herrschafts- und Priestermotiv in der Apokalypse, NTA NF 7, Münster 1972, 76–78.

[51] LUKAS BORMANN, Theologie des Neuen Testaments. Grundlinien und wichtigste Ergebnisse der internationalen Forschung, Göttingen 2017, Kp. 13.5.

Spiel und stehen an dem Punkt, an dem wir uns mit der Frage der Wahrnehmung des Politischen befassen müssen: Die Wahrnehmung des Politischen selbst ist ein politischer Akt, wie es auch dessen Übergehen oder Verschweigen ist. Für beides, Wahrnehmung wie Übergehen, bietet die Auslegungsgeschichte des Neuen Testaments umfangreiches Anschauungsmaterial. Zuletzt setzt sich aber doch immer wieder die Einsicht durch, dass diese Texte von einem Standpunkt her sprechen, der die Forderung nach sozialer Gerechtigkeit miteinschließt, der Distanz zur Macht der Welt hält, vom Besitz die größeren Gefahren ausgehen sieht und schließlich für die gleichberechtigte Teilhabe derjenigen, die am Rand stehen, eintritt. Selbst diejenigen, die die Verwirklichung der Gottesherrschaft ganz Sache Gottes sein lassen wollen, halten mit dieser Position den Gedanken fest, dass die Verkündigung der Gottesherrschaft unausweichlich auch Elitenkritik ist, in der die Forderung nach sozialer Gerechtigkeit nicht das einzige, aber doch ein wichtiges Anliegen des Neuen Testaments ist.

Kein Läuten in Unterleuten

Kirche zwischen der Sonne der Gerechtigkeit und dem Meer der Perspektiven[1]

Christian Stäblein

Einen Beitrag zu aktuellen, konkreten Gerechtigkeitsfragen haben Sie angefragt, ich übersetze für mich: wo ich aus kirchenleitender Perspektive das Thema Gerechtigkeit ausmache, verankere, in der Umsetzung begriffen sehe. Nun: Einer der Ausschüsse der Landessynode der Evangelischen Kirche Berlin-Brandenburg-schlesische Oberlausitz (EKBO) heißt in guter ökumenischer Tradition »Gerechtigkeit, Frieden, Bewahrung der Schöpfung«, im Synodenalltag gerne mit GFB abgekürzt. GFB hat viel zu tun: zwischen Ausstieg aus der Braunkohle in der Lausitz über Friedensethik – Stichwort: Just Policing – bis zur Bereitstellung von Geldern für die Einrichtung einer ersten »Flüchtlingskirche« im Herbst 2015 in Kreuzberg, von der Frage nach einer Friedenssteuer über Inklusionsleitlinien bis zur Frage von gerechten Grundsätzen bei der Anlage des kirchlichen Kapitalvermögens – GFB hat viel zu tun und das ist auch gut so, wie man in Berlin so zu sagen pflegt. Genug Stoff also für mich beim Aufsuchen des Themas. Freundlicherweise haben Sie mir ja gesagt, wie ich das Thema konkretisiere, sei mir freigestellt. Und dann also dieser Titel als Antwort auf Ihre freundliche Freistellung: »Kein Läuten in Unterleuten. Kirche zwischen der Sonne der Gerechtigkeit und dem Meer der Perspektiven«. Ein wenig verrückt, das gebe ich sofort zu. Was habe ich zu meiner Entschuldigung dieses verrückten Titels vorzubringen? Wenig, es wäre auch sinnlos, nur der Vortrag selber kann am Ende die Antwort geben, kein Vorwort oder selbstrechtfertigende Prolegomena werden da nützen. Deshalb jetzt nur so viel: Zu der Themenstellung verführt hat mich, dass ich bis heute etwas praktiziere, was ich als Empfehlung von fast allen meinen universitären Lehrerinnen und Lehrern mit auf den Weg bekommen habe: niemals die Lektüre sogenannter schöngeistiger Literatur einstellen. Zweckfrei, versteht sich.

---

[1] Der Beitrag wurde als Vortrag bei der Jahrestagung der Bultmann-Gesellschaft im Frühjahr 2017 gehalten. Der mündliche Vortragsstil ist beibehalten worden, allerdings wurde der Text um Anmerkungen ergänzt. In den Fußnoten sind einige Beiträge der sich an den Vortrag anschließenden Diskussion aufgenommen.

Aber auch, um zumindest zu versuchen, die eigene Sprache nicht zwischen Fachjargon und »Kichensprech« zu verlieren. Um ein Gespür dafür zu bewahren, wie existenziell - ja, ich darf das wohl hier sagen, wie existenzial, also nicht nur das einzelne konkrete Leben betreffend, sondern das Dasein in seinem Wesen fordernd, ja begründend Sprache ist. Literatur - wenn Sie mir diese Formulierung gestatten - als existenziale Interpretation unseres Daseins. Unterleuten: der Roman der deutschen Schriftstellerin Juli Zeh aus dem Jahr 2016 also als Existenzvexierglas jener Welt, in der meine Kirche Kirche ist.[2] Denn Unterleuten, dieses fiktive Dorf, das Juli Zeh für Brandenburg und in Brandenburg erfunden hat, liegt eine gute Autostunde von Berlin entfernt. Und mein Gefühl beim Lesen war und ist: da bist du ständig, in Unterleuten. Da fährst du durch und fährst du schon nicht durch, fährst du mindestens dran vorbei. Letzteres vielleicht viel zu oft. So fühlen sich ja Dörfer in Brandenburg und Menschen dort: dass sie gar nicht mehr gesehen werden, dass sie abgehängt sind: gesellschaftlich, kirchlich. Aber damit wären wir schon mittendrin. Deshalb: keine weiteren Vorreden. Ein wenig zufällig, aber doch auch repräsentativ und sinnbildlich lasse ich uns für diesen Vortrag nach Unterleuten geworfen sein. Dabei wird man - so versuche ich es zumindest anzulegen - das Buch selbst nicht gelesen haben müssen, das wäre eine allzu mühsame Voraussetzung für den Vortrag. Ich vollziehe es sozusagen nicht inhaltlich nach, sondern formal. Formal in eben jenem Sinne, der den Charakter des Buches ausmacht und den ich für gegenwartstypisch halte: die Auflösung der Erzählperspektive in radikale Multiperspektivität. So erklärt sich auch die Gliederung. Zeit, einzusteigen. Alles Weitere findet sich auf dem Weg, oder es findet sich nie. Deshalb:

1. KEIN LÄUTEN IN UNTERLEUTEN

1.1 Stäblein[3]: Das Tier hat uns in der Hand

»Das Tier hat uns in der Hand. Das ist noch schlimmer als Hitze und Gestank.«[4] Das ist der erste Satz des Buches und er steht in gewisser Weise für das ganze Buch: Es hat mich in der Hand. Was erzählt wird, ist ein literarisches Feuerwerk und Panoptikum. Und stinkt mehr zum Himmel als der Geruch brennender Autoreifen, mit denen es losgeht. Das Buch Unterleuten fesselt mich hinein in den Kosmos eines Dorfes, in dem die Menschen sich gegenseitig zu Grunde richten. Die Alteingesessenen gegen die Zugezogenen. Männer gegen Frauen. Zeitlose

---

[2] Vgl. JULI ZEH, Unterleuten, München 2016.

[3] Die Gliederung des Vortrags versucht die unentrinnbare Multiperspektivität des Buches einzuholen, indem sie persönliche, kirchenleitende und theologische Blicke - so weit möglich - unterscheidet und in den Überschriften zumindest andeutet.

[4] ZEH (s. Anm. 2), 9.

Dorfprotagonisten gegen hysterische Heimatlose. Eltern gegen Kinder. Jeder gegen jeden. Der Kosmos des Dorfes ist bestimmt von Urgesetzen: Familie, Natur, Körperlichkeit, Faustrecht des Stärkeren - von Religion I würden wir religionssoziologisch vielleicht reden -, es ist bestimmt von historischen Verwicklungen des 20. und 21. Jahrhunderts - LPG, Nachwendezeit -, von existenziellen Verstrickungen - ein tabuisierter Totschlag, Amnesie, Ehebruch -, von Goldgräberaufbruch à la globalem, entfesseltem Neokapitalismus - Windpark, Computerspiele, Bodenspekulation -, und schließlich ist es bestimmt vom ganz normalen Chaos der Liebe, oder sagen wir besser den Beziehungen. Unterleuten ist ein »herrlicher« Sündenpfuhl, Menschen wie Menschen so sind: einander Wölfe, oder wie Juli Zeh sagt: *»nachts sind das Tiere«*. Morbidität durchzieht das Buch wie der Geruch oder vielmehr das Gift des verwesenden Selbstmörders am Schluss. Zwischen Schlechtigkeit und Hartherzigkeit menschlicher Existenz wird plötzlich - auch das, so scheint mir, kultur- und gegenwartsprägnant - das Schicksal der Tiere zum Objekt jenes Mitleids, das die Menschen füreinander nicht mehr empfinden können. Während der Nachbar sinnbildlich und real im Gestank seiner Fäkalien zugrunde gehen darf, rühren die Kätzchen, die schließlich ins Heim müssen. Und es rührt ein Hund, der in Hannover ausgesetzt wird. Ausgerechnet Hannover, denkt der Hannoveraner in mir, ausgerechnet Hannover als Sinnbild jener Untat, die nach dem Verlust aller Menschlichkeit fast skurril wirkt. Bürgerliche Firnis Hannover. Ein Buch wie ein Feuer, sage ich, ein Kosmos, am Ende ganz dem Gericht und einer ironisch, journalistischen Schlussbrechung überantwortet. Als alles vorbei ist, als die Sünde die Menschen und das Dorf quasi verschlungen hat, da repetiert in einer fast schon komischen Chronistenpflicht eine Journalistin den weiteren Lauf der Geschichte in einer Art Auflösung. Zugleich wird dabei deutlich: Es ist zwar alles zu Ende, doch geht alles auch immer so weiter. Unterleuten ist überall. Eine Art Hölle oder Sodom oder Babel - nur, dass es eben nicht ganz groß ist, dieses Babel, sondern eine Miniatur. Auf einer ersten Ebene ist das so genial wie perfide wie wahr: Unterleuten ist Anschauung für den Menschen, wie er ist. Ein Verfallsprodukt. Sich selbst, seinen Ängsten, seinen Selbstrechtfertigungen, seiner Gier, seiner Maßlosigkeit und seiner Haltlosigkeit, seinen Lebenslügen und Selbsttäuschungen verfallen, verloren. Das ist die Wahrheit dieses Buches, das funktioniert wie ein Krimi, ohne Krimi zu sein. Zugleich, und das ist die zweite Ebene: Es gibt sie nicht mal mehr: die Wahrheit. Das ist die andere Dimension des Buches: es gibt keine Wahrheit für Unterleuten, nur Perspektiven. Erst am Ende wird die auktoriale Erzählerin sichtbar - wie gesagt: da taugt sie für kaum mehr als eine ironische Schlussbrechung. Die Essenz des Buchaufbaus, in dem über sechsmal einhundert Seiten nur aus den stets verschiedenen Perspektiven erzählt wird, impliziert: Es gibt keine Wahrheit jenseits der Perspektiven. Es gibt keine Wahrheit. So wenig wie es Gerechtigkeit gibt an diesem Ort. Es gibt nur Fließ, Franzen, Meiler, Schaller, Gombrowski,

Kron, Fließ-Weiland, Wachs, Seidel, Kron-Hübschke und wie sie alle mit Nachnamen heißen. Die Namen sind die Zwischenüberschriften. Es ist ein Buch wie ein Feuer nach dem Ende der Wahrheitsfrage. Obwohl die Einsicht so neu ja nicht ist. Sie wird hier nur besonders schön, besonders geschickt und besonders brutal erzählt. Ja, das dürfte ein Teil der literarischen Brutalität sein: die große Erzählkunst von Juli Zeh, die geradezu klassisch erzählerische Sprache. Syntax, Grammatik, Stilistik, Ästhetik, Gliederung, sie sind hier ungebrochen schön und steigern so am Ende nur die eine Wahrheit: Die Wahrheit ist zerbrochen, es gibt sie nicht. Und wo es keine Einigung auf Wirklichkeit mehr gibt, da kann es – so scheint es – erst recht keine Gerechtigkeit mehr geben. Kein Gebot, das nicht gebrochen wird in Unterleuten. Kunststück. Jeder hat seine Gebote. Das Buch hat mich in der Hand, schlimmer als Hitze und Gestank, nein, das wäre ungerecht: Schlimm und schön, wie Feuer, das anzieht und dabei vernichtet.

Dass es Juli Zeh mit dieser radikalen Multiperspektivität darauf anlegt, die Destruktion der Wahrheitsfrage im digitalen Zeitalter vorzuführen, zeigen vollends ein paar Seitenspiele, die sie mit dem Roman treibt: So gibt es eine Facebook-Seite zu Unterleuten, auf der das Dorf, Dorfkarten und etwa die Speisekarte des Gasthauses vorgestellt werden, ja es gibt sogar real anmutende Facebook-Seiten einiger Hauptdarsteller des Buches. Schließlich – und hier treibt Juli Zeh ihre Leser in ein Spiegelkabinett, in dem sich die Wahrheitsfrage im digitalen Kosmos verlieren darf – taucht in dem Buch der Ratgeber eines Manfred Gortz auf, dieser Ratgeber wird zum Buch im Buch, in dem die heimlichen Handlungsmechanismen aufgezeichnet sind. *Manfred Gortz, Dein Erfolg – ein Ratgeber*, heute bestellt, morgen schon da, 5,99€ als Taschenbuch. So schien es zunächst so, als mache Juli Zeh hier Schleichwerbung für ein anderes Buch. Dann wurde unterstellt – oder die Unterstellung marketingstrategisch gestreut –, Juli Zeh habe Teile ihres Romans bei Manfred Gortz abgeschrieben. Bis sich schließlich herauskristallisiert, dass es Manfred Gortz nicht gibt, sondern Juli Zeh auch dieses andere Buch selbst geschrieben und eben unter dem Pseudonym Gortz veröffentlicht hat. Ich habe diese Facebook-Seiten studiert: die der Protagonisten aus Unterleuten, die von Manfred Gortz, die von Juli Zeh. Am Ende ist es ein Kosmos aus Fiktion – oder sind es fakes? Oder, wie wir theologisch sagen würden: Pseudepigraphien? Ein Meisterwerk ist es jedenfalls, verzehrend, vernichtend, herrlich.

1.2 Propst: Seelenheil heißt nur die Samtgemeinde

Als Propst der EKBO bin ich nach der Lektüre enttäuscht, vielleicht sogar ein wenig geschockt. Alles Mögliche wird minutiös, detailreich und geradezu dokumentarisch fingiert in diesem Buch dargestellt – die Kirche aber kommt nicht vor: nicht als Gebäude, obwohl auf dem fiktiven Dorfplan verzeichnet, nicht als Ort, nicht mal als Projektionsort, nicht als Dimension. *Seelenheil* heißt nur die übergreifende Samtgemeinde, Seelenheil heißt nur der zu schützende Zufluchtsort für die umsorgten Vögel mit dem schönen, sprechenden Namen Kampfläufer.

Die Kirche als relevante Größe gibt es in diesem Buch nicht mehr. Es gibt kein Läuten in Unterleuten, kein für irgendwen relevantes. Das Buch wuchert nur so vor religiösen und existenziellen Themen, allen voran das Thema Freiheit, Juli Zeh hat das immer wieder betont. Freiheit in der Abgeschiedenheit, im scheinbaren Jenseits von Stadt und globalisierter Welt. Eine »Kirche der Freiheit« gibt es hier anscheinend nicht.

Nun darf diese Klage aus kirchlicher Perspektive nicht allzu platt daherkommen. Gefragt ist ja nicht schlichte kirchliche Erbauungsliteratur, ebenso wenig der durchaus neu im Kommen befindliche christliche Erweckungsroman. Nein, existenziell in der Themenwahl, existenzial in der Lesart der Verdichtung, ist das im Grunde selbstverständlich, muss es so sein, dass die Kirche, die religiösen Institutionen oder der Glaube als eigenes Thema nicht oder allenfalls am Rande vorkommen. Das ist richtig und logisch, wenn man Soziologie und Gegenwartsliteratur nicht verwechseln will. Die kleine Schockwelle, die nach der Lektüre bei mir einsetzte, speist sich deshalb eher aus der Erfahrung, aus dem Kennen der vielen Unterleuten in der Prignitz und in ganz Brandenburg und dem Wissen: so ist es hier und da tatsächlich. Bei drei oder sieben oder auch mal neun Prozent Kirchengliedern gibt es eben häufig kaum noch Läuten in Unterleuten.[5] Aber ach, die Kirche – es geht mir hier nicht um den Blick auf die Institution oder Organisation, die sich so gerne selbst erhalten möchte. Allerdings: wenn ich den Studien von Pollack, Pickel und Wegner trauen darf, trauen muss, dann geht es

---

[5] Eine Aussage, die an dieser Stelle weder mitleidsheischend sein soll – in der an den Vortrag anschließenden Diskussion kommt es zu freundlichen Trostbekundungen westdeutscher Provenienz gegenüber dem Propst aus der östlichen Gliedkirche. Die Aussage, es gebe kein oder kaum noch Läuten in Unterleuten, will und soll auch keine entmutigende oder bornierte Beschreibung kirchlichen Aufbruchs sein. Es sind gerade die Gemeinde- und Pfarrsprengel in Brandenburg, die häufig vor Kreativität, geistlichem Aufbruch und institutionell anregendem Umbruch nur so strotzen. Man nehme etwa den Beitrag des jungen Pfarrers Marcel Borchers, der seinen Dienst in einem Pfarrsprengel in der Prignitz mit 16 Predigtstätten ausübt. Die Kirchenglocken werden nicht nur zum Gottesdienst, sondern auch beim Versterben eines Dorfbewohners von Ehrenamtlichen der Gemeinde geläutet. Ehrenamtliches Engagement ist enorm hoch und Menschen sind bereit mit dem Auto in Nachbarkirchen zum Gottesdienst zu fahren. Vgl. http://www.ekbo.de/startseite/themen-fuer-die-startseite/ordination/ordination-interview-mit-marcel-borchers.html(aufgerufen am 29. März 2017). Kein Läuten in Unterleuten heißt an dieser Stelle also erst einmal nur: die nüchterne Wahrnehmung und Anerkennung, dass allen Bemühungen der Christinnen und Christen und der Kirche über die letzten Jahrhunderte zum Trotz die Säkularisierung kräftig vorangeschritten ist, so kräftig, wie es das Buch von Juli Zeh selbstverständlich abbildet (s.a. nächster Abschnitt).

mit dem Sterben der Institution und der Tradition auch um ein Sterben der religiösen Thematik, womöglich des Glaubens.[6] Kann man das so sagen?

1.3 Theologe: Vergessen, dass wir Gott vergessen haben

Die Studien zur Säkularisierung, zur Entwicklung der Kirchengliederzahlen, die Beobachtungen zur voranschreitenden Individualisierung im Zeitalter der Digitalisierung, die im Moment so vielfach thematisierte Blasenbildung – jeder und jede in seiner und ihrer Informations-, Resonanz- und Rezeptionsblase –, das alles ist Ihnen so bekannt, dass ich Sie nicht lange damit aufhalten will. Für die EKBO gibt es verschiedene Studien dieser Art in den letzten Jahren – eine elementar wichtige zur Armut in der Uckermark und der Sensibilität der Kirchengemeinden hierfür[7], zentrales Stichwort *Gerechtigkeit auf dem Lande*, eine zweite Studie, ebenfalls vom Sozialwissenschaftlichen Institut, zur Einstellung der sogenannten Konfessionslosen in Marzahn-Hellersdorf, also Ost-Berlin[8]. Eine dritte Studie wird gerade durchgeführt, gewissermaßen die Parallelstudie unter Kirchengliedern in Marzahn-Hellersdorf. Nachdem man die Konfessionslosen gefragt hat, wie glücklich sie sind, was sie tröstet und was sie »glauben«, sollen das nun auch die Kirchenglieder in diesem Bezirk gefragt werden. Die Vergleichswerte dürften interessant sein, (meine) Hypothese ist: die Indifferenten als größte Gruppe hier und dort unterscheiden sich in ihren Einstellungen und Überzeugungen womöglich nicht so sehr. Die Herausforderung, von Christus in konfessionsloser und religionsloser Gesellschaft zu zeugen – dialektisch-theologisch gesprochen: da, wo auch im besten Sinne keine Anknüpfungspunkte mehr vorhanden sind –, diese Herausforderung wird immer deutlicher. Das Spannende an der Erstellung dieser zweiten Studie in Marzahn-Hellersdorf – also bei der Befragung unter den Kirchengliedern – ist im Moment: es stellt sich als ein fast unmögliches Unterfangen heraus. In Marzahn-Hellersdorf sind etwa 2% der Einwohner Mitglieder der evangelischen Kirche. Für eine sozialwissenschaftliche Studie, bei der man ja nicht einfach sagen kann, befragt mal die Gemeindekirchenräte, muss man diese 2% erst mal finden, ohne dabei den Datenschutz zu verletzen. Das erinnert noch mal aus ganz anderer Perspektive daran, wie wichtig

---

[6] Vgl. u.a. DETLEF POLLACK, Säkularisierung – ein moderner Mythos? Studien zum religiösen Wandel in Deutschland, Tübingen 2003; GERT PICKEL/OLAF MÜLLER, Church and Religion in Contemporary Europe. Results from theoretical and empirical Research, Wiesbaden 2009; GERT PICKEL, Säkularisierung, Individualisierung oder Marktmodell? Religiosität und ihre Erklärungsfaktoren im europäischen Vergleich, in: Kölner Zeitschrift für Soziologie und Sozialpsychologie 62 (2010), 219-245.

[7] Vgl. SUSANN JENICHEN, Sensibel für Armut – Kirchengemeinden in der Uckermark, Leipzig 2015.

[8] Vgl. PETRA-ANGELA AHRENS, Wer sind die Konfessionslosen, SI aktuell 9, Hannover 2016.

die Aufgabe ist, die Rolle der DDR als Katalysator der voranschreitenden Säkularisierung zu beschreiben, »forcierte Säkularität« nennt es Monika Wohlrab-Sahr.[9] In Orten wie Unterleuten scheint es ja offensichtlich so. Und in Beschreibungen wie die für Unterleuten wird auch sichtbar, wie sehr die Säkularisierungsthese gegenüber der Marktthese, die ja von der Rückkehr oder Freiheit der Spiritualität, des Glaubens und der Religion ausgeht - stabil oder gar wachsend jenseits der Institution -, recht haben könnte. Jedenfalls steckt das in der vielsagenden Verdichtung, die sich in dem Satz ausspricht: die Menschen haben nach Jahrzehnten (der forcierten Säkularität) womöglich vergessen, dass sie Gott vergessen haben, doppeltes Vergessen also. Im Universum der Perspektiven, im unabschließbaren Universum der Sichtweisen auf der einen Seite, in der gleichzeitig stattfindenden, fast logischen Bildung der selbstreferentiellen Resonanzblase auf der anderen Seite, kommt Gott nicht vor. Aufgehoben jeder denkbare Standpunkt jenseits der Multiperspektivität, abgeschlossen die eigene Blase der Selbstreferentialität innerhalb dieses Perspektivuniversums. Was soll da noch läuten? Woher Gott? Wie Gerechtigkeit? Welche - würde gleich jeder fragen: Welche Gerechtigkeit?

2. Sonne der Gerechtigkeit

2.1 Stäblein: Das Lied hat mich in der Hand

»Sonne der Gerechtigkeit, gehe auf zu unserer Zeit« - ein Lied wie eine fröhliche Fackel, nicht selten hinein gesungen in kleine und große Kirchenfeste, ein Lied, das mit seiner getragenen, dann an Tempo gewinnenden Melodie zum Aufbruch bläst. Ein Lied, beliebt bei den Kirchenkritischen in der Kirche, weil es die Kirche selbst ermahnt: Suche Gerechtigkeit, werde nicht lasch und lau. Ein Lied, beliebt bei den Kirchentreuen, bei den Missionsfrohen, weil es Gerechtigkeit mit Mission verbindet, weil es in dem Lied ja nicht zuerst um soziale Fragen, sondern um Bekehrung und Einheit der Kirche geht. Ein Lied, das - ob inhaltlich so oder so interpretiert - vor allem als Lied funktioniert: Ich habe »Sonne der Gerechtigkeit« noch nie gesungen, ohne dass ich mich hinterher nicht ein Stück geweckter, ein Stück aufgerichteter, ein Stück erbauter gefühlt habe. Das Lied wirkt oder funktioniert, ganz wie Sie wollen. Performativ formuliert, gedeutet: Es tut, wovon es spricht. Und das ist ja ohnehin die Wirkung von Singen, viel beschworen, noch öfter bepredigt: Wer singt, betet doppelt, tritt aus sich heraus, macht die eigene Stimme zur fremden, lässt die so fremde Stimme zur neuen eigenen werden. »Sonne der Gerechtigkeit« - der alttestamentliche Gotteslobpreis, der in diesem Lied mit dem neutestamentlichen Ruf der Offenbarung an die »tote Gemeinde«

[9] Vgl. Monika Wohlrab-Sahr, Forcierte Säkularität. Religiöser Wandel und Generationendynamik im Osten Deutschlands, Frankfurt a. M. 2009.

verbunden wird, hat seine Selbstwirksamkeit, stelle ich immer wieder bei mir fest. Auch in der Prignitz, auch bei der Eröffnung eines Begegnungszentrums in der Stadt an der Dosse, bei dem der halbe Ort erschienen ist. Erschienen und gekommen wegen der Gerechtigkeit. Wegen der Wintersonne. Wegen der Schönheit des Gebäudes, das da frisch saniert ist. Wegen der Gemeinschaft des Ortes, in dem die Kirche eben doch gewichtiger Teil ist. »Sonne der Gerechtigkeit« – eine Fackel, ein loderndes Feuer, eine schwächliche Kerze – wie auch immer: Licht. Christuslicht, zugesungen hat es mich in der Hand.

2.2 Propst: Der Geist der Ökumene im Reformationsjubiläum

»Sonne der Gerechtigkeit« – dieses Lied passt aus Sicht eines Berliner Kirchenvertreters gut in den Vortrag und womöglich auch ziemlich gut in die Zeit.[10] Otto Riethmüller stellt die sieben Strophen, die er in verschiedenen anderen Liedern vorfindet, 1932 zu eben jenem Gesangbuchlied zusammen, das wir heute kennen. 1932 ist es also das Redaktions- und Kompositionswerk des Leiters im Berlin-Dahlemer Burckhardthaus Riethmüller, der – einfach gesprochen – mit Gesang und Bibelarbeit die Jugend vom Nationalsozialismus fernhalten will. Gegen den aufziehenden Zeitgeist, der mit der Rune des Sonnenrads arbeitet, setzt Riethmüller die Sonne der Gerechtigkeit, wie sie biblisch gelobt und bezeugt ist. Dafür erstellt er eine Komposition, die mit ihren Strophen Jahrhunderte verbindet. Angefangen bei der Melodie aus reformatorischer Ursprungszeit – Böhmische Brüder – werden über Christian David, Johann Christian Nehring und Christian Gottlob Barth – grob gesprochen – drei recht unterschiedliche pietistische Traditionen verknüpft. Jeder steuert zwei Strophen bei: Herrnhut, Halle und Württemberg, 18., 19. und schließlich mit Riethmüller eben 20. Jahrhundert vereint in diesem Lied. Eine Ökumene der Tat und der Mission, eine Gerechtigkeit der Teilhabe, eine der Gemeinschaft wird besungen, eine Wendung zum Eins-Sein in Christus, das, ökumenisch verantwortet, in Christus immer schon gegeben und vorgegeben ist. »Es geht nicht darum, die Einheit der Kirche schaffen zu wollen«, sagt Friederike Nüssel in einer Predigt zu diesem Lied, »es kann nur darum gehen, ihr Gestalt zu verleihen. (...) Die Theologen, die an unserem Lied mitgeschrieben haben, haben sich nicht unter einfacheren, sondern sicher zum Teil unter deutlich schwierigeren Bedingungen für die Gemeinschaft der Christen im Glauben an das eine Evangelium eingesetzt.«[11]

Ein Lied also wie gemacht für das Reformationsjubiläum, das wir in diesem Jahr feiern? Mindestens scheint es mir als gute Beschreibung dessen zu taugen,

---

[10] Vgl. EG 263.

[11] Vgl. die Predigt von Prof. Dr. Friederike Nüssel, Ökumenisches Institut, über das Lied »Sonne der Gerechtigkeit« (EG 262) im Universitätsgottesdienst am 22. Juni 2008 in der Peterskirche Heidelberg, siehe unter: http://www.theologie.uni-heidelberg.de/universitaetsgottesdienste/2206_ss08.html (aufgerufen am 9.3.2017).

was wir erleben: Ökumenisch feiern wir, jedenfalls öffentlich und medial bis in jede Faser der großen Auftritte hinein. So erlebe ich unsere EKBO-Veranstaltungen zum Reformationsjubiläum ein gutes Stück wie dieses Lied: ökumenisch orientiert und getragen vom Geist einer Übersetzung von Reformation, die ihre Relevanz dadurch erhalten oder zurückgewinnen will, dass sie sichtbar wird im Leben der Menschen. Als Reformation der Tat, als Zeugnis von Gerechtigkeit, als Ruf auch gegen den Zeitgeist.

2.3 Theologe: Im Universum der Verteilungsgerechtigkeit

Mit einigermaßen nüchternen theologischen Parametern betrachtet können wir das Reformationsjubiläum in seiner Art und Ausrichtung der Feier schon jetzt ein wenig einordnen. Harry Oelke hat das mit seiner Akzentuierung wunderbar getroffen: Es sei das erste Jubiläum – im Kanon der Jahrhundertjubiläen auf 2017 –, das die Kirche gewissermaßen in jener Freiheit feiert, in der weder durch Staat noch Gesellschaft ein fester Platz oder eine klare Erwartung zugewiesen ist. Das erste Jubiläum der Kirchen der Reformation, das nicht durch das Verhältnis von Kirche und Staat oder Kirche und weltliche Obrigkeit bestimmt sein will oder muss. Für eine Kirche, zu der dieses Verhältnis als Geburtsgarant – um der Freiheit von allen institutionell-kirchlich-geistlichen Machtansprüchen willen – stets dazu gehörte, eine neue Erfahrung.[12]

Nicht zufällig – und jetzt natürlich auch ein wenig zugeschnitten – werden die gesellschaftlichen Wahrnehmungen der Kirche von dreierlei aktuellen Perspektiven bestimmt: So sind die Kirchen zum einen ein willkommener Partner des Staates bei der Aufnahme und Integration, bei der Gestaltung eines Lebens mit Geflüchteten. Für die Gesellschaft sind sie ein ethisch integerer Sozialpartner, einmal mehr dabei auch jene Gemeinschaft von Bürgerinnen und Bürgern, die der säkulare Staat »braucht«, weil Verfahrensgerechtigkeit noch nicht Menschlichkeit als ihre eigene Voraussetzung herstellen kann. Für die Kirchen und Kirchengemeinden selbst sind die Flüchtlinge ein Aufwachen, ein Gewecktwerden zu alter, neuer Erfahrung von relevanter Gemeinschaft und drängendem Auftrag nach innen und außen.

Diese Wahrnehmung von Kirche verdichtet sich insgesamt in einer Verschiebung der Gewichte hin zu den großen diakonischen Einrichtungen, Werken und Verbänden. Die fünfte Mitgliedschaftsuntersuchung hat das deutlich vor Augen geführt: Kirche wird durch Diakonie wahrgenommen und umgekehrt, hat hier ihre selbstverständliche Relevanz und Akzeptanz. Zeugnis des Evangeliums in der Tat, menschenmögliches Eintreten für Gerechtigkeit.

---

[12] Vgl. HARRY OELKE, Reformationsjubiläum gestern und heute. Geschichtspolitische Einflussnahmen auf die reformatorische Säkularfeier 2017, in: PTh 105 (2016), 21-43, hier besonders 38ff. Vgl. auch FRIEDRICH WILHELM GRAF, Das Reformationsjubiläum selbstbewusst feiern, in: PTh 105 (2016), 5-20.

Eine zweite Perspektive der Wahrnehmung von Kirche, von der ich annehme, dass sie zukünftig noch stärker wird, ist die Frage, was als christliche Leitkultur gelten kann - einfacher gesagt: was ist christlich? Hier ließe sich jetzt viel sagen, ich deute nur knapp an: Etwa die - mit Blick auf die Kirchengeschichte - durchaus klassische Zuspitzung, ob das vermeintlich Christliche das ist, was die Institutionen der Volkskirchen durch ihre Leitung vertreten und propagieren oder ob es in einer gewissen Opposition dazu steht. In dem aus meiner Sicht giftigen Amalgam von pauschaler Institutionskritik, Furor gegen »die da oben«, Selbstabschließung in Blasen in Dörfern wie Unterleuten, in diesem Amalgam findet sich nach meinem Eindruck immer öfter auch ein Impuls gegen das »kirchliche Establishment«, gegen »die da oben, die doch keine Ahnung von uns hier ›unten‹ haben«. Dabei wird - innerkirchlich durchaus analog zu gesellschaftlichen Phänomenen - alles synodal-presbyteriale, innerdemokratische Verfahren der Institution ignoriert. Mit viel Engagement habe ich im letzten Jahr den Diskurs um die Frage von Traugottesdiensten für eingetragene Lebenspartnerschaften durch die EKBO getragen, nicht zuletzt, weil es mir ein Anliegen war und ist, dass Kirche bei ihren kontroversen Themen im Diskurs ist, im Streit auch um die rechte Auslegung der Schrift, gut protestantisch im Ringen miteinander. Erstaunt und oft mit Sorge habe ich dabei feststellen müssen, wie die Menschen über ihre Institution Kirche denken.

Die dritte Wahrnehmung von Kirche changiert zwischen Jubiläum nach außen und Selbstbeschäftigung nach innen. Das Jahr 2017 höre ich innerkirchlich immer öfter kommentiert mit der Frage: und was kommt danach? Gelingt es uns, im Nachhall von 2017 den Schwung stärker in die Profilierung des Auftrags mitzunehmen? Seit Jahren, seit Jahrzehnten ist, je stärker man in innerkirchliche oder innergemeindliche Kreise vordringt, das Lamento laut zu vernehmen, dass die Selbstbeschäftigung an die Stelle der Auftragswahrnehmung getreten sei. Kirche »im Reformstress«, Kirche im Umbau, Kirche im Schrumpfen - Strukturkommissionen, Sparbeschlüsse, Zusammenlegungen, Regionalisierungen, nein, ich will hier keine Aufzählungen von etwas machen, das Ihnen durch innerkirchliche Einblicke bestens vertraut sein dürfte. Man kann natürlich sagen: hier spricht jetzt der kirchliche Funktionär und verallgemeinert seine Binnensicht, seine Milieu- oder Wahrnehmungsverengung. Aber mir scheint, dass auch die Außenwahrnehmung inzwischen dieses Innenerleben aufgenommen hat. Ich wage deshalb eine radikal-kirchenkritische These dazu: weil wir auch in den anderen Wahrnehmungsperspektiven eher unter den Stichworten Verteilungsgerechtigkeit, Distributionsgerechtigkeit, soziale, humane, ethische, diakonische Gerechtigkeit wahrgenommen werden, weil auch die Bilder des Jubiläums - nicht die Reden oder der Impetus, aber die Bilder - nach außen von der Frage der Institution in ihrem eigenen Recht im Gegenüber und im Verbund mit anderen Institutionen wahrgenommen werden, deshalb ist es kein Wunder, dass eben das von

Menschen mit Kirche verbunden wird: Verteilungsgerechtigkeit, Distributionsgerechtigkeit, ihr Anspruch, ihre Durchsetzung, ihre Verteidigung. So war ich ja eingestiegen und wenn es gut geht, nimmt uns die Gesellschaft, nehmen wir uns innerkirchlich so wahr, wie ich eingestiegen bin: durch den Ausschuss Gerechtigkeit, Frieden, Bewahrung der Schöpfung. Wenn es gut geht, ist es so unter dem Stichwort von Verteilungsgerechtigkeit und menschlicher, menschenmöglicher, aufgetragener Gerechtigkeit wenigstens deutlich mehr als nur die Beschäftigung mit der nach innen erfragten, gesuchten, geforderten Verteilungsgerechtigkeit am kirchlichen Geldkuchen. Hoffentlich also geht es gut.

3. Dazwischen

Kirche zwischen Sonne der Gerechtigkeit und dem Meer der Perspektiven - Kirche »dazwischen«. Sehr geehrte Damen und Herren, bis hierhin mag alles sein, wie es ist, von mir so behauptet, von Ihnen vielleicht in keiner Weise geteilt. Zu groß womöglich die Bögen, zu simpel die Kategorien, zu trüb der Blick auf die Empirie, die Methode des Vorgehens am Ende weder richtig soziologisch - ein Roman ist doch etwas anderes als ernsthafte soziologische Wahrnehmung brandenburgischer Lebensrealität, noch anständig kirchentheoretisch - ein Lied nur, dazu Bilder und recht partikulare Wahrnehmungen eines kirchlichen Funktionsträgers im Jahr 2017. Sie werden andere Wahrnehmungen haben und noch wieder andere für richtig halten. Bis hierher mag das alles sein, wie es ist. Entscheidend ist, ob es gelingt, den Platz des Dazwischen als theologischen Ort zu profilieren.

In seiner Römerbriefvorlesung von 1515/1516 differenziert Martin Luther den Gerechtigkeitsbegriff folgendermaßen: »›Gerechtigkeit‹ und ›Ungerechtigkeit‹ wird in der Heiligen Schrift ganz anders verstanden, als die Philosophen und Juristen sie auffassen. Das liegt auf der Hand, denn sie machen die Eigenart der Seele usw. geltend. Die ›Gerechtigkeit‹ in der Heiligen Schrift dagegen hängt mehr von dem Urteil Gottes ab als vom Wesen des Beschuldigten.«[13] Zu unterscheiden also ist die iustitia Dei von der iustitia civilis, die iustitia aliena unbedingt zu unterscheiden von der Gerechtigkeit als menschliche Tugend. Das Urteil Klaus Tanners fällt an diesem Punkt gegenüber der Kirche bzw. den Kirchen scharf aus: »(...) lässt sich zur gegenwärtigen Gerechtigkeitsdiskussion in den protestantischen Kirchen feststellen: Das Interesse, die Differenz zwischen iustitia Dei und iustitia civilis aufrecht zu erhalten, spielt nur noch in wenigen Dokumenten eine Rolle. Die Rede von der Gerechtigkeit Gottes wird stattdessen

---

[13] So in Martin Luthers Vorlesung über den Römerbrief, zitiert nach Klaus Tanner, Gerechtigkeit zwischen Gnade, Tugend und Ordnung, in: Joachim Mehlhausen (Hg.), Recht, Macht, Gerechtigkeit, VWGTh 14, Gütersloh 1998, 235-249,2(vgl. WA 56, 287).

oft unmittelbar als Legitimationsgrund für das eigene Tun in Anspruch genommen.«[14] Mit dem Philosophen Odo Marquard bringe ich es auf die Formel, es sei stets einfacher, ein Gewissen zu sein, als ein Gewissen zu haben.[15] In diesem Sinne, Tanner verkürzend und in voller Selbstkritik gegen mich als Vertreter dieser Kirche: es ist stets einfacher, Institution der Gerechtigkeit zu sein (bzw. sich als solche zu wähnen) und diese vermeintlich austeilen zu können, als selbst auf Gerechtigkeit – auf fremde Gerechtigkeit – angewiesen zu sein.[16]

Dankenswerterweise ist Tanner in seinem Aufsatz über Gerechtigkeit zwischen Gnade, Tugend und Ordnung mit den Kirchenleitungen nachsichtig: »Kirchenleitendes Handeln vollzieht sich an einer spannungsreichen Schnittstelle von Theorie und Praxis. Engagierte Gruppen können es sich leisten, bei ihren Stellungnahmen auf die allgemeine, gesellschaftliche Diskussionslage, Standards wissenschaftlicher Argumentation und Theoriebildung keine Rücksicht zu nehmen. Reflexionswissenschaften wie die Theologie können ihr Geschäft betreiben ohne Bezugnahme auf die Stellungnahmen solch engagierter Gruppen. Kirchenleitendes Handeln dagegen sitzt zunächst einmal zwischen allen Stühlen, weil es (...) sich bemühen muss, die Vielzahl der Aspekte und den Ausgleich zwischen Teil und Ganzem im Blick zu behalten.«[17]

Dazwischen, d.h. zwischen der wissenschaftlichen Theoriebildung und theologischen Reflexion einerseits und kirchlichem Handeln vor Ort, gemeindlichem Engagement und kirchlichen Stellungnahmen andererseits ist kirchenleitendes Handeln angesiedelt, dessen ureigenste Aufgabe dabei ist, die Differenzen im Verstehen von Gerechtigkeit wachzuhalten: die je eigene Gerechtigkeit – oder eben auch: Ungerechtigkeit – und die Gerechtigkeit Gottes, die uns zugesprochen wird, unverdient, unverdienbar. Das gilt für kirchenleitendes Handeln, es gilt für alle kirchlichen und gemeindlichen Ebenen. Der imputative Charakter des Rechtfertigungsgeschehens, der imputative Charakter der Zurechnung von Gottes Gerechtigkeit, die Unterscheidung zwischen dieser *iustitia aliena* und der *iustitia actualis*, all das ist entscheidend, wenn aus der Kirche nicht bloß eine Agentur für menschliche Hilfe und Gerechtigkeitsausgleich werden soll, so wichtig Letzteres auch sein mag. Mir scheint: Es ist so mühsam und zugleich so befreiend, immer wieder als Erstes festzuhalten: Gerechtigkeit ist nicht menschliche Möglichkeit, sondern Gabe Gottes. Wo Gerechtigkeit wirklich wird, hilft Gott menschlicher Schwachheit auf. Sie können nun sagen: Auch das ein recht grober gedanklicher Pinselstrich. Aber m.E. doch entscheidend: Der Verlust gesellschaftlicher

---

[14] TANNER (s. Anm. 13), hier: 242.

[15] Vgl. ODO MARQUARD, Der angeklagte und der entlastete Mensch in der Philosophie des 18. Jahrhunderts, in: DERS., Abschied vom Prinzipiellen, Stuttgart 1981, 56-59.

[16] Vgl. TANNER (s. Anm. 13), 241f.

[17] TANNER (s. Anm. 13), 246.

Relevanz von uns Kirchen hängt womöglich auch an einer vorschnellen Anknüpfung an der vermeintlich alleinrelevanten Kategorie von praktischer, erworbener, umzusetzender, zu verteilender menschlicher Gerechtigkeit, *iustitia civilis actualis*. Nicht, dass wir dazu nicht etwas zu sagen hätten. Aber ohne den Vorsatz, ohne den Hinweis, dass Gerechtigkeit immer unverfügbarer Zuspruch und Zurechnung durch Gott bleibt, verliert die Botschaft ihre Kraft, ihren Sinn, womöglich sogar ihr Recht. Es wird dann alles wichtiger als die Predigt, als die Verkündigung von der Gerechtigkeit Gottes, von der gilt, dass es nicht unsere ist, aber dass sie uns zuteil wird in Jesus Christus. Es wird das dann nur noch vorausgesetzt, effektiv, »haben wir«, »fertig« - und dann wendet man sich der Verteilungsdiskussion zu, jenem Verständnis von *iustitia distributiva*, das so schlagend, so dominant, so selbsterklärend ist. Der Verlust des imputativen gegenüber einem effektiven Verständnis von Rechtfertigung eröffnet das Risiko, dass aus Kirche eine Agentur für das Anmahnen von Gerechtigkeit wird. Und aus kirchlichem Alltag eine allgegenwärtige Verteilungsdebatte. Gewiss, auch umgekehrt gilt: der Verlust eines effektiven Verständnisses von Rechtfertigung und Zuspruch von Gerechtigkeit Gottes zugunsten eines rein imputativen Verstehens birgt in sich die - alte - Gefahr, einer weltfremden, wirkungslosen Botschaft Vorschub zu leisten. Aber diese Gefahr scheint mir heutzutage eher gering.

Um die Wirkung jener fremden Gerechtigkeit - gewissermaßen systemimmanent - nicht zu verlieren, halte ich es für entscheidend, die Anschlussfähigkeit eben jenes christlichen Verstehens von Gerechtigkeit von seinen Voraussetzungen und Folgen her als Gesamthorizont zu denken. Elisabeth Gräb-Schmidt macht das vor, ich zitiere hier etwas länger: »Christlich verstanden ist Gerechtigkeit nicht unser Werk, sondern von Gott geschenkt, aber mit diesem Geschenk korrespondiert unsere Freiheit, die wir in Antwort auf Gottes Gerechtigkeit vollziehen und so der Gerechtigkeit nachkommen können. In der Begegnung mit der Gerechtigkeit Gottes geht es um nichts anderes als den Erhalt beziehungsweise die Rückgewinnung menschlicher Freiheit. Für die Gerechtigkeit heißt das: Obwohl unser Gerechtigkeitshandeln eingebunden ist in Gottes Gerechtigkeit und mithin passiv konstituiert ist, entbindet uns diese damit nicht von unserer aktiven Übernahme dieses Gerechtigkeitszusammenhangs. (...) Wir können Gerechtigkeit weder aus eigener Kraft erlangen noch fordern. Sie ist immer unverfügbar Gabe. Es ist diese Entdeckung der Gabe der Gerechtigkeit Gottes, aus der sich das Recht auf Gemeinschaft und der darin implizierten Solidarität, wie auch das Recht auf Freiheit mit der darin implizierten Gottebenbildlichkeit und Würde ableitet.«[18] So wird zum Gesamthorizont jener Zusammenhang, in dem *iustitia aliena* fremde Gerechtigkeit bleibt und dennoch implizite Wirkungen aus sich heraussetzt, passiv konstituiert und sogleich aktiv übernommen. Gemeinschaft,

---

[18] ELISABETH GRÄB-SCHMIDT, Gerechtigkeit systematisch-theologisch, in: MARKUS WITTE (HG.), Gerechtigkeit, Themen der Theologie 6, Tübingen 2012, 125-155.

Solidarität, Würde, Freiheit, das sind die selbstverständlichen Konkretionen der »gerecht Gemachten«.

4. LÄUTEN IN UNTERLEUTEN

4.1 Stäblein: Angewiesen auf Gottes Gerechtigkeit

Sehr geehrte Damen und Herren, ob das alles nun etwas für Unterleuten austrägt? Das ist doch eine drängende Frage. Der Ort der menschlichen Selbstgerechtigkeit und Selbstzerstörung – durch und durch Menschen nach dem Fall, etwas dramatisiert, aber doch ganz gewöhnlich, Menschen wie du und ich –, dieser Ort ändert sich ja nur bedingt durch die Implementierung einer Institution, die Gerechtigkeit anmahnt, obwohl zumindest erst mal das für Unterleuten nicht schlecht wäre. Aber nein: in existenzieller und existenzial verstandener Hinsicht sind wir Unterleuten. Es wäre ein kirchlicher Distributionsfehlschluss zu meinen, es müsse das Evangelium nun nur zugestellt werden, indem man sich in welcher Weise auch immer freundlich zugesellt. Das ist Unsinn, wir sind ja schon da, weil Unterleuten auch der Spiegel der eigenen inneren und äußeren Seele und Welt ist. Und so ist Unterleuten – das macht es so schön und so faszinierend – das Meisterwerk eines Kosmos, von dem zu spüren ist, wie er so ganz und gar auf die fremde Gerechtigkeit angewiesen ist, auf den Zuspruch, das Zurechnen, das Anrechnen im Gericht auch. Und Gerichtsszenen gibt es in diesem Buch wahrlich genug. Man wird sagen müssen: nach dem Verlust von Gerechtigkeit und dem Aufheben der Wahrheit stellt sich nicht mehr die Frage, ob die Welt von Unterleuten noch für Gottes Gerechtigkeit empfänglich ist, sondern ob sie denn jetzt doch endlich so weit ist, dass diese alles verändernde, alles rettende Botschaft ihren Platz finden kann. Nicht noch, sondern doch. Jetzt vielleicht endlich.

Ach je, denken Sie womöglich, jetzt wird Unterleuten also im Schnellverfahren missioniert und getauft. Das ist natürlich leicht machbar an einem Februarabend in Hofgeismar. So ist es nicht gemeint. Unterleuten ist in diesem Sinne Ort meiner selbst, unserer selbst, Ort am Urteilsplatz Christi, Ort, an dem ich mich davonstehlen möchte mit Pilatus Frage »was ist Wahrheit?« (Johannes 18,38), und Jesus antwortet mit dem Wort »jeder, der aus der Wahrheit ist, der hört meine Stimme« (Johannes 18,37). Wahrheit Christi ist die erste, entscheidende wirklichkeitsverändernde Sicht. Sofern dieses Kerygma seiner Person, seiner Stimme mich angeht, verstehe ich es, höre ich es. Und also sitze ich nicht Gombrowski und Fließ-Weiland und Hübsch-Kron und Franzen und wie sie alle heißen in Unterleuten gegenüber, sondern ich sitze neben ihnen. Fragend: Was ist Wahrheit? Was ist Gerechtigkeit? Wissend, glaubend, dass am Ende dieser Fragen die Menschen Gerechtigkeit zu Kreuze tragen werden und Gott seine Gerechtigkeit aufrichtet. Auch für mich in Unterleuten. Auch für mich in den Blasen und Resonanzschleifen der alltäglichen Selbstproduktion und Selbstrechtfertigung.

Auch und gerade da. Nicht noch. Sondern jetzt doch erst recht. Dass Menschen einen Standpunkt jenseits der Wahrheit beziehen wollen und das ganze Konstrukt von Wahrheit und Wirklichkeit in Frage stellen, das ist keine Erfindung für Unterleuten. Es ist die Pilatus-Frage in neuer Form. – Das klingt jetzt irgendwie nach Predigt. Das ist nicht angemessen. Ich will es einordnen. Bei Ursula Roth in dem schönen Aufsatz über Gerechtigkeit als Thema und Reflexionsperspektive der Praktischen Theologie kann ich nachlesen, dass Gerechtigkeit natürlich als erstes ein Thema der Predigt ist.[19] Gerechtigkeit Gottes als Mitte der Verkündigung - aber sicher doch auch in Unterleuten, übersetzt mitten drin, nicht zugestellt und zugesellt, hineingeworfen, erhofft, gesucht, erbeten.

4.2 Propst: Gerechtigkeit als kybernetischer Auftrag – Befähigungsgerechtigkeit

Gerechtigkeit als kirchlicher Auftrag - in dem oben beschriebenen Sinne - wird konkret in dem, was wir heute Beteiligungs- und - mit Dabrock - in gutem Sinne Befähigungsgerechtigkeit nennen.[20] Also Bildung, Teilhabe. Das gilt insbesondere für kirchliche Räume wie die von mir so sehr geschätzte Prignitz, die ja die reale Umgebung für das fiktive Unterleuten ist. Deutlich wird das am Ende daran, dass hier gilt, was mit dem schönen Leitbild von der Befähigungsgerechtigkeit beschrieben wird. Eine durch und durch evangelische Vorstellung, weil sie jeden einzelnen im Geschenk der Freiheit ernst nimmt und ernst macht. So soll alles bereitstehen, was es braucht, um in der Sprache des Glaubens - in Wort und Tat - den eigenen Fähigkeiten und Gaben entsprechend das Geschenk weiterzusagen und weiterzutragen. Rainer Preul hat das vor etlichen Jahren schon deutlich angemessener formuliert: »Als kybernetische Leitidee innerkirchlicher Gerechtigkeit gilt: Gerecht ist eine solche Gestalt der Kirche als differenziertes Kommunikationssystem, in der die Fähigkeiten und Talente aller Kirchenmitglieder so zum Einsatz kommen und honoriert werden, dass sie der einheitlichen Aufgabe der Kirche, der Kommunikation des Evangeliums, in jeweils bestmöglicher Weise dienen können.«[21]

M.a.W.: Innerkirchliche Gerechtigkeit durch die Fähigkeiten und Talente aller Kirchenmitglieder mit der Aufgabe der Kommunikation des Evangeliums. Kommunikative Freiheit hat Wolfgang Huber dazu gesagt, Freiheit, die befähigt

---

[19] Vgl. URSULA ROTH, ›Gerechtigkeit‹ - Thema und Reflexionsperspektive der Praktischen Theologie, in: WITTE (s. Anm. 18), 187-216, insb. 188-194.

[20] Vgl. PETER DABROCK, Befähigungsgerechtigkeit. Ein Grundkonzept konkreter Ethik in fundamentaltheologischer Perspektive, Gütersloh 2012.

[21] REINER PREUL, »Recht - Macht - Gerechtigkeit« als Thema einer neu zu konzipierenden Kybernetik, in: MEHLHAUSEN (s. Anm. 13), 708-724, 717.

und bevollmächtigt.[22] Das ist die kybernetische Aufgabe der Konkretion von Gerechtigkeit. Und damit Sie sehen, dass ich meine Kirche nicht nur kritisch sehe, sondern um noch viel mehr schätze: es ist diese die Form der Freiheit und Gerechtigkeit, nach der wir in Reformprozessen der EKBO suchen, Reformprozesse, die durch und durch von Beteiligung leben. In der Gestaltung der Vielfalt einer Kirche, die sich von der Gestaltung der Freiheit vor Ort bestimmen lässt und die darauf achtet, dass es am Ende um Befähigung in diesem urevangelischen Sinne geht. Nicht wir befähigen. Wir unterstützen, die befähigt sind.

Ach, ich sollte und könnte jetzt schwärmen von der EKBO, von der Kirche in der Prignitz, in Brandenburg, wo sich so viel davon umsetzt – zuerst und zuletzt in der immer stärkeren Fokussierung auf die Befähigung im Ehrenamt. Aber bin ich zum Schwärmen hier? Die Vortragszeit ist ja aufgebraucht. Von 4.3 lasse ich deshalb nur die Überschrift stehen, alle, die hier sind, können sie problemlos für sich übersetzen, da bin ich gewiss: Läuten in einer Kirche und in einer Welt, in der die Herausforderung *diversity management* ist. *Diversity* im Universum von noch mehr Perspektiven als gedacht und einer noch radikaleren Auflösung der Perspektiven als etwa in Juli Zehs Unterleuten. Nehmen wir – literaturtechnisch gesprochen – Roland Schimmelpfennigs »An einem klaren, eiskalten Januarmorgen zu Beginn des 21. Jahrhunderts«.[23] Der etwas andere »Roadroman« durch Brandenburg, kälter, illusionsloser, schmuckloser als Unterleuten. Hier ist mehr zerbrochen als die Wahrheitsfrage. Oder, ach, da liebe ich doch »Tschick«, Wolfgang Herrndorfs rasante Erzählfahrt mit den Jugendlichen über geklaute Autos und Liebe auf der Müllhalde quer durch Oderland.[24] Und irgendwo im Universum, so glauben die Jugendlichen hier, könnte wer sein und sie sehen. »Da reißt's einen voll«, sagt Tschick, bei dieser Vorstellung, es könnte da einer sein, der uns sieht. Da reißt's einen voll. Eine schöne Variante existentieller – womöglich sogar existenzialer – Sprache. *Diversity management* zwischen Unterleuten, Tschick und Wolfserwartungsland à la Schimmelpfennig, *diversity management* als kybernetisches Prinzip aus jenem Zuspruch heraus, in dem Gerechtigkeit Gottes befähigt, wozu wir so gar nicht fähig sind: die Menschen, die anderen Menschen lieben und gerecht behandeln. Gott lieben. Als IV 3 also nur noch gesagt, nicht mehr ausgeführt, Sie haben mich mit dem Stichwort *diversity management* ja ohnehin als früheren Assistenten von Jan Hermelink längst

[22] Vgl. dazu die Beiträge in dem Sammelband anlässlich des 70. Geburtstages von Wolfgang Huber, in: HEINRICH BEDFORD-STROHM/PAUL NOLTE/RÜDIGER SACHAU (HG.), Kommunikative Freiheit. Interdisziplinäre Diskurse mit Wolfgang Huber, Leipzig 2014.

[23] Vgl. den gleichnamigen Titel im Fischer-Verlag, Frankfurt a.M. 2016.

[24] Vgl. WOLFGANG HERRNDORF, Tschick, Berlin 2010.

identifiziert[25], richtig so. Das wäre der Punkt gewesen: 4.3 Theologe: Läuten in einer Kirche, in der die Herausforderung *diversity management* ist.

5. Erbarm dich Herr

Nach Konkretionen der Gerechtigkeit in der Kirche haben Sie mich gefragt, nach dem Aufsuchen solcher Orte. Wenn Sie so wollen, habe ich mich dieser Frage zunächst verweigert. Bin nach Unterleuten gefahren. Habe versucht, die Auflösung von Wahrheit und Gerechtigkeit ausfindig zu machen. Ästhetisch, literarisch, repräsentativ. Am Ende lebt auch Unterleuten und alle anderen Orte davon, dass sich Menschen in dem Ausschuss Gerechtigkeit, Frieden, Bewahrung der Schöpfung engagieren. Nicht als Agenten einer Agentur für Gerechtigkeit. Sondern als Befähigte aus der Angewiesenheit auf Gottes Gerechtigkeit heraus. Als Befähigte, das dann auch zu unterscheiden: Eigene Gerechtigkeit, fremde Gerechtigkeit, Sonne der Gerechtigkeit, Erbarmen. Otto Riethmüller hat allen Strophen 1932 ein »Erbarm dich, Herr« ans Ende gesetzt. Das ist die erste, die letzte und die eigentliche Aufgabe: Bitten, Fürbitten, Eintreten. Für Geflüchtete. Für die Schöpfung, die so stöhnt und ächzt. Für die Kreatur, die Wahrheit nicht finden und Gerechtigkeit nicht machen kann. Für alle, die in den Verteilungskämpfen stecken und daran leiden. Für mein, für unser Unterleuten. Und dafür, dass mir Gerechtigkeit zugerechnet wird, die ich so gar nicht habe oder schaffen kann. Erbarm dich, Herr, du Sonne der Gerechtigkeit.

---

[25] Vgl. JAN HERMELINK, Gegenwärtige Anforderungen an den Pfarrberuf. Empirische, soziologische und theologische Überlegungen (2013), in: DERS., Kirche leiten in Person, Leipzig 2014, 239-263.

Kann im Kaufmannsstand Gerechtigkeit gelebt werden?

Ute Mennecke

1. Einleitende Überlegungen

»Gerechtigkeit«, in Platons Philosophie die höchste der Kardinaltugenden, die die anderen (Besonnenheit, Tapferkeit, Weisheit) ordnet,[1] ist ein Relationsbegriff. Von ihm ausgehend wird sie in der antiken Philosophie als die Fähigkeit, jedem das Seine (*suum cuique*) zukommen zu lassen[2], verstanden. Aristoteles unterschied darüber hinaus in seiner Abhandlung über die Gerechtigkeit im 5. Buch der Nikomachischen Ethik eine allgemeine oder gesetzliche Gerechtigkeit, die in der Befolgung der Gesetze besteht, von der besonderen Gerechtigkeit, die sich nochmals als verteilende Gerechtigkeit (*iustitia distributiva*) und ausgleichende (Tausch-) Gerechtigkeit (*iustitia commutativa*) unterscheiden lässt. Für beide gilt, wenn auch in unterschiedlicher Weise, das Prinzip der Gleichheit. Gerechtigkeit wird in der antiken Philosophie auf den Staat bezogen, dessen Aufgabe insbesondere die Verteilungsgerechtigkeit ist, aber auch auf das Individuum als ein *habitus*, gerecht zu handeln. In der mittelalterlichen Theologie wurde diese Begriffsbestimmung auch auf Gott übertragen, was vor allem bedeutete, dass der gerechte Gott im Sinne der *iustitia distributiva* Sünde bestraft und Tugend belohnt, Richter und Retter ist.

Zu Luthers zentraler reformatorischer Erkenntnis gehörte es nun aber, die Anwendung des aristotelischen Gerechtigkeitsbegriffs auf Gott als unsachgemäß zu verstehen, und zwar schöpfungstheologisch sowie rechtfertigungstheologisch.[3] Zum ersteren Aspekt gilt von Gott: Er lässt die Sonne scheinen über

---

[1] Vgl. Otfried Höffe, Gerechtigkeit. Eine philosophische Einführung, München [2]2001; Ludwig Hödl, Art. Gerechtigkeit V (Mittelalter), in: TRE 12, 1984, 424-432; Bengt Hägglund, Art. Gerechtigkeit VI. (Reformations- und Neuzeit), ebd. 432-440.

[2] Vgl. Aristoteles, Rhetorik I,9.

[3] Auch Zwingli stellt die antike Definition der Gerechtigkeit als nicht zutreffend für Gottes Gerechtigkeit heraus: Denn sie suggeriere, dass der Mensch ohne Gott etwas wäre. »Denn was ist unser? Nichts; es ist alles sein, was wir haben und sind... Also ist er in anderer

Gerechte und Ungerechte (Mt. 5,45), und zum letzteren: Gott ist nicht gerecht, indem er ein gerechtes Urteil spricht, sondern er ist gerecht, indem er [sc. den Sünder] gerecht macht, indem er sein Gerechtsein mitteilt. Gottes Gerechtsein wird also von seinem Gutsein her verstanden, denn es ist das Wesen des Guten, dass es sich mitteilt.[4] Da der Mensch gegenüber Gott letztlich als Sünder dasteht, der nichts Eigenes vorzuweisen hat, würde der richtende Gott andernfalls dem Menschen gegenüber ausschließlich zum strafenden Gott, der dem Menschen keine Erlösungshoffnung zu geben vermag. Die einzige Art also, so Luther, wie Gott den sündigen Menschen retten kann, besteht darin, dass er ihm an seiner Gerechtigkeit Anteil gibt.

Luther präzisierte diese Aussage über Gottes Gerechtigkeit noch weiter dahin, dass Gott den Sünder gerecht macht, indem er ihn gerecht *spricht*, nämlich aufgrund seines Glaubens. »›Justus ex fide sua vivit, der gerecht mensch hott sein leben auß seinem glauben, und der glaub ist das, darumb er gerecht fur gott geacht wird‹. Steht dan die gerechtickeit im glauben, ßo ists klar, das er allein alle gebot erfullet und alle yhre werck rechtfertig macht.«[5] *Steht dann die Gerechtigkeit im Glauben*: Dieses Verständnis bedingt es, dass der Begriff der Gerechtigkeit fortan für Luther als Bezeichnung des ethisch guten Handelns des Menschen unbrauchbar wird. Gerecht ist der Mensch vor Gott im Glauben, weil Gott ihm seine Gerechtigkeit zuspricht, nicht weil er die Tugend Gerechtigkeit in Taten übt. Ein Tun des Menschen, das man als »gerecht« qualifizieren könnte, gibt es nicht, kann es nicht geben, weil der Abstand zwischen der göttlichen Gerechtigkeit und dem Guten, das der Mensch verwirklicht, zu groß ist. »Gerechtigkeit

---

Weise gerecht.« Gott ist der Brunnen, der Ursprung alles Guten und Gerechten, er allein ist in Wahrheit und wesenhaft gerecht. (Huldrych Zwingli, Von götlicher vnd menschlicher grechtigheit/ wie die zemen sehind vnd standind, Zürich 1523, Text hier zitiert nach: Göttliche und menschliche Gerechtigkeit, in: Huldrych Zwingli, Schriften 1, im Auftrag des Zwinglivereins hrsg. von Thomas Brunnschweiler und Samuel Lutz u.a., Zürich 1995, 155-213, Zitat 162.

[4] Vgl. bereits Luthers Römerbriefauslegung, Corollarium zu Rö. 3,5, WA 56, 229, 7ff./ Übers. zitiert nach: Martin Luther, Vorlesung über den Römerbrief 1515/16, lateinisch-deutsche Ausgabe Bd. 1, Darmstadt 1960, 171: [...] solus Deus verax et Iustus et potens in se ipso, vult etiam extra se i.e. in nobis esse talis, vt sic glorificetur (Est enim gloria alicuius boni, quod intus in aliquo est, ad extra et alios diffusio)[...]. – »[...] Gott, der allein wahrhaftig und gerecht und mächtig an sich selbst ist, [will] auch außerhalb seiner selbst, d.h. in uns so sein [...], daß er auf diese Weise sich verherrliche (es besteht nämlich die Herrlichkeit eines Guten, das in einem ist, darin, dass es nach außen dringt und auf andere überströmt«. Anders als in der zitierten Übersetzung gebe ich *gloria alicuius boni* nicht als Herrlichkeit eines Gutes (von »das Gut«), sondern als Herrlichkeit eines Guten (von »das Gute«) wieder.

[5] Martin Luther, Von den guten Werken, WA 6,211,2ff.

leben« kann von daher im reformatorischen Sinne keine Devise, kein Programm sein. Allerdings muss diese Aussage insofern relativiert werden, als etwa Melanchthon und Zwingli durchaus versucht haben, den Begriff der Gerechtigkeit in der christlichen Ethik zur Geltung zu bringen. Zwingli sprach in Abgrenzung von der vollkommenen göttlichen Gerechtigkeit in Bezug auf das menschliche Handeln von der »armselige[n], ganz unvollkommene[n] menschlichen Gerechtigkeit«[6]. Er meinte damit ein äußeres Erfüllen der Gebote, das den Menschen vor seinen Mitmenschen als gerecht erscheinen lässt, das aber im Vergleich zur vollkommenen göttlichen Gerechtigkeit diesen Namen eigentlich nicht verdient. Es bleibt aber Gottes Forderung, »daß wir wie er sein sollen«[7]. Auch Melanchthon sprach seit 1534 von der »iustitia bonae conscientiae«, der Gerechtigkeit eines guten Gewissens[8]: Es soll aber das Leben begleitet werden durch die Gerechtigkeit eines guten Gewissens beziehungsweise der guten Werke[9], und im Zusammenhang mit dieser Vorstellung steht auch seine Lehre vom *tertius usus legis*: Gott fordert vom gerechtfertigten Menschen die Werke des Glaubensgehorsams, die zwar unvollständig bleiben, aber als Werke des Gerechtfertigten Gott gefallen. Luther fordert vom Christen natürlich auch die Werke des Glaubensgehorsams, zieht aber einen schärferen terminologischen Trennungsstrich; er sagt »Gerechtigkeit« ausschließlich von der Gerechtigkeit Gottes aus, an der der Mensch *im Glauben* Anteil hat und nicht in Werken. Auch in der Schrift von der Freiheit eines Christenmenschen (1520) betont Luther, dass die Seele Gerechtigkeit aus dem Wort[10] und durch den Glauben[11] erlangt. Für gerecht/ Gerechtigkeit, in der lateinischen Fassung des Tractatus mit *iustus/iustitia* wiedergegeben, benutzt Luther hier auch das deutsche Äquivalent »frumb«.[12] Im zweiten Teil der Schrift fragt er nach dem Verhältnis zwischen der »frumkait« der Person und ihren Werken: nicht das Tun des guten Werks macht »frumb«, sondern der im Glauben

---

[6] ZWINGLI, Göttliche und menschliche Gerechtigkeit (s. Anm. 3), 173.

[7] Ebd., 163.

[8] Melanchthon vertrat diese Lehre erstmals in der 1534 erschienenen Version *der Scholia in Epistulam Pauli ad Colossenses* (Erstdruck 1527), danach fand sie ab 1535 Eingang in die *Loci*. Vgl. auch: BORIS WAGNER-PETERSON, Doctrina schola vitae. Zacharias Ursinus (1534-1583) als Schriftausleger, Göttingen 2013, 156.

[9] Debet autem vita comitari iustitia bonae conscientiae sive bonorum operum. - Zitiert nach: TIMOTHY H. WENGERT, Law and Gospel. Philip Melanchthon's Debate with John Agricola of Eisleben over poenitentia, Michigan 1997, 187.

[10] Cl 2, 12,20.

[11] Cl 2, 13, 3ff. 20ff. u.ö.

[12] Vgl. Wörterbuch von JACOB und WILHELM GRIMM, Bd 4, Art. fromm (240-47) und Frommkeit (247-49). Die ältere Bedeutung ist ‚rechtschaffen', ‚tüchtig'; die eindeutig religiöse Bedeutung von fromm als Übersetzung von lat. *pius* hat sich erst später durchgesetzt. Luther gebraucht für *pius* das von ihm geprägte *gottselig.*

Gerechte tut gute Werke.[13] Das Handeln des aus Glauben Gerechten beschreibt Luther dann aber nicht als ein gerechtes Tun oder Tun des Gerechten.[14] Er will das Verständnis der aristotelischen Ethik vermeiden, aus dem Üben der Tugend entstünde ein Tugendhabitus (das »Eigene« des Menschen). Das Tun des Guten wird vielmehr als aus der Liebe zu Gott heraus geschehend motiviert.[15] Aus »freier Liebe, lust und lieb«, soll der Christ dem Nächsten dienen.[16] Diese Liebe entzündet Gott im Menschen, er ist also ihre Quelle. Dem Gerechtsein aus Glauben soll ein Handeln aus Liebe entsprechen, Nächstenliebe. »Gerechtigkeit leben« würde für Luther bedeuten, die von Gott zugesprochene Gerechtigkeit wieder als Eigenschaft zu verstehen, die in Taten realisiert wird. In Luthers alternativem Entwurf soll der Glaube ein Handeln motivieren, das durch das Absehen von der eigenen Person und deren Interessen, den Verzicht auf Eigennutz, also durch Selbstlosigkeit qualifiziert ist. In ihm wird der Impuls der göttlichen Liebe aufgegriffen und in eigenes Tun umgesetzt. Letztlich soll auch das menschliche Handeln, der Güte Gottes trauend, sich an Gottes Liebe orientieren, die nicht abwägt und zuteilt, sondern frei gibt. Allerdings wird damit das christliche Handeln angesichts der Radikalität von Christi Forderung auch mit deren Unerfüllbarkeit konfrontiert – die Spannung von Gesetz und Evangelium, aus der das christliche Handeln nach Luthers Überzeugung niemals herauskommt.

Im Rahmen von Luthers Ethik scheint sich also zu dem Thema dieser Tagung, »Gerechtigkeit leben«, kaum ein Beitrag leisten zu lassen, denn – um es noch einmal zu sagen – diese Forderung steht vor dem Dilemma, dieses entweder auf die göttliche Gerechtigkeit zu beziehen, was einer Hybris gleichkäme, oder sie auf die »arme« menschliche Gerechtigkeit zu reduzieren. Das sei den folgenden Erwägungen grundsätzlich vorausgeschickt. Allerdings bietet das Thema des Kaufmannsstandes nun doch einen Zugang zum Thema »Gerechtigkeit leben«, insofern hier die schon in der mittelalterlichen Tradition gestellte Frage nach der

---

[13] Cl 2, 21, 33ff. – Der Gedanke wird schon in der Römerbriefvorlesung entwickelt: Vgl. z.B. Scholion zu Rö. 3,20, WA 56, 248,5-249,11 (Beispiel des Priesters, der geweiht sein muss, um priesterliche Werke vollbringen zu können, und dieses nicht durch Übung erlangt; und des Affen, der nicht durch Nachahmung des Menschen zum Menschen wird).

[14] Im Sermon von den guten Werken (1520), der Grundlegung seiner evangelischen Ethik, benutzt Luther das Wort »Gerechtigkeit« gar nicht. Er spricht zwar von den »Ungerechten« (Cl 1, 252,1.21f.), die verdammt werden, aber der »Gerechte« (beispielsweise nach 1 Tim. 1,9) wird sogleich als der Gläubige interpretiert: »Dem gerechten (das ist dem gleubigen) ist kein gesetz gelegt« (Cl 1, 238, 17).

[15] Cl 2, 20, 15 »das er widderumb mocht gott auch umbsonst dienen ynn freyer lieb«.

[16] Vgl. die zentrale Formulierung: »Sih also fleusset auß dem glauben die lieb vnd lust zu gott/ vnd auß der lieb/ ein frey/ willig/ frolich lebenn dem nehsten zu dienen vmbsonst« (Cl 2, 25, 17ff.).

Gerechtigkeit, die als Tauschgerechtigkeit im Kaufen und Verkaufen walten soll (*iustitia commutativa*), auch bei Luther aufgenommen wird.

Beginnen möchte ich mit einer kurzen historischen Rückblende, um Luthers Gedanken über den Kaufmannsberuf aus ihrem historischen Kontext heraus verständlicher zu machen.[17] Die Kirche hatte schon immer mit dem Kaufmannsstand ein großes Problem. Der Kaufmannsstand war erst im 11. Jh. mit dem Wiederaufleben des Mittelmeerhandels quasi neu entstanden. Seit dem 9. Jh. (787 Einnahme von Syrakus durch die Araber) war der westlichen Welt (mit Ausnahme des byzantinischen Venedig) das Mittelmeer als Handelsweg versperrt gewesen. Dadurch waren die Märkte bis auf wenige Ausnahmen auf das Niveau von agrarisch geprägten Regionalmärkten geschrumpft, auf denen die Bevölkerung des Umlands jeweils ihre bäuerlichen Erzeugnisse anbot und das selbst Benötigte dort erwarb. Die Wirtschaft war zum überwiegenden Teil Subsistenzwirtschaft. Ein bezeichnendes Detail, das auf die Kleinheit der Märkte und kaufmännischen Aktivitäten hinweist, ist es, dass schon zur Zeit Karls des Großen keine Goldmünzen mehr geprägt wurden.

Mit der Renaissance des Mittelmeerhandels um 1100 (ausgelöst durch den ersten Kreuzzug) veränderte sich die Welt beträchtlich. Der neue Handel entwickelte sich als Export- und Fernhandel, nicht aus den kleinen regionalen Märkten heraus. Das Entstehen des Stadtwesens im Mittelalter ist ohne den Fernhandel mit seinem Export- und Importwesen nicht denkbar; beides hängt zusammen. In den Städten bildete sich z.T. auch ein Exporthandwerk, für das die Kaufleute den Absatz übernahmen und gleichzeitig die benötigten Rohstoffe einkauften. Und in seinem Windschatten entstand der (Früh-)Kapitalismus.[18] Im Fernhandel waren von Anfang an sehr beträchtliche Gewinne möglich, weil für die Handelsware (Gewürze, Tuch) jede Konkurrenz wegfiel und damit auch jede Preisvorschrift, und weil die Nachfrage z.T. enorm war. Es war möglich, Ware für sehr wenig Geld zu erstehen und für sehr viel Geld wieder zu verkaufen. Der erwirtschaftete Überschuss wurde wiederum teils in Geldgeschäfte gesteckt, teils in Grundbesitz investiert.[19]

Die Kirche stand diesem Wandel eher ablehnend gegenüber. In der frühmittelalterlichen Welt war sie der größte Großgrundbesitzer gewesen, der zudem

[17] Zum folgenden vgl. das nach wie vor sehr lesenswerte Buch von HENRI PIRENNE, Stadt und Handel im Mittelalter. Aus dem Französischen von Marcel Beck. Französische Originalausgabe 1933, deutsche Erstausgabe u.d. Titel Sozial- und Wirtschaftsgeschichte Europas im Mittelalter, Bern 1946; Neuausgabe Köln 2009 nach der 4. Auflage München 1976 (Uni-Taschenbücher 33), 6-18.

[18] Zum Begriff des Kapitalismus vgl. HANS-JÜRGEN PRIEN, Luthers Wirtschaftsethik, Göttingen 1992, 39ff. (unveränderte Neuauflage 2012).

[19] PIRENNE, Stadt und Handel (s. Anm. 17), 156ff.

über die größten Kapitalreserven verfügte. Sie konnte den Kreditbedarf der Menschen, der etwa durch Missernten u.a. entstand, wohl überwiegend aus ihrem Besitz decken, aber andere Kreditgeber (Adel, Grundbesitzer) kamen hinzu. Die Kirche hatte aber auch - auf der Basis dieser wirtschaftlichen Verhältnisse bäuerlicher Subsistenzwirtschaft - die moraltheologischen Regeln, an denen das Wirtschaften sich orientieren sollte, geschaffen. Hierzu gehörte zentral das Zinsverbot, das seit dem Konzil von Nicäa (325) für Kleriker galt, aber seit dem 9. Jh., in der *Admonitio generalis* Karls des Großen (789), auch auf die Laien ausgeweitet und durchgesetzt wurde.

Das kirchliche Zinsverbot stützte sich abgesehen von vorwiegend alttestamentarischen Stellen (Ex. 22,24; Lev. 25,35-37; Neh. 5,7; Dtn. 23,59) auf Lk. 6,35 »leiht, ohne etwas dafür zu erhoffen« (*mutuum date nihil inde sperantes)*. Das christliche Ethos durfte ja nicht hinter dem alttestamentarischen zurückstehen, musste es vielmehr übertreffen. Moraltheologisch begründet wurde das Zinsverbot damit, dass das Streben, sich zu bereichern, der Todsünde des Geizes bzw. der Habsucht entspringe. Es war in der frühmittelalterlichen agrarisch geprägten Welt insofern sinnvoll, als die Kredite überwiegend Verbrauchskredite waren, mit deren Hilfe kein Mehrwert geschaffen wurde; zusätzliche Zinsen hätten die Rückzahlung häufig unmöglich gemacht.[20] Die Kirche hat dann aber ab dem 11. Jh. mit der Belebung von Handel und Gewerbe und der Ausweitung der Geldwirtschaft das traditionelle Zinsverbot wieder verschärft durchgesetzt.[21] Die geistliche und die weltliche Sphäre waren schon im Verlauf der gregorianischen Kirchenreform in stärkeren Gegensatz zueinander getreten und es verschärfte sich das Bewusstsein, dass das Weltleben mit Verstrickung in Sünde einherging. Ihr konnte man sich nur durch Abkehr von der Welt entziehen.

Festzuhalten ist, dass aus Sicht der Kirche das Gewinnmachen und -streben grundsätzlich als unmoralisch galt. Diesem Verdikt fielen nicht nur die Geldgeschäfte anheim, sondern letztlich war alle Handelsaktivität genauso verwerflich. *Homo mercator vix aut nunquam potest deo placere*, »kaum jemals oder nie kann der handeltreibende Mensch Gott gefallen«: Dieser aus einem bedeutenden kirchenrechtlichen Text, dem *Decretum Gratiani* (1140), stammende Satz war sehr verbreitet.[22] Denn der handeltreibende Kaufmann machte sich häufig des »unrecht erworbenes Guts« (*lucrum turpe)* - eines ebenfalls aus dem Kirchenrecht

---

[20] Vgl. PIRENNE, Stadt und Handel (s. Anm. 17), 6-18.

[21] PRIEN (s. Anm. 17), 56f.

[22] Corpus Iuris canonici hrsg. von EMIL FRIEDBERG, Leipzig 1879, Bd. 1, S. 308/09 (Decretum Gratiani Prima pars, dist. 33 c. 11).

stammenden Straftatbestands[23] - schuldig, wenn er Waren unter ihrem Wert erstanden hatte, oder seine z.T. großen Handelsgewinne sprachen jeglicher Tauschgerechtigkeit Hohn.

Die Kirche, die den sozialen Wandel durch das um 1100 einsetzende Wirtschaftswachstum nicht aufhalten konnte, formulierte in ihrem Recht und in der scholastischen Theologie maßvolle Anpassungen der kirchlichen Lehren an die neuen wirtschaftlichen Notwendigkeiten, aber im Kern blieb ihre Position bezüglich des Zinses bestehen. Nach der Lehre vom gerechten Preis (*iustum pretium*) soll Preisgerechtigkeit die Äquivalenz von Ware und Preis sichern, wobei das Geld als Tauschwert verstanden wird. Auch das Zinsverbot wurde modifiziert, weil man einsehen musste, dass Handelskredite, die die Kaufmannschaft benötigte, anders zu beurteilen seien als die reinen Verbrauchskredite. Das Geld hat einen Nutzen, schafft einen Mehrwert, und dafür ist eine Entschädigung in Form einer Gewinnbeteiligung angemessen. Da das Zinsverbot der Kirche aber weiter galt, »versteckte« sich das unumgängliche Zinsennehmen hinter allen möglichen anderen Transaktionen, v.a. dem »Zinskauf«, der das Zinsnehmen zum Hypothekengeschäft umdeklarierte. Um 1500 wurde der Zinskauf letztlich von der Kirche legitimiert und schließlich auch 1500 per Reichsabschied zugelassen.[24]

Als Beispiel einer hochmittelalterlichen theologischen Stellungnahme zum Thema Handel und Geldgeschäfte soll im Folgenden die Position des Thomas von Aquin kurz dargestellt werden, der »ein großes Verständnis für den [...] Kaufmannstand erkennen [läßt]«[25], bevor ich dann auf Luther eingehe, um zu zeigen, in welchem Maß Luthers Stellungnahme auf der einen Seite in der mittelalterlich-theologischen Tradition steht, an welchen Punkten er aber auch grundlegend eigene Wege geht. Thomas behandelt in S. Th. II-II Qu. 77 die Sünden, die bei Käufen und Verkäufen vorkommen, und danach in Qu. 78 *de peccato usurae* den Wucher, der beim Borgen vorkommt; Handlungen nämlich, in denen man gegen die Tauschgerechtigkeit (*iustum in commutationibus)* verstößt (77,1).[26] Alle übrigen Sünden im Zusammenhang mit freiwilligen Tauschhandlungen seien nicht

[23] Zur Bedeutung dieses schon seit der Spätantike besonders für das Bußwesen kirchenrechtlich relevanten Sachverhaltes in der Armutsbewegung vgl. HERBERT GRUNDMANN, Religiöse Bewegungen im Mittelalter, Berlin 1935 (unveränderter Nachdruck Darmstadt 1977), 194-198.

[24] Zum Zinskauf vgl. PRIEN (s. Anm. 18), 61-68: bei Luther 97-104.

[25] THOMAS VON AQUIN, Die deutsche Thomas-Ausgabe. Vollständige, ungekürzte deutsch-lateinische Ausgabe der Summa theologica, hrsg. von der Albertus-Magnus-Akademie Walberberg bei Köln, Hauptschriftleiter P. Heinrich M. Christmann OP, Bd. 18 (Recht und Gerechtigkeit, München/Salzburg 1953, 542 (Kommentar).

[26] Ebd., 343, Quaestio 77 art. 2,1.

von Raub oder Diebstahl verschieden.[27] In Qu. 77 werden vier Fragen bezüglich des ungerechten Verkaufs gestellt, nämlich 1. Ob man eine Sache über Wert verkaufen darf, 2. Ob man eine fehlerhafte Sache verkaufen darf, 3. Ob der Verkäufer verpflichtet ist, Fehler der verkauften Sache anzugeben, und 4. Ob man teurer verkaufen als kaufen darf.

Thomas führt zunächst die Goldene Regel als Argument ein (Mt. 7,12) und stellt fest, dass – auch nach den Grundsätzen der Philosophie – betrügerisches Vorgehen in jedem Fall Sünde ist. Kauf und Verkauf sind zum gemeinsamen Nutzen beider Teile eingeführt worden (*pro communi utilitate utriusque*), und deshalb müssen Kaufverträge das Gleichmaß der Sache (*aequalitas rei)* beachten. Es darf also keiner übervorteilt werden. Thomas führt sodann aus, dass die Werthöhe von Dingen bzw. der gerechte Preis einer Sache sich nicht nur nach der Sache an sich richtet, sondern – in der nutzbringenden Freundschaft – auch nach dem Nutzen, den einer von ihr hat bzw. dem Schaden, wenn er sie hergibt. Man darf aber nur verkaufen, was einem auch gehört. Der Verkäufer kann seinen Schaden »verkaufen«, d.h. in Rechnung stellen, aber nicht einen übergroßen Nutzen des andern; den könnte der Käufer nur freiwillig entgelten. Thomas weiß, dass »der gerechte Preis« der Sache zuweilen nicht auf den i-Punkt genau festgelegt werden kann, sondern auf einer gewissen Schätzung beruht, »so daß ein mäßiges Mehr oder Weniger das Gleichmaß der Gerechtigkeit nicht aufzuheben scheint.«

Art. 2 behandelt die Frage, ob ein Verkauf ungerecht wird aufgrund des Fehlers einer Sache. Generell gilt, dass es sich um Betrug handelt, wenn so ein Verkauf wissentlich geschieht. Geschieht es unwissentlich, ist der Verkäufer zum Ersatz verpflichtet, sobald es ihm zur Kenntnis gelangt, aber er sündigt nicht. Das gleiche gilt aber nun auch vom Käufer. Wenn der einen Artikel erwirbt, der viel mehr wert ist, als der Verkäufer weiß, so handelt es sich um unrecht erworbenes Gut und der Käufer ist zur Wiedererstattung verpflichtet. – Also: keine Schnäppchen bitte!

In Art. 3 wird im Anschluss daran gefragt, ob der Verkäufer einen Fehler der zu verkaufenden Sache angeben muss – natürlich, außer der Fehler ist ganz offenbar (wie bei einem einäugigen Pferd). Man kann den Kaufmann nämlich auch nicht verpflichten, sich selbst zu schaden, indem er dazu beiträgt, dass der Preis ungebührlich geschmälert wird.

Art. 4 stellt die Kardinalfrage: Darf im Handel etwas teurer verkauft werden, als es gekauft wurde, d.h. darf Gewinn gemacht werden? Das kommt natürlich der Frage gleich, ob man überhaupt Handel treiben darf. Thomas liefert verschiedene Kirchenväterpositionen: Für Chrysostomus sei ein jeder Händler gleich

[27] Vgl. Decretum Gratiani (s. Anm. 20), 308.

den Kaufleuten, die Jesus aus dem Tempel austrieb (Mt. 21,12), auch für Hieronymus sei Handeltreiben Sünde, weshalb es den Klerikern verboten ist; Augustin hingegen erkläre, dass Handeltreiben nicht an sich unerlaubt ist, sofern es ohne die menschlichen Laster betrieben werden kann.[28] Thomas' *responsum* unterscheidet sodann grundsätzlich zwei Formen des Handels: Einen, der um der Bedürfnisse des Lebens willen natürlich und notwendig ist (Sache gegen Sache; Sache gegen Geld), der sei aber eigentlich nicht Angelegenheit der Händler, sondern eher der *oeconomicos vel politicos.* Der andere sei ein Tausch von Münze und Münze oder irgendwelcher Sachen und Münze, der nicht geschieht, um die Dinge zu erwerben, die zum Lebensunterhalt notwendig sind (*non propter necessarias res vitae*), sondern um Gewinn zu erzielen (*propter lucrum quaerendum*). Und diese Art Handel sei eigentlich Sache der Kaufleute (*negotiatores).* Diese Form des Handels habe, für sich betrachtet, *quandam turpitudinem,* etwas moralisch Schlechtes an sich, weil er der Gier nach Gewinn dient, die keine Grenzen kennt, sondern ins Unendliche strebt. Aber, und nun kommt eine erstaunliche Wendung, der Gewinn an sich (*lucrum*), der Ziel des Handelns ist, beinhalte gemäß dem Begriff zwar nichts Ehrenvolles oder Notwendiges[29], aber auch nichts, was lasterhaft oder der Tugend entgegen wäre. Vielmehr sei es möglich, aber auch nötig, den Gewinn auf ein ehrenvolles oder notwendiges Ziel auszurichten. »Und so wird der Handel zum erlaubten Handel«. Ein solches ehrenvolles Ziel ist im Unterhalt der Familie, im Unterstützen von Bedürftigen, aber auch im öffentlichen Nutzen zu sehen, und wenn er den Gewinn nicht als Ziel, sondern als Lohn seiner Arbeit (*stipendium laboris*) erstrebt. Allerdings gilt diese Legitimation des Handels dann doch nur für »mäßigen Gewinn«. Verurteilenswert bleibt ein Handel, der sein letztes Ziel im Gewinn sieht. Die Kleriker jedoch dürfen keinen Handel treiben, weil er auf irdischen Gewinn aus ist, den sie verachten sollen; und weil er häufig doch mit Lastern verbunden ist. Hierzu zitiert Thomas Eccl. 26,28.

Zusammenfassend sei festgehalten: Die Gerechtigkeit des Kaufhandels besteht also für Thomas zunächst in der gerechten Ware-Preis-Relation, die im Gewinn*streben* verzerrt wird. Aber das soll nun nicht unmittelbar auch für das Gewinn*machen* gelten. Thomas rechtfertigt den Handel insofern, als es möglich ist, den Gewinn, der nicht an und für sich schlecht sei, für ein ehrenvolles und notwendiges Ziel einzusetzen. Damit wird aber nun ein anderer Maßstab gewonnen als der des gerechten Preises, was aber nicht reflektiert wird. Verurteilenswert bleibt das Streben nach Gewinn als solchem. »Ich will reich werden«

---

[28] PHILIPP KOCH, Gerechtes Wirtschaften. Das Problem der Gerechtigkeit in der Wirtschaft im Lichte lutherischer Ethik, Göttingen 2012, 21f., bezeichnet die Haltung der Kirchenväter zum Handel als kategorisch ablehnend.

[29] Zu *necessarium* und *honestum* als Grundbegriffen der stoischen Ethik vgl. CICERO, De officiis I, 3 (9); *turpe* ist der Gegensatz zu *honestum*.

ist also für Thomas keine ethisch qualifizierte Haltung. Damit hat Thomas eine moraltheologische Legitimierung des Kaufmannsstandes in Grenzen geboten. Problematisch daran erscheint, dass sich später auch die Kirche in ihrem Betreiben von Geldgeschäften darauf berufen konnte, dass der Zweck die Mittel heilige. Das kann dann auch für einen großen Gewinn gelten.

In Bezug auf den Wucher (das Zinsnehmen) geht Thomas in Quaestio 78 zwar praktisch davon aus, dass es Zinsgeschäfte gibt, aber er stellt (mit Ex. 22,25) klar, dass Zinsnehmen grundsätzlich ungerecht ist und dass durch Zinsen erlangtes Geld als unrecht erworbenes Gut gilt, das wiederzuerstatten ist. Denn im Allgemeinen werden die Güter, die gebraucht werden, auch verbraucht. Anders ist allerdings da zu urteilen, wo das nicht der Fall ist. Wo etwa ein Haus verliehen oder verpachtet wird, können Besitz und Gebrauch getrennt werden, und hier kann dann auch außer der Rückerstattung des geliehenen Guts (Haus), ein Preis für den Gebrauch (Miete) gefordert werden. Geld gilt hingegen für Thomas noch primär als Tauschmittel, das im Gebrauch verbraucht wird und aus dem man deshalb keinen Mehrwert gewinnt. Lediglich den Schaden, den man selbst hat, wenn man Geld verborgt, kann man in Rechnung stellen. Um einen anderen Fall handelt es sich, wenn einer »sein Geld einem Kaufmann oder einem Handwerker gewissermaßen als Gesellschafter anvertraut«[30], in diesem Fall behalte er das Eigentumsrecht über sein Geld, und er könne erlaubterweise einen Teil des daraus entstehenden Gewinnes fordern, als von seiner eigenen Sache. Bei einer solchen Beteiligungsform trägt der Gesellschafter aber auch das Verlustrisiko mit.

Grundsätzlich geht Thomas davon aus, dass in der Frage des Borgens die Unterscheidung von Gebot und Rat zu beachten ist; Lk. 6,35 »Borgt, ohne etwas dafür zu erhoffen«, fällt für ihn unter die evangelischen Räte, denn man sei nicht immer verpflichtet zu borgen. Wenn man es aber tue, dann könne man eine Gegenleistung erwarten: die bestehe jedoch ausreichend in der Rückerstattung des Ausgeliehenen. Aus Lk. 6,35 leitet Thomas nicht ab, dass vom Christen gefordert sei, auf die Wiedererstattung von Geborgtem zu verzichten.

2. Luther über Zinsnehmen und Wucher

Luther wandte sich der Zinsthematik aus aktuellem Anlass zu.[31] Die Monopolbildungen der großen Handelsgesellschaften bildeten einen großen Missstand,

---

[30] Thomas, Summa theologica (s. Anm. 25), qu. 78 art. 2 ad 5, 375f.

[31] Zur sozio-ökonomischen Situation in der ersten Hälfte des 16. Jahrhunderts vgl. Prien, Luthers Wirtschaftsethik (s. Anm. 18), 31-55.

gegen den vorzugehen man auch auf Reichsebene bestrebt war.[32] Eine allgemeine Teuerung aufgrund von Lebensmittelknappheit hatte dazu geführt, dass viele Menschen Kredite aufnehmen mussten, die überwiegend Verbrauchskredite waren, aber häufig tatsächlich zu Wucherzinsen, durch die sie sich tief verschuldeten und letztlich um ihren Besitz brachten. Luthers Ablehnung von Kreditgeschäften aller Art (bis auf ein Darlehen mit 3-5 % Verzinsung, das auf einen fest umrissenen Wert bezogen ist) resultiert aus dem gesamtgesellschaftlichen Schaden, den sie aktuell anrichteten, einer Art »Schuldenkrise«, und er meint, dass im Grunde nur das Anwenden von Christi Regeln zu einer Besserung führen würde (also: »Schuldenschnitt«).

Er behandelt den »Wucher« im Kleinen und Großen Sermon vom Wucher (1519 und 1520), wo er sich zunächst der biblischen Grundlage widmet und dann ausführlich den Zinskauf darstellt. 1524 in »Von Kaufshandlung und Wucher« hat er dem Wuchersermon von 1520 einen Abschnitt über Kauf und Verkauf hinzugefügt. Luther behandelt hier also diejenigen beiden Themen zusammen, die auch schon in der mittelalterlichen Debatte zusammengehören, weil die Geschäftstätigkeiten von Handel und von Bankwesen nicht klar auseinandertraten.[33] Ich möchte im Folgenden zwar hauptsächlich auf den Kaufmannsstand eingehen, aber die damit in Verbindung stehende Thematik des Zinsnehmens doch berühren, weil im Vergleich beider Bereiche m.E. bei Luther die Art und Weise der ethischen Urteilsbildung deutlich wird.

Im Sermon von 1520 stellt Luther zunächst eine Rangfolge der drei unterschiedlichen Möglichkeiten fest, »wol und vordinstlich [zu] handeln mit den zeytlichen gütern«, nämlich 1. sich etwas nach Mt. 5,40ff. gewaltsam (ohne Gegenwehr) nehmen zu lassen, die vornehmste und größte; 2. das Geben, viel geringer als die erste, aber trotzdem schwer und bitter; und 3. das Borgen (die aller Geringste).[34] Dem christlichen Glauben gemäß sind diese Handlungsweisen, insofern in ihnen das Vertrauen zu Gott zum Ausdruck kommt, »Das er sie erneren muge oder wolle in diesem elenden leben«[35], so dass man es nicht nötig habe, selbst an dem »Eigenen« zu kleben. Unterhalb dieser drei Grade gebe es noch andere Grade und Weisen, die zeitlichen Güter zu handeln, wie kaufen, erben, »bescheiden« und dergleichen, die durch weltliches bzw. geistliches Recht

---

[32] Vgl. ANDREAS STEGMANN, Luthers Auffassung vom christlichen Leben, Tübingen 2014, 435-453; eine vollständige Übersicht über Luthers Text und Äußerungen zu wirtschaftsethischen Fragen ebd., 435 Anm. 350. Zur Monopoldiskussion vgl. bes. 444f. - Dort auch weitere Literatur.

[33] ANDREAS PAWLAS, Die lutherische Berufs- und Wirtschaftsethik. Eine Einführung, Neukirchen-Vluyn 2000, 102.

[34] WA 6,36,16f.

[35] WA 6,41,21f.

geordnet seien. Aber durch sie werde niemand besser oder schlechter vor Gott, denn darin sei kein christlicher Verdienst. Christlicher Handel und guter Gebrauch zeitlicher Güter bestehe nur in den vorgenannten drei Graden. Die Tätigkeit des Kaufmanns hätte Luther ausgehend von dieser Wertung unter die nicht spezifisch christlichen Weisen des Umgangs mit Geld rechnen müssen, die Heiden, Juden und Türken auch üben.

In den Wuchersermonen fordert er ausgehend von Mt. 5,40-42 die Bereitschaft des Christen zur Selbstlosigkeit ein, zum Verzicht auf den »Eigennutz«.[36] Die Christen sollen »mehr tun« als die anderen, indem sie den Bedürftigen und Feinden borgen, ohne dafür ein Mehr (Zins) zurückzubekommen. Wer Zinsen nehme, so Luther, verstoße gegen dreierlei Gesetz: Erstens gegen das Evangelium, das gebietet, zu leihen. Zweitens gegen das »natürliche Gesetz«, wie es in der »Goldenen Regel« benannt wird.[37] Drittens gegen das alt- und neutestamentliche Liebesgebot (Mt. 22,39; Lev. 19,18 den Nächsten lieben wie dich selbst), denn wer gegen Zins borge, liebe sich mehr als den andern.

Luther argumentiert, wie auch Thomas, mit der goldenen Regel, weil diese ihrerseits die zu erstrebende Tauschgerechtigkeit, die Gleichheit des Gebens und Nehmens, aussagt: Für das Leihen einen Zins einzunehmen, sei »gegen das natürliche Gesetz«, es sei gegen die Natur. Denn darin werde des Nächsten Schaden gesucht. Dies wolle umgekehrt keiner selbst erleiden, also sei es ein »ungleych handeln mit dem Nächsten«. Luther grenzt allerdings in seiner Argumentation das »natürliche Gesetz« nicht deutlich vom Liebesgebot ab,[38] das ein Geben in Absehung vom Nehmen einfordert. Für Luther läuft ihre jeweilige Forderung auf dasselbe hinaus, weil die Forderung, den Nächsten wie sich selbst zu lieben, und die Aufforderung, dem Nächsten das zu erweisen, was man auch selbst von ihm erwiesen haben möchte, in vergleichbarer Weise die Selbstliebe zum Maßstab des Handelns am Nächsten machen und dadurch den Egoismus aufbrechen können. Bei Luther ist dabei auch im Blick, dass das Geschäft zwischen Geldleiher und -verleiher eine asymmetrische Situation ist, da der Leihende aus einer Notsituation heraus handelt, die nicht ausgenutzt werden darf, die selbstloses Handeln erfordert. Der Aspekt der Gegenseitigkeit ist dabei aber nicht verdrängt, denn in eine Notsituation kann jeder kommen, in der er dann ebenfalls auf selbstloses Handeln des anderen angewiesen ist. Insofern hat selbstloses Handeln auch eine

---

[36] WA 6, 48, 7.

[37] Vgl. WA 6, 46, 10; 47, 25ff.; 49, 5ff.

[38] Zur Thematik vgl. PRIEN (s. Anm. 18), 93ff. mit Hinweis auf HECKEL, Lex charitatis (1973) und SCHREY, Art. Goldene Regel (1986); STEGMANN (s. Anm. 32), 446. Schon 1518 (*Instructio pro confessione peccatorum*) kann Luther Mt. 7,12 als Zusammenfassung des Dekalogs anführen, der normalerweise im Doppelgebot der Liebe zusammengefasst wird (WA 1, 259, 13ff.; vgl. ebd. 93 Anm. 130).

naturrechtliche Verankerung. Zu leben wäre das aber nur, wenn beide Seiten dieses auch anerkennten und für ihr eigenes Handeln maßgeblich sein ließen. Davon kann man in der Regel nicht ausgehen, weil der Eigennutz und Hochmut zu tief im Menschen stecken. Luther zitiert denn auch den Einwand der Jünger angesichts Jesu Aufforderung, den eigenen Besitz zu verkaufen: »Wer mag denn selig werden? Und wo werden wyr Christen finden?« Er lässt den Einwand gelten: »Ja mit der weyse wurde keyn handel auff erden bleiben, wurde eym iglichen das seyne genomen odder abgeborget werden, und den bösen faulfrässigen die thür auffgethan, alles zu nehmen, zu betriegen und zu liegen, der die wellt voll ist«.[39] Es sei und bleibe so, mit dem Evangelium kann die Welt nicht regiert werden, und deshalb sei eine starke Obrigkeit nötig, die die Bösen dazu zwingt, Geborgtes auch wiederzugeben. Aber unter den Christen wäre das Borgen »eyn feyn ding«. Luther fordert die Christen letztlich auf, nach ihren (freilich begrenzten) Möglichkeiten im Geben und Borgen, Verzicht auf den Eigennutz zu praktizieren. Während also die aktuelle Diskussion eher dahin tendierte, das Zinsverbot endgültig abzuschaffen[40], will Luther es letztlich in seiner evangelischen Radikalität als richtig und sachgemäß darstellen und seine Einhaltung einfordern.

Soweit zur Zinsthematik. Andere argumentative Wege geht Luther in seiner Stellungnahme zum Kaufmannsstand. In der Frage der »Kaufshandlung« will Luther 1524 allgemein die Frage behandeln, wie sich der Kaufmannsberuf mit einer evangelischen Ethik vereinbaren lasse. Hier ist gegenüber den Wuchersermonen offensichtlich die Frage neu aufgekommen, was einen »christlichen Kaufmann« ausmache. Das Grundproblem, das hier besteht, ist altbekannt, wie Luther es gleich einleitend mit dem Zitat Eccl. 26,28 benennt: »Das kauffleut schwerlich ohn sunde seyn mügen«.[41]

Auf der anderen Seite ist aber auch klar: »Das kann man aber nicht leucken, das keuffen und verkeuffen eyn nottig ding ist, des man nicht emperen und wol christlich brauchen kann sonderlich ynn den dingen, die zur nott und ehren dienen.«[42] Anders beurteilt er allerdings den »auslendische[n] kauffs handel, der aus Kalikut und Indien und der gleychen wahr her bringt alls solch kostlich seyden und golltwerck und wurtze«. Da ginge es nur um Luxusartikel, die keinen Nutzen hätten, aber Land und Leuten das Geld aussaugten. Aber Luther will sich ganz bewusst nicht auf die Frage einlassen, wie sinnvoll das ökonomisch ist,[43]

---

[39] WA 15, 302, 9-30.

[40] Vgl. PRIEN (s. Anm. 18), 61-68.

[41] WA 15, 293, 11f.,

[42] Hier greift Luther die beiden auch von Thomas benannten Aspekte *necessarium* und *honestum* auf; vgl. Anm. 29.

[43] Luthers Ablehnung des Fernhandels von Luxusgütern ist, so PRIEN (wie Anm. 18), 108, »volkswirtschaftlich nicht unbegründet«, weil durch ihn große Mengen an Edelmetall

sondern – als Theologe – »von misbrauch und sunden des kauffhandels reden, so viel es das gewissen betrifft.«[44]

Seinen Ausgang bildet nun die »gemeine Regel« der Kaufleute »Ich mag meyne wahr so thewr geben alls ich kan« (294, 25f.), also das Streben nach Gewinnmaximierung. Luther kritisiert diese Haltung grundsätzlich, weil sie nicht nach dem Nächsten fragt, also den Gesichtspunkt der Wechselseitigkeit nicht beachtet. Diese Regel sei nicht nur gegen die christliche Liebe, sondern auch schon gegen das natürliche Gesetz. Da, wo sie herrsche, da könne nichts Gutes im Kaufmannsstand sein, da herrsche das Unrecht und der Kaufmannsstand sei Rauben und Stehlen (295, 2f.).[45] Begründung: Da seien nicht »die wirde der wahr« oder »der dienst seiner [des Kaufmanns] muhe und fahr« Kriterien der Preisbildung, sondern da werde die Notlage des Nächsten zur Steigerung des eigenen Wohlstands ausgenutzt, da werde dem Nächsten nicht die Ware »wie sie an yhr selbst ist«, sondern da werde ihm sozusagen seine Not verkauft, was nicht sein dürfe (295, 6ff.).

Der Regel »so teuer als möglich« stellt Luther entgegen: »so theur ... als ich soll odder alls recht und billich ist« (295, 21f.). Denn beim Kaufen und Verkaufen übe der Mensch ein Werk gegen seinen Nächsten, und deshalb müsse dabei auch beachtet werden, dass man dem Nächsten nicht schade. Ja, man müsse mehr darauf bedacht sein, ihm nicht zu schaden, als darauf, selber zu gewinnen. Dies sei die »christliche billiche weyse«, den Kaufhandel zu betreiben. Luther geht sodann auf die Rückfrage ein, wie denn ein solcher »billiger« (d.h. angemessener) Preis zustande komme, und antwortet sachverständig: »das es hie alles ungewis ist und bleyben mus« (295, 37). Zu viele Faktoren spielen eine Rolle. Grundsätzlich sei es aber »billich und recht, das eyn kauffman an seyner wahr so viel gewynne, das seyne kost bezalet, seyne muhe, erbeyt und fahr belonet werden...

---

abflossen, die dringend im Land selber hätten investiert werden müssen, um die inländische Produktion zu erhöhen. Die wirtschaftliche Situation im Reich ist seit dem späten 15. Jahrhundert u.a. auch durch die Entdeckung der überseeischen Territorien dadurch gekennzeichnet, dass der Umfang des (nicht durch Zölle und Wegegelder belasteten) Fernhandels gegenüber dem Binnenhandel überdimensional zugenommen hatte; vgl. PRIEN (s. Anm. 18), 35f.

[44] WA 15, 294, 21f. Die folgenden Stellenangaben im Text beziehen sich auf: Von Kaufshandlung und Wucher, WA 15, 293-322.

[45] Er wird deshalb auch im Katechismus in der Auslegung des 7. Gebotes »Du solt nicht stehlen« behandelt: »...daß wir unsers Nähisten Geld oder Gut nicht nehmen noch mit falscher War oder Handel an uns bringen« (BSELK 509, 13ff.), vgl. ALBRECHT PETERS, Kommentar zu Luthers Katechismen Bd. 1, Die Zehn Gebote, Göttingen 1990, 262-278. Vgl. die Aussage des *Decretum Gratiani* (s. Anm. 22).

Wer kann umb sonst dienen odder erbeytten? So spricht das Euangelion: ›eyn erbeytter ist seynes lohns werd‹« (296, 6-10).

Generell sei es das Beste, sich daran zu orientieren, »wie sie [die Ware] der gemeyn marckt gibt und nympt, oder wie lands gewonheit ist« (296, 19f.) Er geht also davon aus, dass der Markt normalerweise den Preis reguliert (wenn nicht verzerrende Faktoren hinzutreten). Was so gewonnen werde, sei »redlich und wol gewonnen«. Aber in den Fällen, wo eine Ware neu eingeführt wird und nicht »gang und gebe« ist, da sei es Gewissenssache des Verkäufers, wie er den Preis setze nach Maßgabe der Regel, die »zymliche [sc. geziemende] nahrung« zu suchen, d.h. das angemessene eigene Auskommen (296, 25-35). Dabei könne aber das Gewissen nicht zu eng gespannt werden. Wenn es passiere, dass der Gewinn höher war als vorausgesehen, dann falle das unter die Vaterunserbitte ›Vergib uns unsere Schuld‹ – »Ist doch keyns menschen leben on sunde« (297,11). Außerdem könne er genauso einmal weniger als kalkuliert einnehmen, und das gleiche sich dann aus. Er nennt dann auch eine konkrete Größenordnung: wenn man auf 100 Gulden über ein Jahr 1-3 Gulden »zuviel« gewönne, das »das heys ich hie den feyl ym handel, den man nicht wol meyden kan« (297, 17f.). Diesen »feyl«[46] erläutert Luther als eine nicht vermeidbare, geringfügige, weil nicht willentlich begangene Sünde, mit der man sein Gewissen nicht zu belasten braucht. In diesem Sinne sündigt der Kaufmann nicht mehr als alle anderen Menschen zwangsläufig auch (vgl. 297,11). Sehr konkret geht Luther dann auch auf die Art und Weise ein, wie der Kaufmann seinen »Lohn« berechnen solle. Er solle von dem ausgehen, was ein Tagelöhner pro Tag verdient, und dann den Faktor Mühe und Gefahr hinzunehmen. »Neher und besser und gewisser kann man ynn dieser sachen nicht reden noch leren« (297,33f.). Im weiteren Verlauf des Sermons warnt Luther vor dem gefährlichen »Bürgen« und schildert dann noch eine ganze Reihe von »Finanzen«, spekulativen Finanzgeschäften bzw. Machenschaften, die er für verderblich hält.

Anders als in der Argumentation gegen den Wucher fragt Luther bei der Thematisierung des christlichen Kaufhandels nicht nach den Graden der christlichen Vollkommenheit. Es geht um das Handeln in einem *Beruf*, von dem einer mit seiner Familie angemessen leben können muss. Der Erhalt der eigenen Familie stellt als Ziel ethischen Handelns ein *honestum* und *necessarium* dar. Die christliche Forderung der Selbstlosigkeit kann hier also nicht uneingeschränkt

---

[46] Was genau meint Luther mit dem »feyl im Handel«? PRIEN (s. Anm. 18), übersetzt »feyl« /»Fehler« als vom Händler nicht zu vermeidende Sünde. Die Bedeutung ist aber im Frühneuhochdeutschen breiter; vgl. Deutsches Wörterbuch von JACOB und WILHELM GRIMM Bd. 3, 1418-1422, Art. »Fehl«. Es kann auch Irrtum, Ungenauigkeit, bedeuten. Der »feyl« im Handel entspricht wohl der von Thomas schon benannten Schwierigkeit genauer Kalkulation.

eingefordert werden. Man kann insofern sagen, dass Luther hier eine Berufsethik begründet. Das Zinsnehmen wird hingegen *nicht* als eigenes *Gewerbe* angesehen, sondern losgelöst von Fragen ökonomischer Existenz grundsätzlich am radikalen Maßstab christlicher Ethik, der Bergpredigt, gemessen und als Übervorteilung des Nächsten, Ausnutzen seiner Notsituation verurteilt. Luther meint aber, dass das Anwenden der Regeln der Bergpredigt helfen würde, manchen wirtschaftlichen Missstand zu beheben. In der Frage nach der Legitimität des Kaufhandels stellt sich eine andere Frage. Dem Händler wird, anders als dem Geldleiher, zugestanden, dass er von der Gewinnspanne lebt, dass sie Lohn seiner Arbeit ist. Damit geht es dann um die Höhe dieses Gewinns, nicht um die Frage, ob der Gewinn an und für sich gerechtfertigt ist. So stellt Luther hier stärker den Maßstab der Billigkeit heraus. Diese Billigkeit wird bei Luther ganz traditionell festgemacht am »gerechten Preis«, wobei sich dieser gerechte Preis zusammensetzt aus dem Wert, den eine Sache in sich selbst hat (z.B. dem Materialwert), und dem Aufwand des Kaufmanns, seiner Arbeit. Das Fordern dieses Preises sei gegenüber dem Käufer »recht und billig«, denn damit schade man ihm nicht.

Im Vergleich mit Thomas von Aquin zeigen sich zahlreiche Parallelen, aber es erweist sich auch der Neuansatz reformatorischer Ethik. Beide betonen sehr stark, dass man beim Handelsgeschäft den Kaufpartner im Blick haben müsse; zwischen Verkäufer und Käufer müsse es zu einer Tauschgerechtigkeit (*iustitia communtativa*) kommen. Gewinnmaximierung darf nicht die handelsleitende Maxime sein, weil sie den Käufer benachteiligt. Die moralische Problematik, die dem kaufmännischen Gewinn anhaftet, sucht Thomas zu lösen durch dessen Ausrichtung auf einen ethisch vertretbaren Zweck, worunter dann aber auch der Unterhalt der Familie zählt. Luther betrachtet den Gewinn des Kaufmanns mit noch größerer Selbstverständlichkeit als den für seinen Lebensunterhalt notwendigen und auch ehrenvollen Lohn seiner Arbeit und kritisiert lediglich das Ausufern des Gewinns über das Erfordernis des standesgemäßen Lebensunterhalts hinaus. Der größte Unterschied zwischen beiden Konzeptionen besteht letztlich in der ethischen Grundorientierung. Denn für Thomas gehört der Kaufhandel letztlich der Welt der Sünde an, die von der Welt der *religiosi* (die nicht Handel treiben dürfen) getrennt ist. Diese Unterscheidung fällt für Luther dahin. Der Kaufhandel ist und bleibt ein »weltlich Ding«, in dem es einerseits unvermeidbare Sünde gibt, in dem andererseits aber christlich gelebt werden soll und auch kann. Dies ist auch einigermaßen möglich, wenn sich der Eigennutz mit dem Nutzen des andern die Waage hält, als Realisierung der *iustitia commutativa*. Luther kehrt also an dieser Stelle, in der Frage der konkreten Gestaltung des

Lebens, zu der Richtschnur der *billigkeit/aequitas* als Ausgleich zwischen Eigennutz und Nutzen des andern zurück.[47]

Doch kann man ein solches Berufsethos, gemessen an Gottes umfassender Gerechtigkeit, als ein »Gerechtigkeit leben« bezeichnen? Bemerkenswerterweise gewinnt Luther in seiner Schrift *Von Kaufshandlung und Wucher* noch einen anderen Blick auf den »christlichen Kaufmann« (303, 19-31). Er spricht jetzt nicht nur von drei, sondern von »vier weyse eusserlich gutt christlich mit andern zu handeln« (300, 28ff.). Die vierte, offensichtlich neu hinzugekommene, ist das »keuffen und verkeuffen«. Er entwirft hier nun ein Bild vom Kaufmannsberuf aus einem ganz anderen Blickwinkel heraus als dem, wie in ihm gerecht gehandelt werden kann. Vielmehr geht es jetzt um den Umgang mit dem existentiellen Risiko. »Wer nu dieser [sc. Vierten] weyse will brauchen, der schicke sich dreyn das er wisse sich auf keyn zukunfftiges zuverlassen, sondern auff Gott alleyne, und das er musse mit menschen umbgehen, die feylen oder liegen werden gewislich«. Der Kaufmann ist von anderen abhängig, muss sein Gut wagen und unter Umständen auch verloren geben; da ist es besser, wenn er von vornherein gibt »was er vermag«, ohne dadurch selbst wirtschaftlich in Not zu geraten, denn dazu ist er nicht verpflichtet. Der Kaufmannstand bleibt ein unsicheres, riskantes, Verlustbereitschaft und Gottvertrauen erforderndes Gewerbe; wer es so ausübt, »[d]as mocht eyn recht Christlicher kauffmann seyn, den wurde Gott auch nicht lassen, weyl er ihm also feyn trawet und frölich mit seynem ferlichen nehisten wagt und handelt«. - Also doch: Gerechtigkeit wird im Glauben gelebt.

---

[47] Zu dem aristotelischen Begriff der Billigkeit (*epieikeia*) bei Luther vgl. REINHARD SCHWARZ, Martin Luther. Lehrer der christlichen Religion, Tübingen ²2016, 423ff.

Gerechtigkeit in praktisch-theologischer Perspektive

Johannes Eurich

Gerechtigkeit ist ein schillernder Begriff, der zwar etablierte Formen kennt, aber sich letztlich einer genauen Festlegung entzieht. Grundsätzlich kann man sagen, dass sich Gerechtigkeit auf soziale Verhältnisse und die diese regelnden Rechte und Pflichten bezieht, die eine Person besitzt oder erfüllen muss. Diese zu bestimmen, ist heute Teil des gesellschaftlichen Diskurses, der top-down und bottom-up verläuft. John Rawls hat für diesen Vermittlungsprozess in offenen Gesellschaften das sogenannte reflective equilibrium[1] (Überlegungsgleichgewicht[2]) beschrieben, in das Überzeugungen der einzelnen gesellschaftlichen Gruppen eingebracht werden, damit sich im rationalen Diskurs Normen und Verfahren der Gerechtigkeit herausbilden. Auch die Religionsgemeinschaften nehmen an der Diskussion darüber, was heute gerecht ist und wie gerechte Verhältnisse angestrebt werden können, Teil. Damit sind die Kirchen als gesellschaftliche Akteure im Blick, die als sozio-religiöse Gemeinschaften einerseits für bestimmte Gerechtigkeitsverständnisse eintreten, andererseits aber selbst als große Organisationen an der Herstellung und Veränderung der Lebensbedingungen und der sozialen Verhältnisse – zumindest ihrer Mitglieder, aber doch auch darüberhinausgehend – beteiligt sind. Grund genug also, die Praxis der Kirche auf Gerechtigkeit in praktisch-theologischer Perspektive zu befragen. Dies soll im ersten Punkt erfolgen: Gerechtigkeit als Querschnittsthema der Praktischen Theologie. Hierbei sollen exemplarische Blicke in die einzelnen praktisch-theologischen Fächer geworfen werden, um dann im zweiten Punkt drei Bereiche der Praktischen Theologie herauszugreifen, in denen das Thema konzeptionell eine Rolle spielt. Den Abschluss bildet ein kurzer Ausblick auf die Bedeutung des Themas für die Praktische Theologie.

---

[1] John Rawls, A Theory of Justice, rev. ed., Oxford/New York 1999, 18f. 42-45.

[2] John Rawls, Politischer Liberalismus, Frankfurt a.M. 1998, 73.

1. GERECHTIGKEIT ALS QUERSCHNITTSTHEMA DER PRAKTISCHEN THEOLOGIE

Um sich angemessen einem so großen Begriff wie Gerechtigkeit nähern zu können, ist eine Auffächerung des Themenfeldes notwendig, wie allein schon die vielen unterschiedlichen Gerechtigkeitskonzeptionen von Anerkennungsgerechtigkeit über Befähigungsgerechtigkeit, Generationengerechtigkeit bis hin zur Umweltgerechtigkeit oder Verteilungsgerechtigkeit etc. andeuten. Auch theologisch ist eine inhaltliche Konturierung notwendig. Neben Gerechtigkeit gesellen sich andere biblische Zentralbegriffe wie Gnade, Liebe, Heil, Frieden. In diesem Bedeutungsgeflecht ist Gerechtigkeit näher zu bestimmen sowohl im Verhältnis des Menschen zu Gott wie im Verhältnis zu anderen Menschen.

In der Bibel wird von Anfang an gerechtes und ungerechtes Handeln erzählerisch thematisiert: Kain, der seinen Bruder Abel erschlug, und Noah, der als Gerechtigkeit-Tuender Gnade in den Augen Gottes gefunden hat. Gerechtigkeitsvorstellungen erfahren Konkretionen durch ihre Übersetzung in Handlungsvollzüge in der Lebenswelt, in denen diese Vorstellungen mit Grundhaltungen unterlegt oder in konkreten Handlungen ausgelegt werden. Aus den praktischen Erfahrungen werden Rückschlüsse in die Diskussion über Gerechtigkeit eingespeist. Es ist deshalb zu vermuten, dass das Thema Gerechtigkeit vielfach in der kirchlichen Praxis präsent ist und christliches Handeln motiviert, begründet und ihm seinen spezifischen Ausdruck verleiht. Welchen Niederschlag findet dies in der praktisch-theologischen Reflexion?

An dieser Stelle möchte ich das Gespräch mit Ursula Roth aufnehmen, die in einem Sammelband, der 2012 erschienen ist, einen Abriss über Gerechtigkeit in der Praktischen Theologie gegeben hat.[3] Sie geht in ihrem Beitrag alle praktisch-theologischen Fächer durch und untersucht, inwiefern die Reflexion des Predigens, des seelsorgerlichen Handelns, des gottesdienstlichen Handelns, der religiösen Bildung auf Gerechtigkeit bezogen ist (nur die Diakoniewissenschaft lässt sie dabei aus). Natürlich kann sie nur exemplarisch Predigten über Gerechtigkeit aufnehmen und so eine in dieser Hinsicht materiale Homiletik oder im Blick auf das Thema im Gottesdienst eine materiale Liturgik usw. beschreiben. Trotzdem ist schon diese Auswahl aufschlussreich. Bei einer Fastenpredigt-Reihe im Berliner Dom zum Thema Gerechtigkeit, welche Roth analysiert,[4] kommt Gerechtigkeit als göttliches Handeln und als Aufgabe des Menschen vor. Andere Aspekte wie der Gerechtigkeit fordernde Gott oder der eifernde, zornige Gott treten in den Hintergrund. Im Blick auf die Übertragung biblisch-theologischer Vorstellungen

[3] URSULA ROTH, »Gerechtigkeit« – Thema und Reflexionsperspektive der Praktischen Theologie, in: MARKUS WITTE (Hg.): Gerechtigkeit, Tübingen 2012, 187-216.

[4] A.a.O., 194.

in die heutige Welt herrscht die Vorstellung einer nicht näher bestimmten sozialen Gerechtigkeit vor. »Lebensweltlich erfahrbare Ungerechtigkeit wird benannt; belehrende, anklagende oder gar drohende Töne werden gemieden«, so Roth.[5]

In der Liturgik wird Gerechtigkeit vor allem im Blick auf das Leiden in der Welt thematisiert, so z.B. in Gebeten um das Eingreifen Gottes angesichts von Krieg, Hunger, Katastrophen usw. Ebenso wird in den Fürbitten Gerechtigkeit aufgegriffen, etwa in der Bitte um Hilfe oder um Stärkung durch Gott in Situationen des Unrechts. Die reformatorische Frage nach der Gerechtigkeit Gottes tritt dagegen zurück, ebenso die damit zusammenhängende Thematik eigener Schuld, die allenfalls noch im Bußgebet vor dem Abendmahl präsent ist. Beide Themenkreise sind dagegen in der Poimenik besonders ausgeprägt, da durch krisenhafte Ereignisse wie Krankheit, Tod, Arbeitsplatzverlust etc. Sinnfragen aufgeworfen werden, welche sich auf die Ursachen von Leiden, den Zusammenhang der Gerechtigkeit des Menschen und der Gerechtigkeit Gottes bis hin zu existenziellen Ängsten angesichts fremden, medial vermittelten Leids beziehen können. Religiöse Bildung und Diakoniewissenschaft überspringe ich in dieser Aufzählung, da beide gleich auf ihren konzeptionellen Beitrag zur Gerechtigkeit befragt werden.

Am Beispiel der Homiletik sollen nun einige grundsätzliche Überlegungen zu diesen Beobachtungen erfolgen. So fällt auf, dass z.B. bei den untersuchten Predigten im Berliner Dom rechtfertigungstheologische und alltagsethische Pointierungen dominieren: »Das beginnt bei der Benennung bestimmter Grundhaltungen und reicht bis hin zur Markierung konkreter Handlungsvorschläge.«[6] Heutige Bedingungen und Vorstellungen von Gerechtigkeit kommen dagegen kaum zur Sprache, auch nicht in einer Weise, dass dabei deutlich wird, was ein Einzelner tun kann und was institutionell vermittelt ist. Angesprochen wird der Einzelne als handelnder Mensch mit der Aufforderung zu gerechtem Handeln auf individueller oder gemeinschaftlicher Ebene, aber die Bedingungen desselben in der spätmodernen Welt werden anscheinend nicht genügend reflektiert, jedenfalls werden sie in den Predigten nicht thematisiert. So stehen in den untersuchten Predigten zumeist biblisch-theologische Gerechtigkeitsvorstellungen im Mittelpunkt und die Übertragung ins heute erfolgt oftmals ohne Bezug auf heutige Gerechtigkeitsideen oder -verfahren.[7] Als Konsequenz ergeben sich indi-

---

[5] Ebd.

[6] A.a.O., 193.

[7] Vgl. dazu beispielhaft die Predigt von ELLEN ÜBERSCHÄR, Predigt über Jesaja 58,7-12: *»Brich mit den Hungrigen dein Brot«* (www.berlinerdom.de), welche eine direkte Linie von Jesaja zu heutigen sozialpolitischen Herausforderungen zieht und diese dann trotz der dabei angesprochenen großen Institutionen (G20, G8, Weltbank, IWF) individualistisch verengt. Auch die von der Predigerin empfohlenen sechs Regeln für Gerechtigkeit erscheinen eher als willkürliche Engführung, die wesentliche Forderungen der Gerechtigkeit heute vergisst – wenn man schon eine solche Liste aufstellt, dann sollte sie im Gespräch mit den Grunderfordernissen sein, die heute diskutiert werden (vgl. dazu die Liste der

vidualistisch verengte Aufforderungen zu gerechtem Handeln, welche die institutionellen Aspekte desselben abblenden und für die angesprochenen Hörenden eine Überforderung darstellen dürften.

Was sich in den untersuchten Predigten widerspiegelt, hat sein Pendant in der Predigtlehre. Die Gerechtigkeitsherausforderungen moderner Gesellschaften werden nur am Rande aufgegriffen. Als Ausnahme kann der Band von Andrea Bieler und Hans-Martin Gutmann gelten, der den protestantischen Zentralbegriff der Rechtfertigung im homiletischen Interesse elementarisiert und auf die sogenannten »Überflüssigen« in der Gesellschaft bezieht, also auf Menschen am Rande der Gesellschaft etwa in Armutslagen.[8] Hier wird der lebensweltliche Bezug ernst genommen und die Rechtfertigungspredigt im Kontext von Armutserfahrungen durchdacht, so z.B. im Blick auf die Verwobenheit von Inhalt und Form der Predigt.

Geht man die Behandlung des Themas Gerechtigkeit in den einzelnen praktisch-theologischen Fächern durch, so stellt zwar der Bezug auf Gottes Gerechtigkeit einen wichtigen Aspekt der Reflexion dar, jedoch fehlt als Gegenstück oftmals der fundierte Einbezug gegenwärtiger Gerechtigkeitsvorstellungen und deren Wirkungen auf die kirchliche Praxis. Wie von Roth angezeigt, werden in den kirchlichen Handlungsvollzügen durchaus vielfältige Bezüge zu heutigen Gerechtigkeitsfragen hergestellt, auch wenn dabei jeweils nur Teilaspekte aufgegriffen werden können. In der kirchlichen Praxis selbst scheint der Gegenwartsbezug also präsenter zu sein als in der praktisch-theologischen Reflexion derselben. Schlägt man zum Beispiel in neueren Grundlagenwerken der Praktischen Theologie nach, so überrascht, dass die Gerechtigkeitsthematik nicht an zentraler Stelle behandelt wird, sondern eher unterschwellig mitläuft oder ganz abgeblendet wird. Christian Grethlein kommt bei seiner beeindruckenden Gesamtdarstellung der Praktischen Theologie als Kommunikation des Evangeliums in der Gegenwart ohne eine Nennung des Begriffs der Gerechtigkeit aus.[9] Der gleiche Befund ergibt sich bei Fritz Lienhards Grundlegung der Praktischen Theologie.[10]

Wenn Gerechtigkeit ein Schlüsselbegriff für das Verhältnis von Menschen zu einander und des Menschen zu Gott ist, aber in der Praktischen Theologie nicht an zentraler Stelle behandelt wird, ist das auffällig. Warum ist Gerechtigkeit eher

---

zehn Grundfähigkeiten von MARTHA C. NUSSBAUM, Menschliches Tun und soziale Gerechtigkeit. Zur Verteidigung des aristotelischen Essentialismus, in: MICHA BRUMLIK/ HAUKE BRUNKHORST (HG.), Gemeinschaft und Gerechtigkeit, Frankfurt a.M. 1993, 323–361; HERLINDE PAUER-STUDER (HG.), Gerechtigkeit oder Das gute Leben. Gender Studies, Frankfurt a.M. 1999).

[8] Vgl. ANDREA BIELER/HANS-MARTIN GUTMANN, Rechtfertigung der »Überflüssigen«. Die Aufgabe der Predigt heute, Gütersloh 2008.

[9] CHRISTIAN GRETHLEIN, Praktische Theologie, Berlin/Boston 2012.

[10] FRITZ LIENHARD, Grundlegung der Praktischen Theologie. Ursprung, Gegenstand und Methoden, Leipzig 2012.

ein Randthema in der Praktischen Theologie, obwohl es doch ein zentrales Lehrstück des Protestantismus betrifft? Auszuschließen ist die Verortung des Themas nur im Bereich der Ethik. Wenn kirchliche Handlungsvollzüge nicht unter Gerechtigkeitsgesichtspunkten auch praktisch-theologisch angeleitet und reflektiert werden, fehlt ein für den christlichen Glauben wesentlicher inhaltlicher Aspekt. Was könnten Gründe dafür sein? a) Ein Grund könnte in der schon lange reflektierten sachlichen Problemanzeige liegen, welche sich in folgender Frage verdichtet: Welche Bedeutung hat die Rechtfertigung des Sünders als zentraler evangelischer Glaubenssatz heute noch? Weil die Suche nach einem gnädigen Gott nicht mehr die vordringliche Suche des spätmodernen Menschen ist, sondern eher in Krisen oder an verunsichernden Wendepunkten des eigenen Lebens als kritische Anfrage an die Existenz oder Verlässlichkeit Gottes zum Vorschein kommt, sucht die Praktische Theologie nach existenziellen Anknüpfungspunkten für den Gedanken der Gerechtigkeit Gottes, etwa in der Frage nach den Modi der Selbstrechtfertigung des Menschen vor der Öffentlichkeit oder der Gesellschaft. Die Frage nach der Gerechtigkeit des Menschen vor Gott wird also indirekt aufgegriffen, weil heute eher soziale und globale Fragen das Gerechtigkeitsthema dominieren. b) Gerade bei den sozialen und globalen Dimensionen von Gerechtigkeit liegt m.E. eine Anfrage an die Praktische Theologie vor: Wird in den einzelnen Fächern der Praktischen Theologie die lebensweltliche Analyse sozialer Lagen genügend einbezogen, so dass die in diesen virulenten Gerechtigkeitsfragen auch entsprechend aufgenommen werden können? So stellt sich Gerechtigkeit für die diversen sozialen Gruppen in der Gesellschaft als ein mit unterschiedlichen Aspekten behaftetes Thema dar. Wenn eine neue europaweite Studie unter mehr als 16.000 Kindern zeigt, dass Armut dick und krank macht, ist dies ein wichtiges gerechtigkeitsrelevantes Thema, das sich durchzieht bis zur ca. 10 Jahre kürzeren Lebenserwartung von Menschen in Armutslagen, verglichen mit der durchschnittlichen Lebenserwartung in Deutschland.[11] Für Menschen in der Oberschicht hingegen wird Gerechtigkeit sehr viel stärker die Dimension sozialer Verantwortung im Umgang mit den anvertrauten Gütern enthalten. Wieder anders begegnet uns das Thema in der Frage der Diskriminierung sexueller Orientierungen, religiöser Überzeugungen oder ethnischer Herkunft. Die diversifizierte Situation in der Gesellschaft mit ihren zum Teil sehr unterschiedlichen Lebenslagen und den darin enthaltenen Gerechtigkeitsfragen ist daraufhin zu bedenken, was dies für die Form und Gestaltung der

---

[11] Vgl. WOLFGANG AHRENS u.a., Cohort Profile: The transition from childhood to adolescence in European children-how I. Family extends the IDEFICS cohort, in: Int J Epidemiol dyw317. DOI: https://doi.org/10.1093/ ije/dyw317; JOHANNES SIEGRIST, Sozial ungleiche Gesundheitschancen. Prävention als solidarisches Handeln, in: ANJA KATARINA WEILERT (HG.), Gesundheitsverantwortung zwischen Markt und Staat. Interdisziplinäre Zugänge, Baden-Baden 2015, 257-274; MATTHIAS RICHTER/KLAUS HURRELMANN (HG.), Gesundheitliche Ungleichheit. Grundlagen, Probleme, Perspektiven, Wiesbaden [2]2009.

Predigt oder des Gottesdienstes oder des seelsorgerlichen Gesprächs oder der religiösen Bildung oder des sozialen Hilfehandelns bedeutet.

Hier könnte ein naheliegender Schritt sein, das Gespräch mit der Disziplin der Ethik zu intensivieren. Die in der Ethik diskutierten Gerechtigkeitskonzepte bieten Schnittflächen zur Praktischen Theologie und können zugleich als Horizont für die praktisch-theologische Diskussion fungieren. Zumindest sollten die in den praktisch-theologischen Fächern auf den einzelnen oder die kirchlichen Gruppen oder Funktionen fokussierten Reflexionen des Themas Gerechtigkeit vor dem Hintergrund der in der Ethik verhandelten Gerechtigkeitsentwürfe stattfinden.

2. Gerechtigkeit als Grunddimension christlich-religiöser Praxis in theoretischer Rekonstruktion

Es gibt drei praktisch-theologische Fächer, für die Gerechtigkeit bei der Bestimmung ihres Gegenstandsbereichs einen konstitutiven Aspekt darstellt.[12] Gerechtigkeit kommt hier folglich nicht als Thema religiöser Praxis in den Blick wie in den Beispielen des vorhergehenden ersten Punkts, welche man dann als materiale Gestalten der einzelnen praktisch-theologischen Fächer beschreiben kann, sondern bildet in der Religionspädagogik, der Diakoniewissenschaft und der Kybernetik eine Grundkategorie des Faches an sich. »Der Gerechtigkeitsbegriff fungiert hier als zentrale Kategorie praktisch-theologischer Reflexion.«[13] Zunächst soll dies für die Religionspädagogik anhand des Stichworts »Bildungsgerechtigkeit« reflektiert werden.

2.1 Bildungsgerechtigkeit in evangelischer Perspektive

In evangelischer Perspektive ist das Thema Bildung eng mit dem Thema Gerechtigkeit verwoben. Bevor näher auf diese Perspektive eingegangen wird, soll zunächst kurz dargestellt werden, wie das Verhältnis zwischen Bildung und Gerechtigkeit genauer beschrieben und dessen innerer Zusammenhang be-gründet werden kann.[14] Im bildungspolitischen Diskurs in Deutschland wird der Zusam-

[12] Vgl. ROTH (s. Anm. 3), 187. Hier bezieht Roth nun auch die Diakoniewissenschaft in die praktisch-theologische Diskussion ein. Ich ergänze ihre Darstellung um die Kybernetik, weil für das Leitungshandeln der Kirche Gerechtigkeit ebenso einen konstitutiven Aspekt darstellt.

[13] Ebd.

[14] Vgl. zur Diskussion über Bildungsgerechtigkeit JOHANNES EURICH, Bildung und Gerechtigkeit. Ethische Reflexionen in evangelischer Perspektive, in: HARTMUT RUPP/ CHRISTOPH TH.

menhang von Gerechtigkeit und Bildung seit Ende der 1960er Jahre als Chancengleichheit diskutiert.[15] Dabei ist nicht immer eindeutig, worauf sich die Chancengleichheit bezieht. Sie kann zum einen als »Gleichheit der *Chancen zur Bildung*« und zum anderen als »Gleichheit der *Chancen durch Bildung*« verstanden werden.[16] Kritisch wird dabei moniert, die Diskussion um Bildungschancen, Bildungsungleichheit und soziale Gerechtigkeit unterstelle einen »Zusammenhang zwischen Bildungsgerechtigkeit und der Herstellung gesellschaftlicher Gerechtigkeit durch Bildung, in dem je nach Kontext wechselnd das eine als Bedingung des anderen oder umgekehrt angesehen wird«[17]. Heute stehen aufgrund der empirischen Befunde zur sozialen Segregation durch das deutsche Bildungssystem Anstrengungen im Vordergrund, das Bildungssystem durchlässiger und den Bildungserfolg unabhängiger von der sozialen Herkunft der Eltern zu machen.[18] Der notwendige Einbezug sozialisatorischer Voraussetzungen und die Arbeit daran setzen jedoch selbst Bildung voraus. Stojanov hat daher vorgeschlagen, Chancengleichheit *zur* Bildung in das Verständnis von Chancengleichheit *durch* Bildung im Sinne einer »Chancengleichheit durch Bildung zur Bildung«[19] zu überführen. Damit kommt ein umfassenderes Bildungsverständnis in den Blick, an das sich in evangelischer Perspektive anschließen lässt.

Bildung und Gerechtigkeit gehören aus evangelischer Sicht konstitutiv zusammen: »Die Verbindung von Bildung und Gerechtigkeit verweist auf reformatorische Grundentscheidungen, wie sie schon bei Martin Luther selbst zu

---

SCHEILKE (HG.), Gerechtigkeit in der Bildung, Jahrbuch für kirchliche Bildungsarbeit 4, Stuttgart 2010, 15-35.

[15] Vgl. DEUTSCHER BILDUNGSRAT, Empfehlungen der Bildungskommission 1967-1969, Stuttgart 1970, 305ff.

[16] NORBERT HILGENHEGER, Gleichheit der Bildungschancen - eine Chimäre?, in: Vierteljahresschrift für wissenschaftliche Pädagogik 81 (2005) 1, 3-20, hier 13 (Hervorhebungen im Original).

[17] MICHAEL WIMMER/ROLAND REICHENBACH/LUDWIG PONGRATZ, Vorwort, in: DIES. (HG.), Gerechtigkeit und Bildung, Wien 2007, 7-11, hier: 8.

[18] Vgl. MARCEL HELBIG, Der Zusammenhang von Bildung und Sozialem in Deutschland. Das deutsche Bildungssystem unter Reformdruck, in: MARIANNE HEIMBACH-STEINS/GERHARD KRUIP/KATJA NEUHOFF (HG.), Bildungswege als Hindernisläufe. Zum Menschenrecht auf Bildung in Deutschland, Bielefeld 2008, 119-133; WOLFGANG HELSPER/ROLF-TORSTEN KRAMER, Selektion und Übergänge im Bildungssystem. Einleitung in den Thementeil, in: Zeitschrift für Pädagogik 83 (2007) 4, 439-443, hier 439; vgl. auch GERDA HOLZ/ANTJE RICHTER/WERNER WÜSTENDÖRFER/DIETRICH GIERING, Zukunftschancen für Kinder!? - Wirkung von Armut bis zum Ende der Grundschulzeit: Endbericht der 3. AWO-ISS-Studie im Auftrag der Arbeiterwohlfahrt Bundesverband e.V., Frankfurt a. M. 2006.

[19] KRASSIMIR STOJANOV, Bildungsgerechtigkeit im Spannungsfeld zwischen Verteilungs-, Teilhabe- und Anerkennungsgerechtigkeit, in: MICHAEL WIMMER/ROLAND REICHENBACH/LUDWIG PONGRATZ (HG.), (s. Anm. 17), 29-48, hier: 35.

finden sind.«[20] Martin Luther hat alle Erziehung auf die übergeordneten Erziehungsziele von Frieden und Gerechtigkeit ausgerichtet.[21] Nach Luther interpretieren sich Friede und Gerechtigkeit wechselseitig, »nämlich im Horizont des biblischen Verständnisses einer umfassenden Gerechtigkeit als Schalom – als Frieden, der nur unter den Voraussetzungen gerechter Verhältnisse gelingen kann«[22]. Umfassende Gerechtigkeit ist allerdings kein Ziel, dass durch Bildung erreicht werden könnte.[23] Der Bezug auf Gott hilft zu verstehen, dass eine umfassende Gerechtigkeit das Werk Gottes ist und dem Menschen als Verheißung in Aussicht gestellt ist – freilich mit der Aufgabe, schon jetzt an der Verwirklichung gerechter Verhältnisse mitzuarbeiten. Die Verheißung Gottes kann dazu Motivations- und Kraftquelle sein, gerade im pädagogischen Bereich.

Aus diesem Zusammenhang folgt für die Frage der Bildungsgerechtigkeit, neben der Frage nach gleichen Chancen zur Bildung auch die Frage einer Bildung zur Gerechtigkeit als Beitrag zur Friedenserziehung zu bedenken. Bildung soll in evangelischer Perspektive nicht nur den Einzelnen unter Wahrung von Chancengleichheit in den Stand versetzen, am gesellschaftlichen Leben teilnehmen zu können, sondern ihn auch zu einem mündigen und sozial verantwortlichen Menschen erziehen, der entsprechende demokratische Tugenden zum Wohle der Gesellschaft und des Staates einbringt.[24] Es geht nach Schweitzer folglich auch immer darum, »welches Gerechtigkeitsverständnis dabei an die nachwachsende Generation vermittelt wird«[25]. In diesem Kontext muss heute auch die Frage nach Bildung zur Gerechtigkeit als Frage nach der ethischen Bildung in der Demokratie neu gestellt werden. Die Aktualität dieses Ansatzes muss angesichts der heutigen populistischen Strömungen nicht eigens hervorgehoben werden.[26]

---

[20] FRIEDRICH SCHWEITZER, Bildung zur Gerechtigkeit – oder: Was ist unter Bildungsgerechtigkeit zu verstehen? Evangelische Perspektiven zur aktuellen Diskussion, in: DIETLIND FISCHER/VOLKER EISENBAST (HG.), Zur Gerechtigkeit im Bildungssystem, Münster 2007, 57–63, hier: 57.

[21] Vgl. KARL ERNST NIPKOW/FRIEDRICH SCHWEITZER (HG.), Religionspädagogik. Texte zur evangelischen Erziehungs- und Bildungsverantwortung seit der Reformation. Von Luther bis Schleiermacher, München 1991.

[22] Vgl. SCHWEITZER (s. Anm. 20), 57.

[23] Ebd. 62.

[24] Vgl. zur demokratischen Ausrichtung des evangelischen Bildungsverständnisses bereits JOHANN AMOS COMENIUS, Pampaedia. Lateinischer Text und deutsche Übersetzung, Heidelberg 1965.

[25] Vgl. SCHWEITZER (s. Anm. 20), a.a.O., 58.

[26] Das Erlernen demokratischer Tugenden schließt Formen der Empathie, der Solidarität und der sozialen Verantwortung ein. Im Modell diakonisch-sozialen Lernens (vgl. GOTTFRIED ADAM/HELMUT HANISCH/HEINZ SCHMIDT/RENATE ZITT (HG.), Unterwegs zu einer Kultur des Helfens. Handbuch des diakonisch-sozialen Lernens, Stuttgart 2006) können diese als Elemente sozio-moralischen Lernens in folgender Zielperspektive erprobt und

Bildung in evangelischer Perspektive beschränkt sich daher nicht auf Chancengleichheit *durch* Bildung, indem etwa die Gleichstellung der Fähigkeiten und Motivationsstrukturen aller Schülerinnen und Schüler angestrebt wird, um auf diese Weise die Voraussetzungen zum sozialen Aufstieg und gesellschaftlicher Partizipation zu schaffen. Wie die Denkschrift der Evangelischen Kirche in Deutschland »Maße des Menschlichen« hervorhebt, betrifft Bildung »*den einzelnen Menschen als Person, seine Förderung und Entfaltung als ‚ganzer Mensch' und seine Erziehung zu sozialer Verantwortung für das Gemeinwesen*«[27] im Horizont der Wissens- und Lerngesellschaft. Daher wird in evangelischer Perspektive ein integrierendes Verständnis von Bildung und Erziehung gefordert,[28] das nicht additiv soziale Kompetenzen und die Erschließung von Wertbewusstsein an kognitive Leistungen anhängt, sondern »Sachwissen und Selbstwissen, Qualifikationswissen und Orientierungswissen, ästhetische Wahrnehmung, Intuition und Phantasie, die Fähigkeit zum Umgang mit technischen Mitteln, aber auch Glaubenswissen und religiöse Urteilsfähigkeit«[29] miteinander verschränkt. Beides, Erziehung und Bildung, fließt ebenso in die doppelte Aufgabe von Gerechtigkeit in Bildungskontexten ein, die in evangelischer Perspektive wie folgt zusammengefasst werden kann: Zum einen den je individuellen Bildungsmöglichkeiten von Kindern und Erwachsenen bestmöglich zu entsprechen, zum anderen die Entwicklung eines Gerechtigkeitsverständnisses sowie die Ausbildung entsprechender Haltungen als Beitrag zum übergeordneten Bildungsziel der kritischen Reflexionsfähigkeit und Mündigkeit des Einzelnen zu fördern.[30] Aus diesem Zusammenhang von Bildung und Gerechtigkeit »erwächst die Bedeutung evangelischer Trägerschaften im Bereich von Erziehung und Bildung, aber auch des Religionsunterrichts in der Schule als eines zivilgesellschaftlich

---

eingeübt werden: »Im diakonischen Lernen geht es um soziale Einstellungen und christliche Orientierungen wie etwa Achtung und Respekt vor anderen Menschen, Gerechtigkeit und Fairness, um Hilfsbereitschaft und Toleranz sowie um persönliche und gesellschaftliche Verantwortung.« (KIRCHENAMT DER EKD (Hg.), Herz und Mund und Tat und Leben. Grundlagen, Aufgaben und Zukunftsperspektiven der Diakonie. Eine evangelische Denkschrift, Gütersloh 1998, 62). Ähnlich SCHWEITZER (s. Anm. 20), a.a.O., 61: »›Diakonisches Lernen‹ ist zu Recht zu einer Art Markenzeichen evangelischer Erziehungsarbeit geworden. Diakonie wird dabei sowohl als Motiv pädagogischen Handelns in Solidarität verstanden als auch als Inhalt und Bildungsziel für Kinder und Jugendliche, die sich in der Gesellschaft engagieren [...].«

[27] KIRCHENAMT DER EKD (HG.), Maße des Menschlichen. Evangelische Perspektiven zur Bildung in der Wissens- und Lerngesellschaft. Eine Denkschrift des Rates der Evangelischen Perspektive in Deutschland, Gütersloh 2003, 89. (Hervorhebung im Original)

[28] A.a.O., 70.

[29] WOLFGANG HUBER, Bildung zur Gerechtigkeit. Erträge und Erwartungen, in: DIETLIND FISCHER/VOLKER EISENBAST (HG.), (s. Anm. 20), 64–71, hier: 65.

[30] Vgl. SCHWEITZER, (s. Anm. 20), 57.

mitverantworteten Bildungsangebots.«[31] Daran sind Lehrpläne und Unterrichtsziele auszurichten und eine Schulkultur zu befördern, welche zu einem Miteinander in Frieden und Gerechtigkeit anleitet. Daraus erwächst auch die Einsicht, dass Bildungsgerechtigkeit im Sinne einer »Gerechtigkeit durch Bildung zur Bildung«[32] keine Frage individueller Bildung oder individualisierter Bildungsangebote allein ist. »Den Horizont bilden vielmehr die Frage nach einer gerechten Gesellschaft und, in Zeiten der Globalisierung zwingend, einer gerechten Welt.«[33] Diese Frage bildet auch den Horizont für den zweiten Bereich Praktischer Theologie, in dem Gerechtigkeit eine konstitutive Funktion innehat.

2.2 Gerechtigkeit als Grundkategorie helfenden Handelns

Helfendes Handeln zugunsten sozial benachteiligter Menschen muss sich notwendigerweise an Gerechtigkeitsvorstellungen orientieren, um Maßstab und Ziel für seine Intervention zu erhalten und auch, um überhaupt zum helfenden Handeln zu motivieren. Gerechtigkeit ist hier konzeptioneller Gegenstand diakoniewissenschaftlicher Rekonstruktion. Dies soll zunächst biblisch-theologisch skizziert und dann mit jüngeren diakoniewissenschaftlichen Arbeiten konturiert werden.

Im Alten Testament wurde die Vorstellung einer konnektiven Gerechtigkeit entwickelt, welche ein Gemeinschaftsverständnis in wechselseitiger Verantwortung und Barmherzigkeit begründet.[34] Besonders im Bundesbuch werden Erbarmungsbestimmungen im Gesetz verankert und so deutlich gemacht, dass Recht ohne Schutz der Schwächeren nicht der Gerechtigkeit dient. Michael Welker hat dies in die Trias von Recht, Erbarmen und Gotteserkenntnis gefasst.[35] Damit ist das Spannungsfeld benannt, in dem sich helfendes Handeln bewegt: als spontane Hilfe ist diakonisches Handeln Ausdruck des Erbarmens und der liebevollen Zuwendung zum Nächsten. Das bekannte Beispiel des Barmherzigen Samariters oder die Rede vom Weltgericht in Mt 25 stehen für ein solches Verständnis der Hilfe, die sich aus der Liebe Gottes speist und sich an der Not des anderen ausrichtet. Diese zu beheben ist das Ziel der Zuwendung, wobei alle menschlichen Grenzziehungen zweitrangig werden: Fragen des rechten Glaubens, der rechten Lebensführung oder der ethnisch erwünschten Zugehörigkeit werden von der alle Grenzen übersteigenden Liebe Gottes überwunden. Zugleich wird damit an-

---

[31] A.a.O., 62.

[32] STOJANOV (s. Anm. 19), 35.

[33] SCHWEITZER (s. Anm. 20), 62.

[34] Vgl. WOLFGANG HUBER, Gerechtigkeit und Recht. Grundlinien christlicher Rechtsethik, Gütersloh 1996, 159-166.

[35] Vgl. MICHAEL WELKER, Gottes Geist, Theologie des Heiligen Geistes. Neukirchen-Vluyn[2] 1993, 29ff. 109ff.

gedeutet, dass der Bezug auf die Liebe Gottes nicht nur eine zentrale Motivationsgrundlage für diakonisches Handeln darstellt. Er ist auch unabdingbar, um eine Verdinglichung helfenden Handelns oder seine Instrumentalisierung etwa zur Herrschaft über andere immer wieder kritisch zu reflektieren. Die Reflexion des Gottesbegriffs kann helfendes Handeln davor bewahren, seinen Zweck in sich zu finden oder dieses zu überhöhen, etwa in Situationen großer Not. In der Spannung zwischen nicht zu bewältigender Not und Helfermotivationen wird deutlich, dass als Drittes neben der Reflexion der Gottesvorstellung und der Barmherzigkeit die Gerechtigkeit notwendig ist. Barmherziges Liebeshandeln braucht Verstetigung und Korrektur. Verstetigung, indem die oftmals schwankende Liebe zu sicher erwartbaren und zuverlässig erbrachten Hilfeleistungen organisiert wird, damit gerechtere Zustände für mehr Menschen angestrebt werden können. Dafür sind gerechte Strukturen etwa der Verteilung von Gütern und Bereitstellung von Hilfsdiensten notwendig. Zum anderen impliziert helfendes Handeln eine grundsätzlich asymmetrische Beziehung: auch wenn Hilfe nie als Einbahnstraße vom Helfenden zum Hilfebedürftigen zu beschreiben ist, so befindet sich der Hilfebedürftige aufgrund seiner Angewiesenheit auf Hilfe in einer schwächeren Position dem gegenüber, der die Hilfe geben oder eben auch verweigern kann. Besonders befreiungstheologische Ansätze haben geholfen, einseitige Ausrichtungen diakonischer Praxis zu korrigieren, indem Anstrengungen unternommen wurden, die Hilfeempfänger als Subjekte anzusprechen und in ihren Rechten und Fähigkeiten zu stärken.[36]

Heutige Ansätze in der Diakoniewissenschaft reflektieren vor diesem biblisch-theologischen Begründungszusammenhang Fragen der Verzwecklichung helfenden Handelns unter ökonomischen Verwertungsdruck und reagieren darauf mit Entwürfen zu einer diakonischen Unternehmenskultur oder Modellen des Diakoniemanagements.[37] (Selbst-)kritisch wird man anmerken müssen, dass die Grundfragen der Vereinbarkeit von nicht-berechnender Liebe und durchkalkulierter Dienstleistungserstellung nicht hinreichend reflektiert sind. Vielmehr wird - sicherlich einer gewissen Nachfrage nach geeigneten Modellen geschuldet - die Anwendungsebene fokussiert und zum Teil werden Managementansätze aus der Forprofit-Ökonomie entlehnt und ohne tiefergehende Veränderungen im Nonprofit-Bereich angewandt. Wie sich dies etwa im Blick auf die

---

[36] Vgl. GERHARD K. SCHÄFER, Die Option für die Armen als Herausforderung für die Diakonie und Sozialethik, in: ARND GÖTZELMANN/VOLKER HERRMANN/JÜRGEN STEIN (HG.) Diakonie der Versöhnung. Ethische Reflexion und soziale Arbeit in ökumenischer Verantwortung, Stuttgart 1998, 204-215.

[37] Vgl. BEATE HOFMANN (HG.), Diakonische Unternehmenskultur. Handbuch für Führungskräfte, Stuttgart ²2010; HANNS-STEPHAN HAAS, Theologie und Ökonomie. Management-Modelle, Theologisch-ökonomische Grundlegung, Diskurspartnerschaft, Stuttgart 2010.

Steuerung diakonischer Unternehmen verhält, kann man am Beispiel des Diakonie Corporate Governance Kodex studieren, wie jüngst von Dietmar Kauderer grundlegend analysiert wurde.[38] Mit anderen Worten: In der Diakoniewissenschaft wird hinsichtlich der Ökonomisierung des Sozialbereichs eher auf der Anwendungsebene reagiert und die grundsätzlichen Fragestellungen hinsichtlich der Gerechtigkeit nur vereinzelt für bestimmte Personengruppen wie marginalisierte Menschen reflektiert.[39]

Etwas anders sieht es im Blick auf Fragen institutioneller Verfahren und dadurch hergestellter Verhältnisse aus. Ausgehend von den Schriften Foucaults haben sich mehrere Arbeiten mit den gerechtigkeitstheoretischen Auswirkungen institutioneller Verfahren auf bestimmte Personengruppen befasst.[40] Grundsätzlich geht hier das Bemühen darum, organisationale Routinen im Blick auf den Hilfebedürftigen offen zu halten, so dass der andere als Anderer und nicht als Objekt von Organisationsroutinen in den Blick kommt.[41] Ein Desiderat ist jedoch auch hier, grundsätzlich die Frage nach dem Subjektbegriff etwa marginalisierter Menschen aufzunehmen und als gerechtigkeitstheoretisches Problem zu markieren. Warum sollten etwa Menschen mit Trisomie 21 von vielen öffentlichen Handlungen wie Geschäfte abschließen, Heirat usw. kategorisch ausgeschlossen bleiben? Der Subjektstatus an sich ist weiter zu differenzieren und nicht nur an bestimmten Kategorien der Selbstbestimmung zu orientieren. In der Praxis hat man sich dieser Fragestellung längst angenommen und versucht, in Empowermentprozessen, u.a. Menschen mit kognitiver Beeinträchtigung dazu zu befähigen, selbstbestimmt im Rahmen ihrer Möglichkeiten am sozialen Leben teilzunehmen.

Gerechtigkeit ist diakoniewissenschaftlich also weiter in spezifischen Anwendungskontexten zu konkretisieren und hinsichtlich ihrer Grundfragen im Blick auf moderne Sozialsysteme zu reflektieren. Zugleich verweist der diakonietheoretische Begründungszusammenhang auf Barmherzigkeit und Gotteserkenntnis. Ohne diese ergänzenden Gesichtspunkte droht ein nur am Prinzip der

---

[38] Vgl. DIETMAR KAUDERER, Corporate Governance in der Diakonie zwischen Effizienz und Legitimität. Eine neoinstitutionalistische Analyse, unveröffentlichte Dissertation, Universität Heidelberg 2017.

[39] Vgl. JOHANNES EURICH, Gerechtigkeit für Menschen mit Behinderung. Ethische Reflexionen und sozialpolitische Perspektiven, Frankfurt a.M./New York 2008.

[40] Vgl. SABINE SCHÄPER, Ökonomisierung in der Behindertenhilfe. Praktisch-theologische Rekonstruktionen und Erkundungen zu den Ambivalenzen eines diakonischen Praxisfeldes, in: DIAKONIK 5, Berlin 2006.

[41] Vgl. TRYGE WYLLER/HANS-GÜNTER HEIMBROCK (EDS.); Perceiving the Other. Case Studies and Theories of Respectful Action. Göttingen 2010; BIRGIT SUSANNE DINZINGER, »Wenn der Andere ins Helfen einfällt.« Eine Begegnung zwischen der Diakoniewissenschaft und dem Werk Emmanuel Lévinas', unveröffentlichte Dissertation, Universität Heidelberg 2016.

Gerechtigkeit ausgerichtetes diakonisches Handeln seine Motivationsgrundlage zu verlieren, »formal zu werden und zu erstarren«[42].

2.3 Leitungshandeln der Kirche im Blick auf Gerechtigkeit

Nicht nur einzelne kirchliche Handlungsfelder sind auf ihre gerechtigkeitsvalenten Praxen zu befragen und zu reflektieren, sondern auch das Leitungshandeln der Kirche, welches sowohl im Binnenverhältnis wie auch im Außenverhältnis Gerechtigkeit als Kriterium der Gestaltung kirchlicher Geschäfts- oder Arbeitsbeziehungen bedenken muss. An zwei Beispielen soll dies jeweils veranschaulicht werden.

Im Innenverhältnis ist die Kirche und ihre Diakonie als Arbeitgeberin bzw. Dienstherrin angefragt. Unter dem Dach der EKD als öffentlich-rechtlich verfasster Kirche sind ca. 236.000 hauptamtliche Mitarbeitende beschäftigt.[43] Der geringere Teil davon sind Theologinnen und Theologen, nämlich knapp 21.500, von denen ca. 14.000 ihren Dienst in einer Kirchengemeinde versehen. Nimmt man die Diakonie hinzu, sind rund 525.000 Anstellungsverhältnisse dazuzuzählen (Stand: 2017). Die Kirche und ihre Diakonie sind damit einer der größten Arbeitgeber in Deutschland, die im Blick auf faire Arbeitsverhältnisse in letzter Zeit vor allem an zwei Punkten angefragt wurden: zum einen hinsichtlich der Loyalitätsrichtlinie, die in der Diakonie die Mitgliedschaft in einer Evangelischen Kirche oder einer zur ACK gehörenden Kirche vorsieht und erst kürzlich überarbeitet wurde. Zum anderen im Blick auf den Dritten Weg, in welchem die kirchliche Selbstbestimmung im Blick auf Mitarbeitervertretung durch das Bundesarbeitsgericht erneut ausgelegt und geregelt wurde.[44] Letzteres deutet an, welche Schwierigkeit sich der theologischen Reflexion dieser Entwicklungen stellt: Begriffe wie z.B. der der Dienstgemeinschaft können nicht vollständig theologisch bestimmt werden, weil sie als Vermittlungsbegriffe zwischen Theologie und Rechtswissenschaft stehen und von beiden Disziplinen in einem jeweils spezifischen Sinn verwendet werden.[45] Die Rechtswissenschaft begründet ein kirchliches Selbstbestimmungsrecht, das dann auf die diakonischen Arbeitsverhältnisse angewandt werden kann, wenn diakonisches Handeln dem Selbst-

---

[42] TRAUGOTT JÄHNICHEN, Diakonisches Handeln in der Spannung von Barmherzigkeit und Gerechtigkeit, in: MICHAEL SCHIBILSKY/RENATE ZITT (HG.), Theologie und Diakonie, Gütersloh 2004, 112-120, hier: 114.

[43] Diese und die folgenden Zahlen sind der Website der EKD entnommen. Vgl. https://www.ekd.de/statistik/hauptamt_ehrenamt.html (Zugriff am 10.2.16).

[44] Vgl. BAG-Urteil vom 20. November 2012, 1 AZR 179/11.

[45] Vgl. THORSTEN MOOS, Kirche bei Bedarf. Zum Verhältnis von Diakonie und Kirche aus theologischer Sicht, in: Zeitschrift für Kirchenrecht 58, 2013, 253-279, 258.

verständnis der Diakonie als Teil kirchlicher Arbeit mit entsprechendem Zeugnischarakter zugeordnet wird.[46] Begriffen wie dem der Dienstgemeinschaft kommt dann eine Scharnierfunktion[47] zwischen kirchlichem Arbeitsrecht und theologischem Verständnis der Diakonie zu mit der Folge, dass eine spezifische arbeitsrechtliche Funktion in theologischer Perspektive nicht *zwingend* begründet werden kann. Dies bedeutet nicht, dass die theologischen Gehalte, die mit dem Begriff Dienstgemeinschaft angezeigt werden (wie z.B. geschwisterliche Gemeinschaft im Rahmen kirchlicher Verkündigung im helfenden Dienst an anderen und daraus abgeleitetes Handlungsethos), einfach wegfallen könnten.[48] Vielmehr sollte zwischen einem arbeitsrechtlichen Begriff und einem theologischen Begriff unterschieden und danach gefragt werden, auf welche Weise theologische Deutungen bei arbeitsrechtlichen Fragen zum Tragen kommen können, d.h. etwa inhaltliche Grundlagen für das Selbstverständnis als diakonischer Träger bereitstellen können, welche dann in einem arbeitsrechtlichen Verfahren anerkannt werden können.

Im Außerverhältnis kommt es darauf an, dass sich die Kirche als Akteurin in gesellschaftlichen Fragen nicht zurücknimmt, sondern ihre Potenziale zur Weiterentwicklung einer sozial gerechteren Gesellschaft wahrnimmt. Was es heißt, die Kirche als Organisation zu verstehen, welche gesellschaftliche Fragen mitgestaltet, ist praktisch-theologisch gut aufgearbeitet worden.[49] Freilich finden sich auch hier nur relativ wenige Bezüge zur Gerechtigkeitsthematik. Zum Teil wird dieses Thema allerdings auch indirekt adressiert, etwa über diakonisch-professionelle Fragestellungen oder über thematische Schwerpunkte, die im Titel

---

[46] Vgl. MARTIN MORLOCK, Verfassungsrechtliche Grundlagen einer Konzeption kirchlicher Arbeitsverhältnisse als Dienstgemeinschaft, in: epd-Dokumentation Nr. 17 vom 19.4.2013, 9-15, 10.

[47] Vgl. MICHAEL GERMANN, Die 'Dienstgemeinschaft' als Scharnierbegriff zwischen Theologie und Recht, in: epd-Dokumentation Nr. 17 vom 19.4.2013, 29-34.

[48] Grundlegend hierfür in theologischer Perspektive ist die vierte These der Barmer Theologischen Erklärung von 1934: »Die verschiedenen Ämter in der Kirche begründen keine Herrschaft der einen über die anderen, sondern die Ausübung des der ganzen Gemeinde anvertrauten und befohlenen Dienstes.« Nach diesem Verständnis begründen Unterschiede zwischen den verschiedenen Berufsbildern und kirchlichen Ämtern also keine besonderen Herrschaftsverhältnisse, sondern werden durch den Dienst am kirchlichen Auftrag geeint. Interessengegensätze in den kirchlich-diakonischen Arbeitsbeziehungen kann es daher nicht geben, weil alle Beteiligten gemeinsam für den kirchlichen Dienstauftrag verantwortlich sind.

[49] Vgl. EBERHARD HAUSCHILDT/UTA POHL-PATALONG, Kirche, Gütersloh 2013; JAN HERMELINK, Kirchliche Organisation und das Jenseits des Glaubens: Eine praktisch-theologische Theorie der evangelischen Kirche, Gütersloh 2011; sowie JAN HERMELINK/GERHARD WEGNER (Hg.), Paradoxien kirchlicher Organisation: Niklas Luhmanns frühe Kirchensoziologie und die aktuelle Reform der evangelischen Kirche. Religion in der Gesellschaft, 2008.

zwar den Begriff Gerechtigkeit vermissen lassen, jedoch sachlich deren Gehalte aufnehmen. Ein Beispiel hierfür ist die Inklusionsthematik. Als eines der prägenden gesellschaftspolitischen Paradigmen unserer Tage berührt das Inklusionsthema nicht nur Evangelische Schulen, sondern wird ebenso in kirchengemeindlichen Veranstaltungen virulent, wenn Menschen mit Behinderung - nunmehr ambulant betreut in der eigenen Wohnung lebend - vermehrt an Gottesdiensten teilnehmen, bei denen die Einschränkung körperlicher oder geistiger Funktionen bislang kaum bedacht werden musste. Die Herausforderung besteht nun darin, nicht nur die eigenen Veranstaltungen inklusiv auszurichten, sei es als inklusiver KU oder als Gemeindeausflug, der u.a. hinsichtlich von Transport und Unterkunft nun anders geplant werden muss. Dies ist unabdingbare Anforderung an eine Kirche, die für alle Menschen vergleichbare Zugangs- und Teilhabemöglichkeiten bieten möchte. Die vielleicht größere Herausforderung besteht darin, dass sich die Kirche selbst als Inklusionsagentin begreift, die das Thema Inklusion in gesellschaftlichen Zusammenhängen einbringt und auf Veränderungen exkludierender sozialer Praktiken hinwirkt. Und dies in einem doppelten Sinn: »Zum einen müssen sich die Kirchen auf allen Ebenen - von den Kirchengemeinden bis hin zu den Kirchenleitungen - zur umfassenden Inklusion der Menschen selbst *befähigen*. Zum anderen sollen sie durch eben diesen Prozess zu einer Instanz werden, die selbst wiederum *befähigend wirkt*. Weder das eine noch das andere ist selbstverständlich. Aber beides ist tief im Selbstverständnis des christlichen Glaubens verankert.«[50] Im Kern geht es darum, wie der Fokus auf die Selbst-Erhaltung der Organisation Kirche mit der funktionalen Ausrichtung auf die Inklusion randständiger Menschen vereinbart werden kann.[51]

Neben diesen beiden Beispielen lassen sich weitere gerechtigkeitsrelevante Bereiche kirchlicher Kybernetik angeben. Roth sieht einen Bereich durch die »Pluralität unterschiedlicher Frömmigkeits- und Kirchlichkeitsprofile«[52] in der spätmodernen Volkskirche gegeben.[53] »Die Frage der Priorisierung volkskirchlich differenter Bedürfnislagen stellt sich als Frage nach einer kybernetischen Gerechtigkeit.«[54] Die Spannung aus den unterschiedlichen Profilen ergibt sich durch

---

[50] GERHARD WEGNER, »Enabling Churches« - Kirchen als Inklusionsagenten, in: JOHANNES EURICH U.A. (HG.): Kirchen aktiv gegen Armut und Ausgrenzung. Theologische Grundlagen und praktische Ansätze für Diakonie und Gemeinde, Stuttgart 2010, 211-231, hier: 211 (Herv. i.O.).

[51] A.a.O., 220.

[52] ROTH (s. Anm. 3), 212.

[53] Vgl. hierzu die milieutheoretischen Verortungen z.B. in: HEINZPETER HEMPELMANN/ULRICH HECKEL/KAREN HINRICHS/DAN PETER (HG.), Auf dem Weg zu einer milieusensiblen Kirche. Die SINUS-Studie »Evangelisch in Baden und Württemberg« und ihre Konsequenzen für kirchliche Handlungsfelder, Neukirchen-Vluyn 2015.

[54] ROTH (s. Anm. 3), 212.

den Umstand, dass Gerechtigkeit zwar darauf drängt, keine Bedürfnislage oder Frömmigkeitsprofil zu bevorzugen, um so ungerechte Benachteiligungen zu vermeiden, jedoch dürfen auch nicht alle Bedürfnisprofile in gleichem Maße zum Zuge kommen. »Gerechtigkeit als Maßstab für die Gestaltung kirchlicher Praxisspielräume ernst zu nehmen, hieße vielmehr, die unterschiedlichen Erwartungen hinsichtlich Nähe und Distanz, Bewahrung von Tradiertem und Öffnung für Unkonventionelles, Gemeinschaft und Selbstfindung, Beheimatung und Aufbruch, Betreuung und Beteiligung im Blick zu behalten und die verschiedenen Praxisfelder kritisch gegeneinander abzuwägen - vor dem Hintergrund eines theologisch verantworteten Verständnisses davon, was Kirche ist, und einer an die Realität rückgebundenen Einschätzung vom gegenwärtigen Zuschnitt der unterschiedlichen Kirchenmitgliedschaftsprofile.«[55] Dies würde ins Zentrum kirchlicher Praxis zielen, weil es die Frage, was zu den Kernaufgaben gehört und auch entsprechend vorrangig finanziell zu fördern ist, aufwirft. Dabei kann das Ziel sicherlich keine kirchliche Praxis ohne Benachteiligungen sein,[56] vielmehr muss sich die Kirche in einer Welt der Ungleichheit entscheiden, welchen Personen(gruppen) mit welchen Profilen ihre vorrangige Aufmerksamkeit - ganz im Sinn der Parteilichkeit Gottes - zu gelten hat.[57]

3. AUSBLICK

Die Gerechtigkeitsbezüge christlicher Praxis sind unübersehbar und vielfältig. In diesem Beitrag konnte anhand einiger Beispiele darauf hingewiesen werden, dass das Thema sowohl inhaltlich in unterschiedlichen kirchlichen Handlungsfeldern bearbeitet wird als auch als Leitvorstellung zur Begründung und Motivation christlichen Handelns präsent ist.[58] Zugleich wurde deutlich, dass Gerechtigkeit als praxisleitender Themenbegriff noch nicht in der Breite der praktisch-theologischen Diskussion angekommen ist. Mit Roth können dafür zwei Gründe geltend gemacht werden: »Zum einen ist die praktisch-theologische Diskussion noch immer durch die Gliederung der Aufgabenbereiche pastoralen Handelns strukturiert. (...) Zum anderen steht der Rekonstruktion solcher thematischer Aspekte religiöser Praxis das gegenwärtig dominierende Interesse an prinzipiellen und methodischen Fragen zum christlich-religiösen Handeln entgegen.«[59] Querschnittsthemen wie Gerechtigkeit fordern daher die praktische Theologie heraus, ihr traditionelles, pastoral-theologisch ausgerichtetes Verständnis zu überdenken

---

[55] Ebd. 213.

[56] Gegen Ursula Roth, die hier plötzlich von der zuvor geforderten Realitätsnähe abrückt.

[57] Vgl. HUBER (s. Anm. 34), 161f.

[58] Vgl. ROTH (s. Anm. 3), 213.

[59] A.a.O., 214.

und inhaltlich orientierte Fragestellungen verstärkt aufzunehmen. Auf diese Weise könnten praxisfeldübergreifende Analysen bestimmter Themen, wie z.B. das Inklusionsthema, einem besseren »Verständnis des Zusammenhangs christlich-religiöser Praxis und damit auch der Einheit der Praktischen Theologie«[60] dienen.

[60] Ebd.

Gerechtigkeit

Zur Gefahr der Überdehnung eines sozialethischen Zentralbegriffs

Rochus Leonhardt

Der Begriff der Gerechtigkeit ist bekanntermaßen außerordentlich vielschichtig: »Gerechtigkeit erhöht ein Volk; aber die Sünde ist der Leute Verderben« (Spr 14,34). »Und der Gerechtigkeit Frucht wird Friede sein« (Jes 32,17a). - Solche und ähnliche durchaus auch in säkularisierten bildungsbürgerlichen Milieus noch einigermaßen vertraute biblische Aussagen heben die Bedeutung der Gerechtigkeit für das menschliche Zusammenleben in emphatischer Weise hervor. Der Tenor lautet, salopp gesagt: Ohne Gerechtigkeit läuft gar nichts. Die Forderung nach der Realisierung von Gerechtigkeit gewinnt damit einen gleichsam zivilreligiösen Charakter.

Doch zugleich ist ein solches Gerechtigkeitspathos immer auch einem ideologiekritischen Verdacht ausgesetzt. »Gerechtigkeit entspringt dem Neid, denn ihr oberster Grundsatz ist: Allen das Gleiche«. Diese Formulierung wird auf den deutsch-jüdischen Industriellen und Schriftsteller Walther Rathenau zurückgeführt, der heute vor allem als Reichsaußenminister und Architekt des Vertrages von Rapallo bekannt ist[1]. Und dafür, dass die Forderung nach umfassender Durchsetzung von Gerechtigkeit in misanthropen Fanatismus münden kann, wird gewöhnlich eine bekannte lateinische Formulierung angeführt, die übrigens keinesfalls antik ist, sondern erst aus dem frühen 16. Jahrhundert stammt: »Fiat iustitia, pereat mundus« (Es herrsche Gerechtigkeit, auch wenn die Welt zugrunde geht). - Allerdings geht das Verständnis dieser Formulierung im Sinne von Rechtsfanatismus wohl auf eine durch Luther verursachte Fehlinterpretation zurück, die Immanuel Kant im Anhang I seiner Schrift »Zum ewigen Frieden« korrigiert hat[2].

---

[1] Vgl. dazu: Eva Ingeborg Fleischhauer, Rathenau in Rapallo. Eine notwendige Korrektur des Forschungsstandes, in: Vierteljahrshefte für Zeitgeschichte, Heft 3/2006, 365-415. Es ist mir nicht gelungen, die Rathenausche Urheberschaft des Gerechtigkeitszitats zu verifizieren.

[2] Vgl. dazu: Detlef Liebs, Das Rechtssprichwort Fiat iustitia et pereat mundus, in: Juristenzeitung 70, 2015, 138-141.

Ungeachtet dessen mag die lateinische Floskel, die durchaus eine gewisse allgemeine Bekanntheit genießt, hier als Indiz für die immer schon mitgedachten Schattenseiten des Gerechtigkeitsideals gelten. Dieses Verständnis macht konkret für den Begriff der Gerechtigkeit geltend, was eine andere, tatsächlich antike Formulierung im Blick auf das Recht sagt: »Summum ius, summa iniuria«[3] (höchstes Recht ist höchste Ungerechtigkeit).

Die damit angezeigte Ambivalenz des Gerechtigkeitsbegriffs soll in diesem Beitrag ein wenig ausgeleuchtet werden. Dazu sind insbesondere die zuletzt genannten ideologiekritischen Vorbehalte gegenüber einer ausufernd-emphatischen Beschwörung eines Gerechtigkeitsideals zu unterstreichen. Es ist konkret zu zeigen, dass eine solche (gerade auch in neueren politischen Diskursen zu beobachtende) Beschwörung letztlich zu einer Überdehnung des Gerechtigkeitsbegriffs führt. Diese Überdehnung, so die hier vertretene Auffassung, droht den Gerechtigkeitsbegriff seiner sozialethischen Signifikanz dadurch zu berauben, dass sie einerseits illusionären Utopismus nährt und andererseits Enttäuschungserfahrungen produziert.

Der Beitrag besteht aus drei Teilen. Den Ausgangspunkt bilden einige kurze Hinweise zum Verhältnis von Begriffsüberdehnung und Prägnanzverlust. Der zweite – ausführlicher gehaltene – Teil wird drei gerechtigkeitstheoretische Positionen aus der philosophischen und der theologischen Tradition skizzieren und vergleichen; es handelt sich um die Positionen von Aristoteles, von Huldrych Zwingli und von Martin Luther; dabei kommt die Zwinglische Gerechtigkeitstheorie relativ ausführlich zu Wort. Schließlich, drittens, werden die durch die Sichtung der Tradition gewonnenen Einsichten auf moderne und zeitgenössische Debatten und Zusammenhänge bezogen, in denen das Gerechtigkeitsthema virulent ist.

I. Ausgangspunkt: Überdehnung und Prägnanzverlust

Der seit 2012 in Kiel lehrende Philosoph Ludger Heidbrink hat im Jahr 2002 eine Publikation mit dem Titel »Kritik der Verantwortung« vorgelegt. Der Untertitel lautet: »Zu den Grenzen verantwortlichen Handelns in komplexen Kontexten«[4]. Schon Titel und Untertitel machen deutlich, dass Heidbrink gegenüber der von ihm diagnostizierten und umfassend belegten Erfolgsgeschichte des Verantwortungsparadigmas skeptisch ist. Die Expansion des Verantwortungskonzepts hat, so Heidbrink, eben auch dazu geführt, dass es seine Konturen verloren und einen »begrifflich diffusen und praktisch widersprüchlichen Charakter« (258) erhalten

---

[3] CICERO, De Officiis I, 10, 33.

[4] LUDGER HEIDBRINK, Kritik der Verantwortung. Zu den Grenzen verantwortlichen Handelns in komplexen Kontexten, Weilerswist 2003 (danach die folgenden Zitatnachweise).

hat. Hier sind die in Heidbrinks Text entfalteten verantwortungstheoretischen Illusionen nicht vollständig zu referieren. Es mag ein Hinweis auf dasjenige Argument genügen, das aus christlich-theologischer Sicht deshalb am ehesten interessant ist, weil darin bestimmte religiöse oder jedenfalls religionsaffine Aspekte benannt werden.

Heidbrink identifiziert als viertes der von ihm angeführten insgesamt acht Grundprobleme, die mit der Expansion der Verantwortungsparadigmas in den komplexen Kontexten der Moderne verbunden sind, die »Verabsolutierung des Verantwortungsprinzips« (260). Dazu ein längeres Zitat. Das Grundproblem der Verabsolutierung bestehe darin, dass das Verantwortungsprinzip »nicht mehr auf rationalen oder plausiblen Gründen beruht, sondern aus hochgradig spekulativen Annahmen und Voraussetzungen abgeleitet wird. Daß der Mensch für das Schicksal der Weltgesellschaft und die Gesamtheit der Geschichte zuständig ist, setzt unbedingte, nicht weiter ableitbare und hinterfragbare Anspruchsverhältnisse voraus, die mit den Mitteln einer profanen und begrenzten Alltagsrationalität nicht zu legitimieren sind. Der Übergang zur totalen Verantwortung ist nur durch den Rückgriff auf eine absolute Instanz verständlich zu machen, die das menschliche Handeln vor jeder Rechtfertigung in den Horizont einer von sich aus werthaften Weltordnung stellt. Letztlich läßt sich ein totaler Verantwortungsbegriff nur metaphysisch postulieren: unter der Annahme eines göttlichen Prinzips, einer teleologischen Verfassung von Geschichte und Natur oder eines autoritativen Schöpfungsverständnisses, deren Geboten zur Achtung bedingungslos Folge zu leisten ist« (260).

Die zitierten Formulierungen lassen einerseits einen wachen Sinn dafür erkennen, dass die Verabsolutierung des Verantwortungsprinzips auf unausgewiesenen Voraussetzungen fußt, die man gern metaphysisch nennen kann. Andererseits fehlt Heidbrink offensichtlich jeder Sinn dafür, dass gerade ein religiös fundierter Weltzugang geeignet sein könnte, die von ihm mit Recht festgestellten verantwortungstheoretischen Illusionen als solche zu durchschauen. Darauf ist im letzten Abschnitt zurückzukommen. Hier sei noch angemerkt, dass sich die von Heidbrink geltend gemachte Skepsis gegenüber verantwortungstheoretischen Verabsolutierungen auch – und womöglich sachgerechter – im Horizont der Endlichkeitsphilosophie Odo Marquards rekonstruieren lässt. Die Verabsolutierung des Verantwortungsprinzips wäre im Sinne Marquards zu verstehen als eine der Fehlentwicklungen, die sich aus dem – ihrerseits durch das Scheitern der Theodizee bedingten – Programm der neuzeitlich-modernen Geschichtsphilosophie ergeben haben; dieses Programm zielte bekanntlich auf eine »Entlastung

Gottes durch seine Entpflichtung als Schöpfergott, dessen Nachfolger - zur Entlastung Gottes - der autonome Schöpfermensch wird«[5]. - Danach wäre gerade nicht ein autoritatives Schöpfungsverständnis der Ursprung der Verabsolutierung des Verantwortungsprinzips, sondern - im Gegenteil - »ein ›methodischer Atheismus ad maiorem gloriam Dei‹«[6].

Unabhängig davon, welche Konstellation die Überdehnung des Verantwortungsparadigmas primär verursacht hat, gilt doch, dass die Folgen verantwortungstheoretisch prekär sind. Denn: Ein Pantheismus der Verantwortung kann schnell in einen Atheismus der Verantwortung umschlagen. Anders gesagt: Wenn die Menschen prinzipiell für alles verantwortlich sein sollen, wird es immer schwerer, die faktische Verantwortung des Einzelnen in einer konkreten Situation zu beschreiben. Nochmals in den Worten von Heidbrink: Der Tatsache, »daß immer mehr soziale Operationsbereiche verantwortungstheoretischen Imperativen unterworfen werden«, entspricht »eine hochgradige Unklarheit darüber, [...] welche Akteure vor welchen Instanzen rechenschaftspflichtig sind oder zumindest eine rudimentäre moralische Verantwortung für ihr Handeln tragen« (257).

Soweit zum Verhältnis von Überdehnung und Prägnanzverlust, das hier am Verantwortungsbegriff verdeutlicht wurde. Eine analoge Situation kann m. E. im Blick auf den Gerechtigkeitsbegriff behauptet werden, sorgt doch dessen »semantische Ubiquität [...] heute für den Verlust seiner unterscheidbaren Bestimmungen«[7]. Das Gerechtigkeitskonzept hat jedoch - ungeachtet seiner hier nicht weiter zu verfolgenden Schnittmengen mit dem Verantwortungsbegriff - eine ganz eigene Entwicklung hinter sich, auf die insbesondere im folgenden Abschnitt einzugehen ist.

---

[5] ODO MARQUARD, Entlastungen. Theodizeemotive in der neuzeitlichen Philosophie (Fellow-Vortrag am Wissenschaftskolleg zu Berlin am 09. Februar 1983), in: DERS., Apologie des Zufälligen. Philosophische Studien, Stuttgart 1986, 11-32: 18.

[6] ODO MARQUARD, Idealismus und Theodizee (Vortrag auf dem 2. Internationalen Kant-Kongress in Düsseldorf am 27. Juli 1965), in: DERS., Schwierigkeiten mit der Geschichtsphilosophie. Aufsätze, Frankfurt a. M. 1973, 52-65. 167-178: 65.

[7] HANS VORLÄNDER, Gerechtigkeiten im Theoriediskurs der Gegenwart, in: GERT MELVILLE/ GREGOR VOIGT-SPIRA/MIRKO BREITENSTEIN (HG.), Gerechtigkeit, Köln/Weimar/Wien 2014 (Europäische Grundbegriffe im Wandel. Verlangen nach Vollkommenheit 1), 199-218: 199.

2. EXEMPLARISCHE GERECHTIGKEITSTHEORETISCHE POSITIONEN

2.1 Aristoteles

Aristoteles war keinesfalls der erste prominente Vertreter der europäischen Philosophie, der eine elaborierte Gerechtigkeitstheorie entwickelt hat. Denn bekanntlich hat schon Platon in der Politeia das Gerechtigkeitsthema eingehend traktiert. Bei Aristoteles begegnet dieser Topos aber erstmals im Rahmen einer wirklich eigenständigen Ethik; überdies hat er Differenzierungen entwickelt, »die sich bis heute als sachgerecht erweisen«[8].

Hier geht es insbesondere um die aristotelische Unterscheidung zwischen einer allgemeinen und einer partikularen Gerechtigkeit (iustitia generalis sive legalis und iustitia particularis; die lateinische Begrifflichkeit ist an die bei Thomas von Aquin verwendete Terminologie angelehnt)[9]. Dabei wird zugunsten einer Profilierung der allgemeinen Gerechtigkeit auf eine Darstellung der bekannten Binnendifferenzierung der iustitia particularis verzichtet[10].

Den Ausgangspunkt der Differenzierung zwischen iustitia generalis und iustitia particularis hatte Aristoteles' Feststellung gebildet, dass Gerechtigkeit und Ungerechtigkeit mehrdeutigen Begriffe sind - sie werden auf vielfältige Weise verwendet (pleonachos; 1129a26). Speziell im 3. Kapitel des 5. Buches der Nikomachischen Ethik wird dann die iustitia generalis charakterisiert. In ihr realisiert sich das nomimon, das Gesetzmäßige. Der hier von Aristoteles verwendete Nomos-Begriff ist dabei, wie Franz Dirlmeier kommentiert, »durchweg der ›ideale‹. Auch dürfen wir bei dem Wort ›Gesetz‹ nicht an das säkularisierte BGB denken. ›Gesetze‹ bedeutet [...] die Gesamttradition der Polis, den Gemeingeist der Polis«[11]. Gerecht im Sinne der iustitia generalis ist demnach »ein Handeln, welches den Zweck hat, das Glück sowie dessen Komponenten für das Gemeinwesen hervorzubringen und zu erhalten« (1129b17-19). Mit dieser Ausrichtung auf die koinonia politike hängt es zusammen, dass Aristoteles die Tugend der Gerechtigkeit - hier nun in klarer Abgrenzung von Platon - als eine auf den anderen (pros heteron; 1130a8.13) bezogene arete versteht. Und aus dieser gewissermaßen sozialen Pointe der Gerechtigkeit, aufgrund derer derjenige, der sie besitzt, sie nicht nur bei sich selbst, sondern auch im Blick auf andere realisieren kann, folgt nach Aristoteles, daß sie als arete teleia, als vollkommene Tugend, bezeichnet wird (1129b30ff).

Das hier benannte Stichwort ›Vollkommenheit‹ kann als Anlass für einen Hinweis auf die seit 2014 Böhlau-Verlag erscheinende und auf sechs Bände

---

[8] OTFRIED HÖFFE, Gerechtigkeit. Eine philosophische Einführung, München 2001, 22.

[9] Vgl. dazu: THOMAS VON AQUIN, STh II-II 58. 61.

[10] Vgl. dazu die Übersicht bei: HÖFFE, Gerechtigkeit (s. Anm. 8), 25.

[11] ARISTOTELES, Nikomachische Ethik, übersetzt und kommentiert von Franz Dirlmeier, Berlin [9]1991 (Aristoteles - Werke in deutscher Übersetzung 6), 400f.

angelegte Reihe »Europäische Grundbegriffe im Wandel« dienen. Die einzelnen Publikationen untersuchen nach Auskunft des Vorworts zur Reihe unterschiedliche »Leitmotive des Strebens nach Vollkommenheit«, das die europäische Kultur seit der Antike geprägt hat. Und gleich der erste Band dieser Reihe ist dem Gerechtigkeitsbegriff gewidmet (nachgewiesen in Anm. 7). Auch wenn darin die griechische Antike nur durch einen Platon-Aufsatz repräsentiert ist, der Beitrag des Aristoteles also ausgespart bleibt, haben die vorstehenden Ausführungen deutlich gemacht, dass gerade auch das iustitia-generalis-Konzept des Stagiriten jene Vollkommenheitsaffinität aufweist, die für die Geschichte des europäischen Gerechtigkeitsbegriffs insgesamt beansprucht werden kann. Diese Verbindung von Gerechtigkeit und Vollkommenheit hat auch die christlich-theologische Begriffsgeschichte des iustitia-Konzepts geprägt.

2.2 Huldrych Zwingli[12]

Dem Blick auf Zwinglis Gerechtigkeitsverständnis sind einige allgemeine Bemerkungen zur christlich-theologischen Rezeption dieses Begriffs vorzuschalten. Zunächst: Während sich sowohl Platons wie auch Aristoteles' Ansatz einer »Säkularisierung der Gerechtigkeit« verdanken[13], ist der biblisch fundierte Gerechtigkeitsbegriff der christlichen Tradition aufgrund seiner »Lozierung im Machtbereich Gottes« theologisiert[14]. Man kann auch formulieren: die Vollkommenheit der aristotelischen iustitia generalis wird zur exklusiven Eigenschaft Gottes erhoben, an der der Mensch nicht aus eigener Kraft, sondern lediglich aufgrund göttlicher Gnade und Barmherzigkeit partizipieren kann: »Gott ist der Handelnde und Gebende in einem durch und durch asymmetrischen Beziehungsverhältnis«[15].

Allerdings, und dies ist der zweite Punkt, legte sich – zumal im Horizont des für die europäische Kultur konstitutiven Strebens nach Vollkommenheit – die Frage nahe, inwieweit der Mensch dann doch, insbesondere durch eine Entsprechung seines innerweltlichen Handelns zu den Forderungen der iustitia particularis, etwas dazu beitragen kann, jener Gnade und Barmherzigkeit teilhaftig zu werden, die ihn an der Gerechtigkeit Gottes partizipieren lässt. – Die mit dem vorreformatorischen Begriff der iustitia Dei verbundenen Irritationen und soteriologischen Frustrationserfahrungen, von denen etwa in Luthers spätem

---

[12] Vgl. zu diesem Abschnitt: MATTHIAS NEUGEBAUER, Ulrich Zwinglis Ethik. Stationen, Grundlagen, Konkretionen, Zürich 2017; Rochus Leonhardt, Religion und Politik im Christentum. Vergangenheit und Gegenwart eines spannungsreichen Verhältnisses, Baden-Baden 2017, 150-167.

[13] HÖFFE, Gerechtigkeit (s. Anm. 8), 22.

[14] ELISABETH GRÄB-SCHMIDT, Gerechtigkeit systematisch-theologisch, in: MARKUS WITTE (HG.), Gerechtigkeit, Tübingen 2012 (Themen der Theologie 6), 125-155: 132.

[15] Ebd.

Selbstzeugnis die Rede ist[16], wären jedenfalls unverständlich, wenn die spätantik-mittelalterliche Tradition tatsächlich durchweg darauf verzichtet hätte, das theologisierte Gerechtigkeitsideal zum normativen Bezugspunkt der menschlichen Lebensführung zu machen. Und in der Tat bestand in Theologie und Frömmigkeitskultur um 1500 erkennbar die Tendenz, das Bemühen des Menschen um eine Ausrichtung an den Geboten Gottes als zwar nicht hinreichende, wohl aber notwendige Voraussetzung der Gnadenerlangung zu verstehen[17].

Doch auch in den unterschiedlichen Strömungen der europäischen Reformation lassen sich verschiedene Zuordnungen von göttlicher und menschlicher Gerechtigkeit identifizieren; dies ist nachstehend exemplarisch an den Positionen von Zwingli und Luther zu zeigen; damit ist das eigentliche Thema dieses Abschnitts erreicht.

Als Grundlage der folgenden Ausführungen dient vor allem die im Jahre 1523 publizierte Schrift »Göttliche und menschliche Gerechtigkeit«[18], in der der Zürcher Reformator seine Auffassung zur Differenzierung von iustitia Dei und iustitia hominis mit Blick auf die sich daraus ergebenden sozialethischen Implikationen entfaltet hat, wobei hier erneut der schon bei Aristoteles greifbare enge Zusammenhang zwischen Gerechtigkeit und Vollkommenheit deutlich wird.

Dabei kommt zunächst die göttliche Gerechtigkeit in den Blick. Gott selbst als »das höchste, vollkommenste Gut« (210), »der unversehrte Brunnen aller Unschuld, Untadeligkeit, Gerechtigkeit und alles Guten«, ist »nicht allein gerecht, sondern die unversehrte Gerechtigkeit selbst, die so lauter und von Grund auf rein ist, daß darin nichts vermischt ist mit irgendwelcher Unsauberkeit der Ge-

---

[16] Vgl. dazu: MARTIN LUTHER, Vorrede zum ersten Band der Wittenberger Ausgabe der lateinischen Schriften (1545), in: DERS., Lateinisch-Deutsche Studienausgabe, Band 2: Christusglaube und Rechtfertigung, hg. und eingeleitet von JOHANNES SCHILLING, Leipzig 2006, 491-509 (Übersetzung: Michael Beyer). Luther »hasste« bekanntlich zunächst die »Wortverbindung ›Gerechtigkeit Gottes‹«, weil er »nach der üblichen Verwendung bei allen Lehrern gelehrt war«, sie »philosophisch zu verstehen als die (wie sie sie bezeichnen) formale bzw. aktive Gerechtigkeit, auf Grund deren Gott gerecht ist und die Sünder und Ungerechten straft« (505,24-28) - und zwar dafür, dass sie dem Ideal der vollkommenen göttlichen Gerechtigkeit nicht entsprechen können.

[17] Dazu mehr in: ROCHUS LEONHARDT, Möglichkeiten und Grenzen einer Philosophie des Glücks. Thomas von Aquin und Martin Luther, in: JÖRG DISSE/BERND GOEBEL (HG.), Gott und die Frage nach dem Glück. Anthropologische und ethische Perspektiven, Frankfurt a.M. 2010 (Fuldaer Hochschulschriften 51), 121-168: 151-161; DERS., Vollkommenheit und Vollendung. Theologiegeschichtliche Anmerkungen zum Verständnis des Christentums als Erlösungsreligion, in: ZThK 113, 2016, 29-58: 40-47.

[18] HULDRYCH ZWINGLI, Göttliche und menschliche Gerechtigkeit (1523), in: DERS., Schriften. Im Auftrag des Zwinglivereins, hg. von THOMAS BRUNNSCHWEILER/SAMUEL LUTZ, 4 Bände, Zürich 1995, Band 1, 155-213 (danach die folgenden Zitatnachweise).

lüste« (162). Obwohl es nun für den Menschen völlig unmöglich ist, dieser göttlichen Maximalgerechtigkeit zu entsprechen, fordert Gott dennoch, »daß wir wie er sein sollten, wenn wir begehrten, bei ihm zu wohnen« (163); »denn er spricht ›Ihr sollt vollkommen sein, wie euer himmlischer Vater vollkommen ist‹ (Mt 5,48)« (210).

Diese Diskrepanz zwischen der göttlichen Maximalforderung und der menschlichen Unfähigkeit, ihr zu entsprechen, führt den nach seinem Heil strebenden Frommen in die Verzweiflung, aus der ihn erst der Glaube an die versöhnende Kraft des Christusgeschehens befreit.

»Diesen unseren Jammer und unsere Ohnmacht hat Gott gesehen, sich darüber erbarmt und das Mittel gefunden, damit seine Gerechtigkeit für uns versöhnt würde und wir so bei ihm wohnen könnten; und er hat darum seinen Sohn Mensch werden lassen [...] Da er [scil. Gottes Sohn] aber, der unschuldig war, für uns schuldige Sünder den Tod erlitt, bezahlte er für uns die ganz vollkommene Gerechtigkeit Gottes, der sonst kein Mensch Genüge zu tun vermag. Damit hat er es uns verdient, daß wir zu Gott kommen können aus seiner freien Gnade und Gabe. Wer dies hört und unangezweifelt glaubt, wird selig. Das ist das Evangelium« (165).

Der Glaube an das so bestimmte und nach Zwingli biblisch bezeugte Evangelium begründet in mehrfacher Weise ein spezifisch christliches Freiheitsbewusstsein: Angesichts der versöhnenden Bedeutung des Christusgeschehens fühlt sich der Glaubende zunächst frei von der bis dahin bedrängenden Verzweiflung angesichts seiner Unfähigkeit, dem göttlichen Gerechtigkeitsideal zu entsprechen. Hinzu kommt die Freiheit im Blick auf die von der vorreformatorischen Kirche eingeforderte Beachtung von Fastenvorschriften und altkirchlichen Traditionen; deren Bindungskraft hatte Zwingli bereits in seiner Stellungnahme zur Fastenfrage von 1522 bestritten[19].

Schließlich - und das ist entscheidend - begründet der biblisch fundierte Evangeliumsglaube nach Zwingli eine Befreiung zu wahrhaft christlicher Moralität. Denn ungeachtet des göttlichen Versöhnungshandelns »bleibt weiterhin das in Kraft, was Gott fordert, nämlich daß wir zu aller Zeit schuldig sind, so rein, sauber, unbefleckt, recht zu leben, wie Gott es haben will. [...] Dementsprechend wirst du dauernd dafür kämpfen, daß du dich je länger je mehr dem göttlichen Willen gleichgestaltest und zu einem vollkommenen Mann heranwächst nach dem Maße Christi«, ist es doch »die größte Lust der gläubigen Seele, sich gemäß dem Wort und der Forderung Gottes zu üben, obschon sie das Gott würdige Maß nicht erfüllen kann« (165f; 169).

Es ist deutlich: Zwingli interessierte sich in besonderer Weise für »die ethischen Konsequenzen, die den von Gott aufgehobenen Graben zwischen Schöpfer

---

[19] Vgl. dazu: HULDRYCH ZWINGLI, Die freie Wahl der Speisen (1522), in: DERS., Schriften (s. Anm. 18) 13-73.

und Geschöpf bleibend überwinden helfen«[20] - und diese ethischen Konsequenzen bündeln sich im Begriff der menschlichen Gerechtigkeit. Diese ist zwar mit der göttlichen nicht zu vergleichen, weil schon ihre schlichte Existenz die unhintergehbare Unfähigkeit des Menschen zur vollgültigen Erfüllung der Forderungen Gottes bezeugt. Gott hat sie nur deshalb verordnet, weil ohne sie zwischen den notorisch defizienten Sündern keine funktionierenden Sozialbeziehungen möglich wären. Die Einsetzung der weltlichen Obrigkeit, die von Zwingli als Sachwalterin der menschlichen Gerechtigkeit verstanden wird, ist deshalb eine der Welterhaltung dienende göttliche Reaktion auf die menschliche Sünde - ein Gedanke, der so auch bei Luther begegnet, etwa im ersten Teil der Obrigkeitsschrift von 1523.

»Ihr [scil. der weltlichen Obrigkeit] Amt ist es, alle Dinge nach dem göttlichen Gebot zu führen, wenn es uns schon nicht möglich ist, nach dem göttlichen Willen zu leben« (209). - Hier wird deutlich, dass Zwinglis Begriff der menschlichen Gerechtigkeit keineswegs, wie dies Walther Köhler einmal behauptet hat, für eine »Kapitulation des Christentums vor den praktischen Lebensrealitäten« steht[21]. - »Zwingli geht es ja vielmehr darum, mit Hilfe der menschlichen Gerechtigkeit auch die christusfeindliche Welt unter Gottes Herrschaft zu stellen«[22]. Nicht von Kapitulation ist daher sachgemäß zu reden, sondern lediglich von einem Kompromiss, der allerdings stets nur als zeitlich befristet gelten kann und dessen Bedingungen immer wieder neu auszuhandeln sind. Am Leitziel einer möglichst vollumfänglichen Entsprechung der irdisch-menschlichen Rechtsverhältnisse zum Willen Gottes - und also einer Kompromissminimierung - hat Zwingli nämlich stets festgehalten. Dies zeigt gerade auch seine Abrechnungsschrift von 1524 mit den früheren Weggefährten, die eine allzu unmittelbare irdische Durchsetzung des göttlichen Rechts forderten. Zwinglis Ablehnung radikaler sozialpolitischer Veränderungen im Namen des Evangeliums ist hier getragen von der Hoffnung, durch eine Politik der kleinen Schritte die dem Willen Gottes vielfach widersprechende Realität etwa der Zins- und Zehntpraxis zugunsten von Verhältnissen zu überwinden, die der göttlichen Gerechtigkeit angenähert sind: »eine rechtlich gangbare Veränderung und Neubestimmung der Zehnten durch ihre Ablösung und Zuordnung zugunsten der Armen: sie wird Gestalt annehmen«[23].

---

[20] ATHINA LEXUTT, Die Reformation. Ein Ereignis macht Epoche, Köln/Weimar/Wien 2009, 154.

[21] WALTHER KÖHLER, Die Geisteswelt Ulrich Zwinglis, Gotha 1920, 124.

[22] HEINRICH SCHMID, Zwinglis Lehre von der göttlichen und menschlichen Gerechtigkeit, Zürich 1959 (Studien zur Dogmengeschichte und systematischen Theologie 12), 195 Anm. 4; vgl. zur Köhler-Kritik auch: BERNDT HAMM, Zwinglis Reformation der Freiheit, Neukirchen-Vluyn 1988, 105 Anm. 516.

[23] HULDRYCH ZWINGLI, Wer Ursache zum Aufruhr gibt (1524), in: Ders. (s. Anm. 18), 335-426: 362f.

Man kann also sagen: Zwingli hat einerseits – gut reformatorisch – die göttliche im Verhältnis zur menschlichen Gerechtigkeit als ein aliud bestimmt, also die qualitative Verschiedenheit beider iustitiae betont. Andererseits hat sein ausgeprägtes Interesse an den ethischen Konsequenzen des Glaubens auch dazu geführt, dass er göttliche und menschliche Gerechtigkeit ungeachtet ihrer qualitativen Unterschiedenheit in ein maius-minus-Verhältnis gebracht hat, wodurch ihre Differenz als eine lediglich quantitative zu stehen kommt. Dies ist, wie nachfolgend gezeigt wird, bei Luther ein wenig anders.

2.3 Martin Luther

Es ist bekannt (und wurde schon angedeutet), dass Luther in seinem späten Selbstzeugnis eine auch nur annähernde Entsprechung des menschlichen Handelns zur iustitia Dei als eine soteriologisch desaströse Zumutung kenntlich gemacht hat. Insofern ist zwar auch beim Wittenberger Reformator davon auszugehen, dass er, wie auch Zwingli, Gott als »die unversehrte Gerechtigkeit selbst« auffassen konnte. Aber Luther hat einen deutlich stärkeren Akzent auf die prinzipielle Uneinholbarkeit der göttlichen Gerechtigkeit durch den Menschen gelegt und insofern die notorische Differenz zwischen den guten Werken auch des Gerechtfertigten einerseits und der göttlichen Maximalforderung andererseits eingeschärft. Insbesondere in seiner Auseinandersetzung mit dem Löwener Theologen Jacobus Latomus von 1521[24] hat Luther den Satz, Gott würde Unmögliches fordern, ebenso vehement verteidigt wie die Feststellung, dass jedes gute Werk Sünde sei[25]. – Die Differenz zwischen dem Ideal der vollkommenen göttlichen Gerechtigkeit und der Unzulänglichkeit menschlichen Rechttuns ist aus Sicht des Wittenbergers gerade nicht gradueller Art, sie ist auch nicht eine noch verbleibende Unvollkommenheit; sie gründet vielmehr in einer kategorialen Differenz zwischen göttlichem Anspruch und menschlichen Realisierungsmöglichkeiten. Die von Zwingli als Horizont menschlich-moralischen Verhaltens noch festgehaltene Intention, »so rein, sauber, unbefleckt, recht zu leben, wie Gott es haben will«, wird bei Luther faktisch ausgeschieden. Seine sermones de triplici iustitia und de duplici iustitia von 1518 und 1519[26] lassen entsprechend keinerlei positive Hinordnung der menschlichen auf die göttliche Gerechtigkeit in dem

---

[24] MARTIN LUTHER, Lutherische Widerlegung der Latomianischen Rechtfertigung für die scholastischen Brandstifter der Universität zu Löwen (1521), in: DERS., Lateinisch-Deutsche Studienausgabe, Band 2 (s. Anm. 16), 187-399 (Übersetzung: Rudolf Mau).

[25] Vgl. dazu: a.a.O., 212-221. 227ff.

[26] MARTIN LUTHER, Sermon über die dreifache Gerechtigkeit (1518), in: DERS., Lateinisch-Deutsche Studienausgabe, Band 2 (s. Anm. 16), 53-65 (Übersetzung: Renate Preul); DERS., Sermon über die zweifache Gerechtigkeit (1519), in: DERS., Lateinisch-Deutsche Studienausgabe, Band 2 (s. Anm. 16), 67-85 (Übersetzung: Michael Beyer).

Sinne erkennen, der bei Zwingli deutlich geworden war; vielmehr bleibt die göttliche Gerechtigkeit der Sphäre des Menschlichen dauerhaft fremd.

In diesem hier nicht eingehend darzustellenden Textbefund spiegelt sich die kürzlich von Andreas Stegmann eingehend elaborierte Einsicht, nach der Luthers rechtfertigungstheologische Zentralthese auf »die kategoriale Unterscheidung von iustitia aliena et ab extra infusa und iustitia nostra et propria« hinausläuft. Diese Unterscheidung, so Stegmann, »erlaubt es Luther, die beiden theologischen Sachzusammenhänge der Rechtfertigungslehre und der theologischen Ethik voneinander zu unterscheiden. Beide dürfen nicht miteinander vermischt werden: Weder darf die innerhalb der Ethik notwendige Betonung der christlichen Gerechtigkeit durch Selbstnegation und gute Werke mit der Erlangung des Heils in Verbindung gebracht werden, noch darf das für die Rechtfertigungslehre grundlegende opus Dei in die Ethik eingetragen werden«[27].

Gleichwohl war es auch für Luther unvermeidbar, die dem Menschen fremde Gerechtigkeit Gottes mit der dem Menschen eigenen Gerechtigkeit irgendwie zu verbinden. Denn auch für ihn bestand ja die Pointe des christlichen Glaubens darin, daß er sich im christenmenschlichen Leben auswirken sollte. Im »Sermon über die zweifache Gerechtigkeit« taucht in diesem Zusammenhang die Formulierung auf: »Haec iusticia perficit priorem« - die iustitia nostra vervollkommnet also die iustitia aliena oder setzt sie durch, indem sie zur Geltung bringt, was jene am Menschen gewirkt hat. Auch von einem Zusammenwirken (cooperari) des Menschen kraft der ihm eigenen Gerechtigkeit mit der fremden Gerechtigkeit Gottes ist die Rede. Überdies wird, wie oft bei Luther, die menschliche Gerechtigkeit als Werk und Frucht der göttlichen bezeichnet (»opus prioris iusticiae et fructus«)[28].

Die Komplexität von Luthers Ansatz wird deutlich, wenn man sich über die eben angesprochenen grundsätzlichen Erwägungen hinaus seine Behandlung eines konkreten sozialethischen Themenfeldes anschaut; hier wird exemplarisch der Bereich der Wirtschaftsethik angesprochen[29].

Luther spricht von vier unterschiedlichen Formen ökonomischer Interaktion; in seinen Worten: »Es gibt vier Möglichkeiten, äußerlich gut christlich miteinander Geschäfte zu machen« (425,21f). Die ersten drei Formen lassen sich durch die Stichworte »Leiden, Geben und Leihen« charakterisieren[30]. Sollten nun - erste

[27] ANDREAS STEGMANN, Luthers Auffassung vom christlichen Leben, Tübingen 2014 (Beiträge zur historischen Theologie 175), 245.

[28] MARTIN LUTHER, Sermon über die zweifache Gerechtigkeit (s. Anm. 26), 72f.

[29] Vgl. zum Folgenden: MARTIN LUTHER, Von Handels- und Zinsgeschäften (1524), in: DERS., Deutsch-deutsche Studienausgabe, Band 3: Christ und Welt, hg. von HELLMUT ZSCHOCH, Leipzig 2016, 407-451 (Übertragung: Frank Hofmann) - danach die folgenden Zitatnachweise.

[30] STEGMANN, Luthers Auffassung vom christlichen Leben (s. Anm. 27), 485.

Form: Leiden - die Menschen ihr ›wirtschaftliches‹ Handeln an Mt 5,40 ausrichten (»Und wenn jemand mit dir rechten will und dir deinen Rock nehmen, dem lass auch den Mantel«), dann würden, so Luther, zwar »unzählige Missbräuche im Geschäftsleben unterbleiben«. Es würden aber »sehr viele [...] gar nicht mehr Kaufleute werden, weil die Vernunft und die menschliche Natur dieses Risiko und diesen Schaden möglichst zu vermeiden und zu verhindern versuchen« (425,33-35). Im Sinne der zweiten Form (Geben) sollen die Menschen nach Mt 5,42 verfahren (»Gib dem, der dich bittet, und wende dich nicht ab von dem, der etwas von dir borgen will«). Und hier gilt ebenfalls: »Wenn das üblich würde, dann würden sowohl der Handel als auch die Kaufleute weniger werden« (425,39-41). Auch die dritte Form des genuin und konsequent christlichen Umgangs mit irdischem Besitz, das zinslose Leihen, würde, ungeachtet dessen, dass es »eine große christliche und seltene Tat« ist, »viele Geschäfte stark einschränken und beenden« (427,25-27).

Allerdings geht Luther davon aus, »dass Kaufen und Verkaufen notwendige Angelegenheiten sind, auf die man nicht verzichten und die man durchaus christlich handhaben kann« (411,29-31). Aufgrund dessen identifiziert er - viertens - dann doch eine realistische Gestalt wirtschaftlichen Handelns aus dem christlichen Glauben. Sie besteht darin, »beim Kaufen und Verkaufen mit Bargeld zu bezahlen oder Ware gegen Ware zu tauschen« (431,3f). Ausgeschlossen ist damit die »Entkopplung von Kaufgeschäft und Bezahlung«. Diese Entkopplung hält Luther für »ein Grundübel, weil beim Verzicht auf die Bezahlung mit Bargeld oder Ware die Möglichkeit für riskante Geschäfte und Betrügereien gegeben ist, und vor allem, weil sich hier ein Einfallstor wucherischer Praktiken auftut«[31].

Es ist offensichtlich, dass Luthers »moralisch bestimmte Sicht des Wirtschaftslebens nach heutigen Maßstäben nicht immer sachgerecht ist«[32] und daher nicht als Lösungsreservoir für zeitgenössische Probleme ökonomischer Gerechtigkeit gelten kann. Interessant ist sein Ansatz aus gerechtigkeitstheoretischer Sicht aber gleichwohl. Denn Luther hält einerseits grundsätzlich und sehr konsequent an einer biblisch fundierten und rechtfertigungstheologisch profilierten normativen Perspektive auf das Wirtschaftsleben fest. Andererseits - und dies ist dem Profil seiner Ethik als »Bekehrung zur Welt« geschuldet[33] - ist diese normative Sicht stets von einer empirischen Wahrnehmungsperspektive begleitet, von

---

[31] A.a.O., 452.

[32] A.a.O., 442.

[33] ANDREAS STEGMANN, ›Bekehrung zur Welt‹ - Zur Gegenwartsbedeutung von Luthers Ethik. Dankesrede anlässlich der Verleihung des Martin-Luther-Preises für den wissenschaftlichen Nachwuchs am 26. September 2014 in der Schlosskirche Wittenberg, in: Luther 86, 2015, 114-119. Vgl. auch: STEGMANN, Luthers Auffassung vom christlichen Leben (s. Anm. 27), 9f. mit Anm. 24 sowie 347: »Die reformatorische Bekehrung zur Welt

einer Faktizitätssensibilität, durch die die unvermeidbare (und theologisch als Folge der Sünde gedeutete) Widerständigkeit der Welt gegenüber der göttlichen Gerechtigkeit ernstgenommen wird, eine Widerständigkeit, die dazu führt, »daß unter den Bedingungen der Erbsünde keine ideale innerweltliche Wirtschaftsordnung möglich ist«[34]. – Jene »Vergerechtlichung« der Gesellschaft jedenfalls, die Zwinglis Zugriff nicht ganz fremd war, kommt bei Luther als Handlungsprogramm gerade nicht in den Blick.

Sowohl das Stichwort (vielleicht besser: Unwort) »Vergerechtlichung« als auch die Unterscheidung von normativer und empirischer Wahrnehmung der Welt markieren eine Anknüpfung an die luziden Hinweise von Bernhard Schlink zum Preis der Gerechtigkeit[35]. Schlinks Beitrag, auf im nun folgenden dritten Abschnitt zurückzukommen ist, befasst sich übrigens nicht eigentlich mit dem Preis der Gerechtigkeit, sondern vielmehr mit dem Preis, den uns eine Überdehnung des Gerechtigkeitsbegriffs zu entrichten zwingt.

3. Das gegenwärtige Gerechtigkeitsverständnis im Horizont der reformatorischen Tradition

Die in Abschnitt 2 dargestellten Positionen gelten, gemessen an neuzeitlich-modern-gegenwärtigen Konzeptionen der Gerechtigkeit, heute kaum noch als aktuell. Der dagegen derzeitig verbreitete Gerechtigkeitsbegriff, wie er sich im Verlauf von Neuzeit und Moderne entwickelt hat, ist im Wesentlichen durch drei Merkmale gekennzeichnet, Merkmale, mit denen signifikante Differenzen gegenüber der alteuropäischen Tradition verbunden sind.

Gerechtigkeit wird verstanden als eine gesollte Eigenschaft der Gesellschaft, wobei es konkret um eine umfassende Organisation einer möglichst passgenau auf die Ansprüche und Bedürfnisse möglichst vieler Menschen zugeschnittene Ressourcenverteilung geht. Dabei bleibt der geographische Umfang dessen, was in diese Gesellschaft einbezogen ist, keinesfalls auf den tradierten Nationalstaat beschränkt, sondern er kann beliebig erweitert werden, durchaus auch in Richtung Weltgesellschaft; gerecht zugehen soll es möglichst überall.

Die so verstandene Gerechtigkeit als eine gesollte Eigenschaft der Gesellschaft muss durch das positive Recht hergestellt werden; es sind also Gesetze, die eine gerechte Organisation der Ressourcenverteilung zu regeln haben.

---

erweist sich [...] nicht als Reduktion des biblischen Ideals auf ein zeitgemäßes Ethos, sondern als Radikalisierung des laikalen Ethos in Richtung auf das monastische Ideal«.

[34] STEGMANN, Luthers Auffassung vom christlichen Leben (s. Anm. 27), 446.

[35] BERNHARD SCHLINK, Der Preis der Gerechtigkeit, in: HORST DREIER (HG.), Rechts- und staatstheoretische Schlüsselbegriffe: Legitimität – Repräsentation – Freiheit. Symposion für Hasso Hofmann zum 70. Geburtstag, Berlin 2005, 9-32.

Die der Bildung solchen gerechtigkeitsfördenden Rechts zugrundeliegenden Prinzipien werden verstanden (a) als in einem hypothetischen Vertrag fundiert, weshalb für sie (b) allgemeine Zustimmungsfähigkeit beansprucht wird.

Es ist offensichtlich, dass auch in diesem Gerechtigkeitsverständnis jener Vollkommenheitsgedanke mitgeführt wird, der die iustitia generalis des Aristoteles ebenso geprägt hatte wie den theologischen Begriff der iustitia Dei. Nun aber handelt es sich bei Gerechtigkeit weder um die optimale Verfasstheit des Tugendhaften (wie bei Aristoteles), noch um eine im Vollsinn exklusiv göttliche Eigenschaft (wie in der christlichen Tradition), sondern um einen normativen Orientierungspunkt humaner Gesellschaftsgestaltung. Im Rückblick auf die in Abschnitt 2 behandelten Positionen könnte man sagen: Es handelt sich am ehesten um eine die kategoriale Differenz zwischen iustitia Dei und iustitia hominis abblendende – und insofern säkularisierte – Radikalisierung des Ansatzes von Zwingli. Kritischer formuliert: Wir haben es zu tun mit einer univoken Verwendung des Wortes Gerechtigkeit, mittels derer die unterschiedlichen Differenzierungsleistungen der philosophischen und theologischen Tradition unterlaufen werden.

Von der Genese dieses gegenwärtig landläufigen Gerechtigkeitsbegriffs ist hier nicht zu handeln. Es ist aber darauf zu verweisen, dass dieses Gerechtigkeitsverständnis in besonderer Weise der Gefahr jener Überdehnung unterliegt, von der im Untertitel dieses Beitrags die Rede ist. Diese Überdehnungsgefahr wird dort akut, wo das Interesse an der Herstellung einer gerechten Gesellschaft nicht mehr flankiert ist von einer Reflexion der Grenzen menschlicher Gestaltungsmöglichkeiten. Um noch einmal Bernhard Schlink aufzunehmen, der dieses Problem eingehend beschrieben hat: Die Überdehnungsgefahr entsteht, wenn eine normative Weltwahrnehmung (es soll gerecht zugehen) nicht mehr begleitet ist von einer empirischen Weltwahrnehmung, die die Aporien und Grenzen gerechtigkeitsfördernden menschlichen Handelns präsent hält: »Im [scil. derzeit dominanten] normativen Paradigma ist gegen eine verrechtlichte und vergerechtlichte Wahrnehmung das Aber der Wirklichkeit zu stellen«[36].

Die bisher allgemein behauptete Überdehnungstendenz ist nun zu konkretisieren. Dies soll exemplarisch am Beispiel der sog. Inklusion geschehen. – Mit diesem Stichwort ist zunächst die tendenziell auf Vollständigkeit angelegte Einbeziehung von bisher in Sonderschulkontexten unterrichteten Schülerinnen und Schülern in den Regelschulbereich gemeint. Diese Maßnahme gehört in den Zusammenhang einer Umsetzung der UN-Behindertenrechtskonvention (BRK). Dabei handelt es sich um das Übereinkommen, das von der Generalversammlung der Vereinten Nationen in New York am 13. Dezember 2006 gemeinsam mit dem sog. »Fakultativprotokoll«, das Einzelnen oder Personengruppen die Möglichkeit eines internationalen Beschwerdeverfahrens eröffnet, verabschiedet wurde. Die

[36] A.a.O., 31.

Bundesrepublik Deutschland hat Konvention und Fakultativprotokoll am 30. März 2007 unterzeichnet und die Ratifizierungsurkunde am 24. Februar 2009 hinterlegt; dreißig Tage später, am 26. März 2009, sind beide Texte als innerstaatliches deutsches Recht in Kraft getreten. Die Zustimmung der Bundesregierung ist durch ein Gesetz vom 21. Dezember 2008 dokumentiert, in dem auch eine amtliche deutsche Übersetzung von Konvention und Fakultativprotokoll abgedruckt ist[37].

Im Blick auf die hier anzusprechende Inklusionsthematik ist Artikel 24 der BRK von Belang, der das »Recht von Menschen mit Behinderungen auf Bildung« betont, das »ohne Diskriminierung und auf der Grundlage der Chancengleichheit« verwirklicht werden können muss (1436: Art. 24, Abs. 1 BRK). Im Blick darauf sollen »Menschen mit Behinderungen nicht aufgrund von Behinderung vom allgemeinen Bildungssystem ausgeschlossen werden«, sondern »gleichberechtigt mit anderen [...] Zugang zu einem integrativen, hochwertigen und unentgeltlichen Unterricht an Grundschulen und weiterführenden Schulen haben« (1436: Art. 24, Abs. 2 a/b BRK).

Die strittige Frage, ob sich aus den zitierten Formulierungen im Blick auf die Umsetzung der BRK in deutsches Recht die Notwendigkeit einer vollständigen Abschaffung des – eben speziell auf behinderte Kinder ausgerichteten – Förderschulsystems und eine ebenso vollständige Übernahme aller behinderten Kinder in das Regelschulsystem ergibt, ist hier nicht zu entscheiden. Fakt ist, dass mehrere Bundesländer die Konvention in dieser Richtung verstanden und behinderten Kindern einen Rechtsanspruch auf Beschulung in einer Regelschule eingeräumt haben.

Die Ergebnisse dieser ›Gerechtigkeitsoffensive‹, sofern sie bisher dokumentiert wurden, sind allerdings ernüchternd. Es ist offensichtlich, dass in der Gesamtlage der in den meisten deutschen Bundesländern ohnehin problematischen Schulsysteme eine umfassende Inklusion in der Realität nicht wirklich praktikabel ist. Ein Kritiker hat das Inklusionsprogramm bezeichnet als ein »besonders eklatantes Beispiel für Bildungspolitik auf dem Rücken der Lehrer und letztlich zu Lasten des Bildungsniveaus der Schüler«[38]. Dabei geht es keineswegs nur um eine Überlastung der Lehrkräfte. Vielmehr wurde die Erfahrung gemacht, dass sich gerade für die Zielgruppe des Inklusionsprogramms, also behinderte Schülerinnen und Schüler, in der Realität eher Nach- als Vorteile ergeben haben. Speziell in Nordrhein-Westfalen hat ein fünf Elternvereinigungen umfassendes Bündnis die Verschlechterung der Schulausbildung in den Inklusionsklassen des

---

[37] Bundesgesetzblatt 2008, Teil II Nr. 35, 1419-1457 (danach die folgenden Zitatnachweise).

[38] FERDINAND KNAUSS, Das Elend der Lehrer (25. Oktober 2013): http://www.wiwo.de/politik/deutschland/schulpolitik-das-elend-der-lehrer/8984614-all.html (Zugriff am 31. Mai 2017).

Landes beklagt: Seit dem 1. August 2014, also seit dem Inkrafttreten des am 16. Oktober 2013 vom nordrhein-westfälischen Landtag verabschiedeten 9. Schulrechtsänderungsgesetzes, das auf eine Umsetzung der BRK im bevölkerungsreichsten deutschen Bundesland zielte[39], habe sich die »Förderung nicht nur der behinderten Kinder in NRW vielerorts verschlechtert«[40].

Allerdings werden in der zitierten Verlautbarung nur sehr zurückhaltende Zweifel an der grundsätzlichen Realisierbarkeit des Inklusionsziels geäußert. Getreu dem Motto »Rettet die Inklusion« wird vielmehr danach gefragt, was getan werden muss, um zu verhindern, dass »der gute Gedanke der Inklusion durch diese schlechte Umsetzung auf Jahre vergiftet wird«[41]. Genau hier liegt freilich auch die ›Einbruchstelle‹ für einen am Kontakt mit der Schulrealität gereiften Pragmatismus. Die im Papier enthaltenen insgesamt acht (mehr oder weniger) konkreten Vorschläge sind nicht eingehend zu referieren. Zu verweisen ist lediglich auf einen Kernsatz, der das durchaus vernünftige Interesse an einem um Enttäuschungsvermeidung bemühten Verzicht auf schnelle Erreichung von Maximalzielen deutlich macht: »Inklusive Schule soll nur die Schule werden/sein, die nach Sicherstellung der dazu notwendigen Ressourcen ein inklusives Förderkonzept erstellt und sich einer intensiven Fort- und Weiterbildung unterzogen hat und sich damit den Herausforderungen gewachsen fühlen kann«[42].

Das hier deutliche Bemühen um Überdehnungsreduktion ist freilich nicht die einzige Reaktion auf die empirisch unabweisbaren Überlastungsphänomene im Bereich der Inklusion. Vielmehr wird – paradoxerweise – teilweise auch mit einer Überdehnungssteigerung reagiert, womit erkennbar die von Bernhard Schlink diagnostizierte Dominanz einer normativen Weltwahrnehmung durchschlägt. Ein schönes Beispiel dafür bietet das Buch »Die Inklusionslüge« von Uwe Becker, Professor für Sozialethik und Diakoniewissenschaft an der Evangelischen Fachhochschule Bochum. In schnittigen Formulierungen führt Becker die auch von ihm diagnostizierten praktischen Probleme und Defizite bei der Umsetzung des Inklusionsprogramms letztlich zurück auf das »inklusionspolitische Dilemma der Disproportionalität zwischen einer hochglanzpolierten Ankündigungsrhetorik und der massiven, ressourcenbezogenen Unterfinanzierung«[43]. Seine Wurzel hat

---

[39] Der Text ist zugänglich über: https://www.schulministerium.nrw.de/docs/Schulsystem/Inklusion/Rechtliches/Synoptische-Darstellung-des-Schulgesetzes.pdf (Zugriff am 31. November 2017).

[40] So die unter die Leitaussage »Inklusion in NRW verschlechtert die Bildung behinderter Kinder!« gestellte Verlautbarung des unter dem Motto »Rettet die Inklusion« firmierenden Elternbündnisses: http://inklusion-als-problem.de/wp-content/uploads/2017/02/PM-Elternbündnis-Rettet-die-Inklusion-07022017.pdf (Zugriff am 31. November 2017).

[41] A.a.O., 2.

[42] Ebd.

[43] UWE BECKER, Die Inklusionslüge. Behinderung im flexiblen Kapitalismus, Bielefeld ²2016, 182.

dieses Dilemma nach Becker in jener »Zentrallogik der ökonomischen Verwertung«, gegen die s. E. die »UN-Behindertenrechtskonvention revoltiert«. In den politischen Diskursen zum Inklusionsthema bleibe dagegen jene von der BRK gerade kritisch aufs Korn genommene »Behinderungsdynamik« ausgeblendet, »die aktiv durch die Imperative der Arbeitswelt und die Institutionen der Bildungspräparation genau von jenen ökonomischen Mechanismen produziert wird, die ihre inklusive Aufnahmekapazität anpreisen. Wie hinlänglich gezeigt, sind es die Strukturen des Arbeitsmarktes, die ausgrenzen, Zugänge zu ihm verhindern und selbst da, wo sie gelingen, nicht vor Armut und prekärer Lebenslage schützen. Es ist die starr leistungszentrierte Pädagogik, die bereits in der frühkindlichen, institutionellen Erziehung ansetzt, die segregierend, klassifizierend und letztlich auch stigmatisierend ›Bildungsverlierer‹ zur Problemgruppe des ›intelligenten‹ Europa erklärt, denen der Präventionskampf angesagt wird«[44].

Für wirkliche Inklusion wäre also nach Becker nichts weniger eine Grundsatzkorrektur unserer Gesellschaftslogik nötig; dabei ginge es im Blick auf die Schule insbesondere darum, die Leistungszentriertheit der Bildungsinstitutionen aufzugeben, weil sie letztlich nur im Dienst jener von ihm so nachhaltig gescholtenen Logik der Erwerbsarbeit steht. - Die (Luther als unhintergehbar geltende[45]) Gerechtigkeitssprödigkeit der Realität soll also, so kann man diesen Ansatz zusammenfassen, durch eine umfassende Transformation der Wirklichkeit überwunden werden. Polemisch formuliert: Die annihilatio huius mundi wird zur Voraussetzung für die Neuschöpfung eines gerechten mundus futurus, eine Neuschöpfung, die mit moralischem Pathos gefordert wird.

An dieser Stelle ist an eine bekannte Formulierung von Niklas Luhmann zu erinnern, der zufolge es Situationen gibt, in denen es »die vielleicht vordringlichste Aufgabe der Ethik« sein kann, »vor Moral zu warnen«[46]. Dabei ginge es hier insbesondere darum, das Eigenrecht der empirischen gegenüber der - bei Becker exklusiv herrschenden - normativen Weltwahrnehmung wiederzuentdecken.

Damit ist nun keinesfalls - die Nennung des Namens Luhmann könnte das vermuten lassen - eine Auslieferung menschlicher Normativitätsvorstellungen an die vermeintlich alternativlose Normativität des Faktischen verbunden; denn auch diese Rede von der Normativität des Faktischen ist, wenn der damit verbundene Gedanke überdehnt wird, nur eine Ideologie - freilich keine utopische, wie sie einer normativen Weltwahrnehmung entspringt, sondern eher eine dystopische.

---

[44] A.a.O., 187.

[45] Vgl. das in Anm. 34 nachgewiesene Zitat von Andreas Stegmann.

[46] NIKLAS LUHMANN, Paradigm lost. Über die ethische Reflexion der Moral. Rede von Niklas Luhmann anläßlich der Verleihung des Hegel-Preises 1989, Frankfurt a. M. 1990, 7-48: 41.

Ein nicht in utopistische Überdehnung auslaufender und gleichwohl ethisch gehaltvoller Gerechtigkeitsbegriff könnte und müsste, sofern er sich in der Tradition des reformatorischen Christentums verortet, einerseits die kategoriale Differenz zwischen iustitia Dei und iustitia hominis betonen. Andererseits müsste er auch die sittliche Bedeutung der unterschiedlichen Ausprägungen menschlicher Eigengerechtigkeit geltend machen. Dabei handelt es sich – hier ist konkret Luthers Schrift über die dreifache Gerechtigkeit im Blick – zum einen um schlichten Rechtsgehorsam. Gemeint ist die Konkordanz menschlichen Handelns mit dem staatlich verantworteten Recht, eine Konkordanz, die ihre Wurzel zuallermeist in der Furcht vor Strafe im Übertretungsfall hat. Diese Gerechtigkeit, zu der auch die Sünder in der Lage sind bzw. zu der sie mithilfe des staatlichen Gewaltmonopols gezwungen werden sollen und müssen, bringt in keinster Weise das Gottesverhältnis des Menschen in Ordnung; sie ist weit entfernt von dem, wozu der Mensch eigentlich gehalten ist. Aber sie ist unverzichtbar für das Bestehen des politischen Gemeinwesens.

Zum anderen geht es um jene Ausprägung menschlicher Eigengerechtigkeit, die sich als dasjenige Welthandeln des Christen manifestiert, die im Rechtfertigungsglauben fundiert und durch die so fundierte Nächstenliebe motiviert ist. Nach Luther gilt: Die Werke, in denen dieses Welthandeln besteht, gefallen Gott, sofern sie im Glauben wurzeln, der sich in ihnen manifestiert. Aber sie können niemals schlechthin perfekt sein, vielmehr partizipieren sie notorisch an der Nicht-Perfektibilität des Menschen in seiner faktischen Handlungswelt, in der zumeist die moralischen Grautöne bestimmend sind und nicht eine klare Gut-Böse-Dualität. Gleichwohl handelt es sich um eine Form menschlicher Gerechtigkeit.
Sofern nun nicht die – zweifellos unrealistische – Herstellung eines innerweltlichen Perfektionszustandes als Gegenstand der theologischen Ethik zu gelten hat, sondern vielmehr die bleibende Unvollkommenheit der vita christiana, ist es die Aufgabe einer sachgerechten theologischen Moralitätsreflexion, der zuletzt angedeuteten Vielschichtigkeit des reformatorischen Gerechtigkeitsbegriffs Rechnung zu tragen. Eine Verfehlung dieser Aufgabe wäre es m. E. dagegen, wenn die theologische Ethik sich zur moralisierenden Sachwalterin eines vom Vollkommenheitsgedanken dominierten Gerechtigkeitsverständnisses machen würde. Denn dies müsste zur Überdehnung des sozialethischen Zentralbegriffs der Gerechtigkeit führen.

STRAFGERECHTIGKEIT UND STRAFRECHTLICHE SANKTIONEN[1]

Jörg Kinzig

Zunächst möchte ich mich bei Ihnen sehr herzlich für die überaus ehrenvolle Einladung bedanken! Ich freue mich sehr, bei dieser Tagung zu Ihnen und damit zu evangelischen Theologinnen und Theologen sprechen zu dürfen!

Meine Freude liegt auch darin begründet, dass mich mit dem Namen Rudolf Bultmann drei Dinge verbinden, die ich eingangs nicht unerwähnt lassen möchte. Zum einen mein evangelischer Religionsunterricht Anfang der 80er Jahre an einem humanistischen Gymnasium in Mannheim, in dem ich zum ersten Mal mit dem Namen Rudolf Bultmann vertraut gemacht wurde. Daraus hängen geblieben ist mir immerhin eine vage Erinnerung an das, was Bultmann unter dem »Sitz im Leben« verstanden haben könnte.

Zum anderen die Universität Tübingen und der Umstand, dass ich von meinem Arbeitszimmer in unserem Haus im Tübinger Vorort Lustnau fast direkt auf das Grab des Ehepaars Käsemann sowie seiner ermordeten Tochter Elisabeth schauen kann. Schließlich, das ist aber dann schon ein eher weiter Zusammenhang, will ich nicht verschweigen, dass mein Bruder Wolfram an der Bonner Theologischen Fakultät für die Kirchengeschichte zuständig ist. Demgegenüber fällt mein eigener theologischer Beitrag, der derzeit vor allem darin besteht, in meiner Ortsgemeinde in der Kinderkirche sonntäglich am Klavier zu sitzen, eher bescheiden aus. Nun aber zu unserem Thema: Strafgerechtigkeit und strafrechtliche Sanktionen!

[1] Bei dem Text handelt es sich um das am 22.2.2017 in Hofgeismar gehaltene Referat. Der Vortragsstil wurde beibehalten und die schriftliche Ausarbeitung um Quellennachweise und einige wenige weiterführende Hinweise ergänzt. Alle genannten Internetfundstellen waren zum Zeitpunkt des Vortrags abrufbar.

I. EINLEITUNG

Hätten Sie mich ein paar Jahre früher zu dieser Tagung eingeladen, wäre mein Vortrag vermutlich noch etwas anders ausgefallen. Doch haben sich die politischen und damit wohl auch die kriminalpolitischen Zeiten geändert. So denke ich zugegebenermaßen derzeit bei dem Wort »Strafgerechtigkeit« nicht in erster Linie daran, wie sich Straftheorie und Justizpraxis darum bemühen, eine gerechte Strafe normativ herzustellen und dogmatisch sauber zu begründen.

Stattdessen kommt mir aufgrund der öffentlichen Diskussion der letzten Monate eher in den Sinn, wie einzelne Strafurteile, aber auch die Tätigkeit der Strafjustiz generell, durch vielleicht kleine, aber jedenfalls lautstarke Teile der deutschen Öffentlichkeit rezipiert und insbesondere scharf kritisiert werden. Ein Beispiel: Im letzten Oktober fällte das Landgericht Hamburg ein Urteil in einem Strafprozess gegen einen 21-jährigen Erwachsenen und vier Jugendliche wegen einer gemeinschaftlich begangenen Sexualstraftat. Der 21 Jahre alte Haupttäter erhielt vier Jahre Freiheitsstrafe, drei Mittäter im Alter zwischen 14 und 17 Jahren Jugendstrafen, die zur Bewährung ausgesetzt wurden. Eine 15-Jährige bekam ein Jahr Jugendstrafe ebenfalls auf Bewährung, weil sie das Verbrechen mit ihrem Handy gefilmt hatte.[2] Obwohl sich der Vorsitzende Richter in der mündlichen Urteilsbegründung Pressemitteilungen zufolge große Mühe gab, zu erklären, warum nach Ansicht des Gerichts die Jugendstrafen zur Bewährung ausgesetzt werden konnten,[3] fiel in der Folge die veröffentlichte Meinung über ihn her. »Vergewaltigt, gefoltert und gefilmt. Was muss passieren, damit man bei uns in Haft kommt?«, titelte zum Beispiel die Bild-Zeitung.[4] Doch beschränkte sich die Richterschelte beileibe nicht auf die Boulevardmedien. Auch der Internetableger der vermeintlich so seriösen »Zeit« ließ es sich nicht nehmen, unter der knalligen Überschrift »Gruppenvergewaltiger kommen frei« ohne jegliche Differenzierung über den Ausgang dieses Strafprozesses zu berichten.[5]

Der Vorwurf, dass die »Strafgerechtigkeit« in Deutschland in Gefahr sein könnte, wird aber auch von Teilen der Polizei geschürt. An vorderster Front betätigt sich dabei der Vorsitzende der kleinen, aber meinungsfreudigen Deutschen Polizeigewerkschaft, Rainer Wendt. So seien deutsche Richter zu täterfreundlich.[6]

[2] www.sueddeutsche.de/panorama/hamburg-gruppenvergewaltigung-einer-21-Jaehrigen-taeter-verurteilt-1.3214233.html.

[3] www.faz.net/aktuell/gesellschaft/kriminalitaet/urteil-in-hamburg-bewaehrungsstrafen-nach-gruppenvergewaltigung-14490146.html.

[4] www.bild.de /news/ inland /vergewaltigung/was-muss-passieren-damit-man-bei-uns-in-haft-kommt-48410956.bild.html.

[5] www.zeit.de/hamburg/2016-10/hamburg-vergewaltigung-prozess.

[6] www.bz-berlin.de /deutschland /rainer- wendt- kritisiert-deutsche-richter- als- zu- taeter-freundlich.

Diese Ansicht äußerte Wendt bereits kurz nach einem Vorfall im November in Hameln, bei dem ein Mann eine Frau an sein Auto angebunden und hinter sich her geschleift haben soll. Fernab der strafrechtlichen Realität nutzte - oder sollte man sagen benutzte - der Funktionär das in der Tat brutale Geschehen zu folgender perfiden Äußerung: »Es wird sich ein Richter finden, der ihm auch jetzt wieder eine positive Sozialprognose geben wird.«[7] - Strafgerechtigkeit ade?

Um dieser Frage nachzugehen, will ich zunächst die Thematik der »Strafgerechtigkeit« in einen etwas größeren Zusammenhang stellen und im Gesamtfeld strafrechtlicher Sanktionen verorten. Daher gebe ich Ihnen nach dieser Einleitung (I.) zunächst einen kurzen Überblick über die Palette der in Deutschland möglichen Sanktionen (II.). Dann möchte ich mich in einem dritten Schritt der Strafe und den Straftheorien zuwenden. Deren Problematik will ich anhand eines praktischen und aktuellen Beispiels beschreiben (III.). Danach werde ich Ihnen Grundzüge der Strafzumessung vorstellen. Streifen möchte ich dabei die Problematik einer vergleichenden und insbesondere regional unterschiedlichen Strafzumessung (IV.). Im Anschluss will ich noch kurz die Maßregeln der Besserung und Sicherung thematisieren. Hier wirft insbesondere das scharfe Schwert der Sicherungsverwahrung Fragen von Gerechtigkeit auf (V.). Dem eingangs ventilierten Vorwurf der »Kuscheljustiz« will ich ebenfalls ein paar Bemerkungen widmen (VI.). Am Ende meines Vortrags werden einige abschließende Thesen stehen (VII.).

2. Kurzer Überblick über die Palette der in Deutschland möglichen Sanktionen

Innerhalb des Systems der Strafen ist in Deutschland zwischen Hauptstrafen einerseits und Nebenstrafen andererseits zu unterscheiden. Eine Hauptstrafe kann ein Gericht allein anordnen. Dagegen können Nebenstrafen, wie etwa ein Fahrverbot, nur zusammen mit einer Hauptstrafe verhängt werden.

2.1 Haupt- und Nebenstrafen

In Deutschland existieren nur zwei Hauptstrafen.[8] Dazu gehören zum einen die Freiheitsstrafe (§§ 38, 39 StGB) und zum anderen die Geldstrafe (§§ 40-43 StGB). Die Todesstrafe wurde nach dem Zweiten Weltkrieg durch die Verfassung bekanntlich abgeschafft (Art. 102 GG). Ausschlaggebend für diese Entscheidung waren die negativen Erfahrungen, die Deutschland mit dieser Strafe in seiner dunkelsten Epoche, nämlich während der Zeit des Nationalsozialismus und des

[7] www.welt.de/ vermischtes/ article159691615/ Polizeigewerkschaft- zaehlt- wegen-Hameln-deutsche-Justiz-an.html.

[8] Daneben gibt es für Soldaten noch den Strafarrest (§ 9 WStG).

Zweiten Weltkriegs, gemacht hat. Ihrer Wiedereinführung, dies erscheint aufgrund der aktuellen Debatte in der Türkei erwähnenswert, stünde insbesondere das Grundrecht auf Menschenwürde (Art. 1 Abs. 1 GG) sowie das Grundrecht auf Leben (Art. 2 Abs. 1 S. 2 GG jeweils in Verbindung mit Art. 19 Abs. 2 GG) entgegen. Darüber hinaus sieht mittlerweile eine Reihe internationaler Abkommen ein Verbot der Todesstrafe vor. Für Europa ist zu erwähnen, dass das 13. Zusatzprotokoll zur Europäischen Menschenrechtskonvention aus dem Jahr 2002 die Todesstrafe ausnahmslos untersagt.[9]

2.1.1 Die Freiheitsstrafe

In Deutschland lässt sich die Freiheitsstrafe in die lebenslange Freiheitsstrafe, in die zeitige Freiheitsstrafe und in eine kurzzeitige Freiheitsstrafe unterteilen. Seit dem Jahr 1970 gibt es bei uns nur noch eine Form des Freiheitsentzugs, die sogenannte Einheitsfreiheitsstrafe. Die frühere strengere Zuchthausstrafe wurde abgeschafft.

Wird eine lebenslange Freiheitsstrafe, etwa für einen Mord, verhängt, kann diese frühestens nach 15 Jahren zur Bewährung ausgesetzt werden (§ 57a StGB). Bei besonders schweren Tötungsdelikten kann diese Frist auch ausgeweitet werden. Hat jemand zum Beispiel mehrere Personen getötet und damit eine besonders schwere Schuld auf sich geladen, kann das Schwurgericht bestimmen, dass eine Aussetzung der lebenslangen Freiheitsstrafe erst nach einer längeren Zeit im Gefängnis, zum Beispiel nach 20 Jahren, in Betracht kommt.[10] Voraussetzung für jede Aussetzung einer lebenslangen Freiheitsstrafe ist, dass das über die Aussetzung der Strafe entscheidende Gericht der Auffassung ist, dass der Verurteilte nach der Aussetzung der Strafe nicht mehr gravierend rückfällig werden wird. Ganz allgemein sind die Rückfallraten nach Aussetzung einer lebenslangen Freiheitsstrafe zur Bewährung eher gering.[11] Demgegenüber gibt es in Deutschland

---

[9] Protokoll Nr. 13 vom 3. Mai 2002 zur Konvention zum Schutz der Menschenrechte und Grundfreiheiten über die vollständige Abschaffung der Todesstrafe. Dort heißt es in Art. 1 unter der Überschrift Abschaffung der Todesstrafe: „Die Todesstrafe ist abgeschafft. Niemand darf zu dieser Strafe verurteilt oder hingerichtet werden."

[10] Die konkrete Mindestverbüßungsdauer wird in den Fällen des Vorliegens einer besonderen Schwere der Schuld allerdings erst gegen Ende der 15-Jahres-Frist durch die Strafvollstreckungskammer festgelegt.

[11] Bundesministerium der Justiz und für Verbraucherschutz (Hrsg.): Legalbewährung nach strafrechtlichen Sanktionen. Eine bundesweite Rückfalluntersuchung 2010 bis 2013 und 2004 bis 2013, 2016, 66, 309.

auch einige wenige Straftäter, die schon mehr als 40 Jahre im Strafvollzug einsitzen oder darin sogar versterben.[12]

Die zeitige Freiheitsstrafe reicht in Deutschland von einem Monat bis zu maximal 15 Jahren. Längere zeitige Freiheitsstrafen als 15 Jahre gibt es nicht. Das Mindestmaß der Freiheitsstrafe beträgt einen Monat (§ 38 Abs. 2 StGB). Ganz generell versucht man, die Anordnung kurzer Freiheitsstrafen unter sechs Monaten zu vermeiden (§ 47 StGB). Hintergrund für diesen weitgehenden Verzicht auf kurze Inhaftierungen ist die Auffassung, dass kurze Freiheitsstrafen für die Resozialisierung des Straftäters eher schädlich sind.

2.1.2 Die Geldstrafe

Die Geldstrafe wird nach dem in den §§ 40-43 StGB normierten sogenannten Tagessatzsystem angeordnet, das Deutschland aus Nordeuropa übernommen hat. Die Festsetzung einer Geldstrafe gliedert sich vor allem in zwei Phasen. Zunächst ist die Zahl der Tagessätze zu bestimmen. Sie richtet sich nach der Schwere der begangenen Straftat. Daran schließt sich in einem zweiten Schritt die Bestimmung der Höhe des einzelnen Tagessatzes an. Er orientiert sich an den persönlichen und wirtschaftlichen Verhältnissen des Täters, und insbesondere daran, wie hoch sein Einkommen ist. Mit dieser Vorgehensweise wird erreicht, dass ein reicher und vermögender Täter bei einer im Wesentlichen gleichen Tat mehr bezahlen muss als ein armer oder vermögensloser Angeklagter. So kann etwa ein reicher Täter für ein und dieselbe Tat mit 60 Tagessätzen zu 100 Euro, also mit 6000 Euro, bestraft werden, während jemand weniger gut Situiertes nur 60 Tagessätze zu 10 Euro, also nur 600 Euro, zu zahlen hätte.

Zuletzt, im Jahr 2015, wurde gegen über 80% der nach allgemeinem Strafrecht Verurteilten eine Geldstrafe verhängt. Die Geldstrafe ist also die bei weitem häufigste Strafe in Deutschland.[13]

Der weitgehende Verzicht auf kurze Freiheitsstrafen und die vielen Geldstrafen dürften dazu beitragen, dass sich in Deutschland im Vergleich zu anderen Staaten nur relativ wenige Menschen in den Gefängnissen befinden. Nach der von Roy Walmsley herausgegebenen »World Prison Population List«[14] saßen am 31.3.2015 knapp 64.000 Personen in deutschen Gefängnissen. Das bedeutet eine Gefangenenrate von nur 78 pro 100.000 Einwohner. Wie dieses von Dünkel und

---

[12] Einer breiteren Öffentlichkeit bekannt wurde der Fall von Heinrich Pommerenke, der nach mehreren Tötungsdelikten im Jahr 1959 festgenommen wurde und Ende des Jahres 2008 im Justizvollzugskrankenhaus Hohenasperg verstarb.

[13] Statistik Strafverfolgung 2015, Tabelle 2.3, 92 ff. Genau: 84,1%.

[14] www.prisonstudies.org/ sites/ default/ files/ resources/ downloads/ world _prison_ Population_list_11th_edition.pdf.

Kollegen dazu erstellte Schaubild 1 ausweist, inhaftieren, bezogen auf die Wohnbevölkerung, traditionell in erster Linie nur noch die skandinavischen Staaten noch weniger Personen.

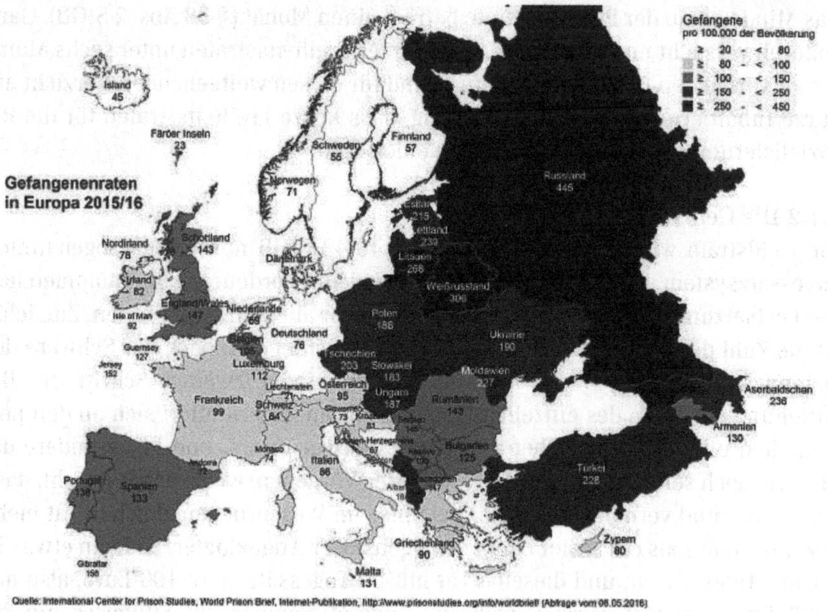

***Schaubild 1** aus: Dünkel/Geng/Harrendorf: Gefangenenraten im internationalen und nationalen Vergleich, BewHi 2016, 178 (180)*

2.2 Nebenstrafe

Als Nebenstrafe nennt das Strafgesetzbuch ausdrücklich nur noch das Fahrverbot (§ 44 StGB). Das Fahrverbot kann zwischen einem Monat und drei Monaten angeordnet werden. Derzeit bestehen Reformpläne, das Fahrverbot noch in dieser Legislaturperiode auszubauen.[15]

2.3 Die Maßregeln der Besserung und Sicherung

Das deutsche Strafrecht ist ein sogenanntes Schuldstrafrecht. Das bedeutet, dass niemand über das Maß seiner Schuld, das er durch die einzelne Straftat auf sich geladen hat, bestraft werden kann. Aus diesem Grund kennt das StGB auch keine eigentliche Verschärfung der Strafe für einen Rückfalltäter.

---

[15] Das entsprechende Gesetzesvorhaben findet sich auf der Website des Bundesministeriums der Justiz und für Verbraucherschutz: www.bmjv.de/ SharedDocs/ Gesetzgebungsverfahren/DE/Aenderung_StGB_StPO.html?nn=6705022.

Einer etwaigen Rückfallgefahr versucht man bei uns durch die sogenannten Maßregeln der Besserung und Sicherung zu begegnen. Insgesamt spricht man davon, dass in Deutschland ein zweispuriges Strafrecht existiert: die eine Spur besteht aus den Strafen, die andere aus den genannten Maßregeln der Besserung und Sicherung.

Erweist sich ein Straftäter als gefährlich, reagiert man darauf mit diesen Maßregeln. Sie unterteilen sich in stationäre Maßregeln, bei denen dem Betroffenen die Freiheit entzogen wird und solche ambulanter Art, bei denen der Straftäter in Freiheit bleibt. Zu den stationären Maßregeln zählen die Unterbringung in einem psychiatrischen Krankenhaus für psychisch kranke Straftäter (§ 63 StGB), die Unterbringung in einer Entziehungsanstalt für alkohol- oder drogenabhängige Straftäter (§ 64 StGB) und die Unterbringung in der Sicherungsverwahrung (§§ 66-66c StGB), die vor allem für Rückfalltäter gilt. Alle diese Maßregeln setzen voraus, dass ein Straftäter als gefährlich gilt. In der letzten Zeit konzentriert sich die deutsche Gesetzgebung vor allem auf Reformen bei der Unterbringung im psychiatrischen Krankenhaus und in der Sicherungsverwahrung.

Zudem gibt es noch drei weitere Maßregeln, die ambulant vollzogen werden. Dazu zählt zunächst die Führungsaufsicht (§§ 67h-68g StGB), mit der gefährliche Straftäter nach ihrer Entlassung aus dem Strafvollzug überwacht und betreut werden sollen. Zu den ambulanten Maßregeln gehört auch die Entziehung der Fahrerlaubnis (§§ 69-69b StGB). Im Gegensatz zum vorhin genannten Fahrverbot muss ein Straftäter, dem die Fahrerlaubnis entzogen wurde, bei der Fahrerlaubnisbehörde einen neuen Führerschein beantragen. Für diesen Antrag kann das Strafgericht zudem eine sogenannte Sperrfrist anordnen, die sechs Monate oder sogar länger dauern kann. Die Entziehung der Fahrerlaubnis ist in Deutschland die Maßregel, die bei weitem am häufigsten angewandt wird. Schließlich ist noch die Anordnung des Berufsverbots zu nennen (§§ 70-70b StGB), die in der Praxis nur eine geringe Rolle spielt.[16]

3. Strafe und Straftheorien

An den Anfang meiner notwendig kursorischen Betrachtung der Straftheorien möchte ich ein Urteil stellen, welches das Landgericht Lüneburg im Juli 2015 gegen Oskar Gröning gefällt hat. Das Urteil ist im September 2016 vom Bundesgerichtshof in der Revisionsinstanz bestätigt worden.

Bei Oskar Gröning handelt es sich um einen heute 95-jährigen Mann, der im Verfahren vor dem Landgericht eingeräumt hat, während des Zweiten Weltkriegs im Konzentrationslager Auschwitz das Geld der dorthin verschleppten und später

---

[16] So wurde im Jahr 2015 nach der Strafverfolgungsstatistik 88.189 Personen die Fahrerlaubnis entzogen, während ein Berufsverbot dagegen nur 48-mal angeordnet wurde.

getöteten Juden verwaltet und zu einem Teil auch die Ankunft der Transporte an der sogenannten Rampe mit beaufsichtigt zu haben. In diesem Verfahren akzeptierte der BGH die Verurteilung Grönings wegen Beihilfe zum Mord an 300.000 Juden und zwar erstmals, ohne dass ein NS-Täter an einzelnen Mordtaten direkt beteiligt war. Die Begründung lautete im Kern: »Voraussetzung für die Anordnung und rasche Durchführung der Ermordung der aus Ungarn zu deportierenden Juden war das Bestehen eines organisierten Tötungsapparates, der auf der Basis seiner materiellen und personellen Ausstattung durch verwaltungstechnisch eingespielte Abläufe und quasi industriell ablaufende Mechanismen in der Lage war, in kürzester Zeit eine Vielzahl von Mordtaten umzusetzen. Zu diesem Tötungsapparat zählte das Konzentrationslager Auschwitz ... An dieser Tatförderung hatte der Angeklagte Anteil. Er war Teil des personellen Apparats.«[17]

Aber sind vier Jahre Freiheitsstrafe für eine solche Tat gerecht? Zweifeln könnte man bei einem Straftäter, der wie Gröning am Ende seines Lebens steht, seine Taten im Gegensatz zu vielen anderen NS-Verbrechern aufrichtig bereut hat und für ein nun doch schon sehr weit zurückliegendes Geschehen belangt wird. Dem steht andererseits die unvorstellbare Zahl von 300.000 ermordeten Juden gegenüber. Zu den damit angesprochenen Strafzwecken musste der BGH in dieser Entscheidung keine Stellung beziehen.

In der Diskussion um die Straftheorien unterscheidet die Strafrechtswissenschaft unverändert zwischen den absoluten und den relativen Straftheorien.[18] Für die absoluten Straftheorien, die historisch mit den Namen Kant und Hegel verbunden sind, und die auch Vergeltungs-, Gerechtigkeits- oder Sühnetheorien genannt werden, ist kennzeichnend, dass sie die Strafe »absolut«, also losgelöst von ihren Zwecken, begründen.

Demgegenüber stehen die relativen Strafzwecktheorien, wichtige Namen sind hier Paul Johann Anselm von Feuerbach und – ich erwähne das mit Blick auf Rudolf Bultmann – der Marburger Strafrechtslehrer Franz von Liszt. Nach ihnen sind sämtliche Aspekte staatlichen Strafens, die man im Allgemeinen als Strafzwecke bezeichnet, auf das Ziel der Prävention hin auszurichten. Innerhalb dieser relativen Strafzwecktheorien unterscheidet man zwischen spezialpräventiven und generalpräventiven Theorien; erstere zielen auf die Verhütung von Straftaten des einzelnen, letztere in ihrer präventiven Wirkung auf die Allgemeinheit ab.

Bei der positiven Spezialprävention steht wiederum die Resozialisierung des Straftäters im Vordergrund, während die negative Variante seine Abschreckung und die Sicherung der Gesellschaft vor ihm beabsichtigt. Die negative General-

---

[17] BGH Beschluss vom 20.09.2016, Az. 3 StR 49/16. Die Entscheidungen des BGH sind im Internet über die Website http://www.bundesgerichtshof.de vollständig abrufbar.

[18] Ein knapper neuerer Überblick findet sich etwa im Lehrbuch von Johannes Wessels/ Werner Beulke/ Helmut Satzger, Strafrecht Allgemeiner Teil, [46]2016, § 1 Rdnr. 21 ff.

prävention will durch die Strafe die Abschreckung anderer erreichen. Demgegenüber steht die positive Generalprävention, auch Integrationsgeneralprävention genannt, die durch die Strafe das Normbewusstsein der Gesellschaft stärken will.

Dem Strafgesetzbuch lassen sich Hinweise dafür entnehmen, dass der Gesetzgeber wie auch wohl die herrschende Meinung in der Wissenschaft, den sogenannten Vereinigungstheorien folgt, die sich um eine Integration der absoluten sowie der relativen Straftheorien bemühen. Bei der wohl herrschenden präventiven Vereinigungstheorie steht dabei als Zweck der Strafe der präventive Rechtsgüterschutz im Vordergrund der Überlegungen.[19]

Auf die Berücksichtigung mehrerer Strafzwecke weist auch die zentrale Bestimmung für die Strafzumessung in § 46 StGB hin. Nach dessen Absatz 1 Satz 1 ist »die Schuld des Täters ... Grundlage für die Zumessung der Strafe«, nennt also mit der Größe der Schuld eine eher zweckfreie Kategorie. Demgegenüber gibt der dann folgende Absatz 1 Satz 2 des § 46 StGB dem Rechtsanwender auf, »die Wirkungen, die von der Strafe für das künftige Leben des Täters in der Gesellschaft zu erwarten sind, ... zu berücksichtigen.« Damit ist insbesondere die Spezialprävention angesprochen.

Blickt man nach dieser Vergewisserung noch einmal auf den Fall Oskar Gröning zurück, sind es vor allem absolute Strafzwecke, speziell Sühne und Vergeltung, sowie der Gedanke der positiven Generalprävention, also die Bekräftigung, dass hier großes Unrecht geschehen ist, das sich nicht wiederholen darf, die eine Freiheitsstrafe in diesem Fall tragen können.

4. Grundzüge der Strafzumessung

Mit der Regelung des § 46 StGB sind wir schon bei der Strafzumessung angelangt. Doch treten wir zunächst noch einmal einen Schritt zurück und vergewissern uns des Themas »Strafgerechtigkeit«. Dies lässt es angebracht erscheinen, zu eruieren, wie es eigentlich das Strafgesetzbuch, das StGB, mit dem Thema »Gerechtigkeit« hält. Durchforstet man das StGB nach dem Wörtchen »gerecht«, wird man erstaunlicherweise nicht fündig. Fehlanzeige. Die Buchstabenkombination »gerecht« taucht dort nur im Zusammenhang mit den Ausdrücken »gerechtfertigt« sowie »ungerechtfertigt« auf.[20]

Ausgangspunkt der Strafzumessung ist, wie wir bereits gesehen haben, mit § 46 Abs. 1 Satz 1 StGB die Schuld des Täters. Wenn danach jede Strafe sich am Umfang der Schuld auszurichten hat, so ist mit der genannten gesetzlichen Formulierung noch nicht gesagt, dass die Strafe dem Schuldmaß voll entsprechen muss. Allenfalls in der Theorie kann jeder Schuld eine feste Strafhöhe als genaues

---

[19] Vertiefend etwa BERND-DIETER MEIER, Strafrechtliche Sanktionen, ⁴2015, 35 ff.

[20] In §§ 51, 108 und 264 StGB.

Korrelat gegenübergestellt werden, die als einzige als schuldangemessen bezeichnet werden kann. In der Praxis können sich bei der Bestimmung des Verhältnisses von Schuld und Strafe demgegenüber nur Näherungswerte ergeben. Zur Bestimmung einer solchen Strafe werden verschiedene Ansätze vertreten. Vereinzelt findet sich die Theorie der Punktstrafe, nach der jeder einzelnen Tatschuld eine feste Strafgröße entsprechen soll, mag diese auch bei der richterlichen Strafbemessung nicht genau feststellbar sein.

Nach der Stellenwert- oder Stufentheorie entscheiden ebenfalls allein Unrecht und Schuld über die Strafhöhe; lediglich bei der Strafart kommen hier Präventionsansätze zum Tragen. Die neuere Lehre von der tatproportionalen Strafzumessung will das Maß der Strafe ausschließlich nach der objektiven Tatschwere, die der Schuld regelmäßig entspreche, bestimmen und die konkrete Schuld lediglich bei der Heranziehung von Milderungsgründen berücksichtigen. Die herrschende Meinung vertritt hingegen die sog. Spielraum- oder auch Schuldrahmentheorie. Danach besteht ein gewisser Spielraum, innerhalb dessen jede Strafe noch als schuldangemessen angesehen werden kann.[21]

So ist es nach der Rechtsprechung grundsätzlich Sache des Tatrichters, die wesentlichen entlastenden und belastenden Umstände festzustellen, sie zu bewerten und gegeneinander abzuwägen. Ein Eingriff des Revisionsgerichts ist in der Regel nur möglich, wenn der Tatrichter von einem falschen Strafrahmen ausgegangen ist, seine Strafzumessungserwägungen in sich fehlerhaft waren oder rechtlich anerkannte Strafzwecke außer Acht gelassen haben oder wenn sich die Strafe von ihrer Bestimmung, gerechter Schuldausgleich zu sein, soweit nach oben oder unten inhaltlich löst, dass ein grobes Missverhältnis von Schuld und Strafe offenkundig ist. Im Hinblick auf diesen Spielraum ist eine exakte Richtigkeitskontrolle ausgeschlossen; in Zweifelsfällen, so sagt der BGH wörtlich, muss die Strafzumessung des Tatrichters hingenommen werden.[22] Dieser weite Spielraum der über die konkreten Fälle entscheidenden Gerichte führt unter anderem zu zwei nicht unproblematischen Konsequenzen, die ich nunmehr kurz beleuchten will.

4.1 Ablehnung einer vergleichenden Strafzumessung

So lehnt die Rechtsprechung eine Vorgehensweise im Wege einer vergleichenden Strafzumessung ab. Zum Beispiel hat es der BGH in einem Fall geheimdienstlicher Agententätigkeit für rechtsfehlerhaft erachtet, dass ein Senat eines Oberlandesgerichts (OLG) zur Begründung einer Strafmilderung die »in letzter Zeit in

---

[21] Der Text folgt in diesem Abschnitt der Kommentierung von WALTER STREE/JÖRG KINZIG in: ADOLF SCHÖNKE/HORST SCHRÖDER, Strafgesetzbuch, [29]2014, vor § 38 Rdnr. 20; vgl. zu dem komplexen Vorgang der Strafzumessung auch MEIER, a.a.O., 161 ff.

[22] BGHSt 29, 319 f.; vgl. auch STREE/KINZIG, a.a.O., § 46 Rdnr. 68.

ähnlichen Fällen von den Oberlandesgerichten verhängten Strafen« herangezogen hat. Insofern sage das Gleichheitsgebot als formales Prinzip nichts darüber aus, welches von mehreren Gerichten seine Zumessungsgrundsätze denen des anderen anzupassen habe. Die Entscheidung hierüber sei keine Frage der Rechtsgleichheit, sondern der Rechtsrichtigkeit. Sie sei ausschließlich nach dem die Strafzumessung leitenden Grundsatz der gerechten Schuldstrafe zu beurteilen.[23]

In einem anderen vom BGH entschiedenen Fall stand ein Angeklagter als Mitglied einer Bande von Betäubungsmittelhändlern vor Gericht. Seine Verteidigung hatte in der Revision beanstandet, dass andere Mitglieder dieser Bande, deren Taten wesentlich schwerer wiegen würden als die des Angeklagten, zuvor von anderen Gerichten milder bestraft worden seien. Wiederum bekräftigt der BGH, dass es rechtsfehlerhaft sei, »wenn das Gericht die Strafe allein im Hinblick auf die Strafen bemessen würde, die in anderen Urteilen - sei es desselben Gerichts, sei es eines anderen Gerichts - verhängt wurden.« In anderen Urteilen verhängte Strafen führten zu keiner, wie auch immer beschaffenen, rechtlichen Bindung des Gerichts bei der Strafzumessung.[24]

Auch besteht nach der Rechtsprechung kein Grundsatz, dass Mittäter, wenn sie von verschiedenen Gerichten oder Kammern abgeurteilt werden, bei vermeintlich gleicher Tatbeteiligung gleich hoch zu bestrafen seien.[25] Auch die Aufklärungspflicht (§ 244 Abs. 2 StPO) gebiete es daher nicht, Urteile anderer Strafkammern und Gerichte, mögen sie auch zu demselben Sachverhalt ergangen sein, zum Gegenstand der Hauptverhandlung zu machen.[26] Grundsätzlich kann die Revision daher nicht auf einen Vergleich der Strafzumessung verschiedener Täter gestützt werden.[27]

4.2 Regionale Ungleichheiten in der Strafzumessung

Die Spielraumtheorie und die nur begrenzte Überprüfung der Strafzumessung durch die Obergerichte dürften maßgeblich dafür verantwortlich sein, dass in Deutschland seit Jahrzehnten große regionale Ungleichheiten in der Strafzumessung bekannt sind.

---

[23] BGHSt 28, 318 (323 f.) mit Bezug auf Warda, Dogmatische Grundlagen des richterlichen Ermessens im Strafrecht, 1962, 155 ff., 157.

[24] BGH StV 2008, 295 mit Anmerkung KÖBERER.

[25] BGHSt 56, 262 (263 ff.) mit kritischer Anmerkung HÖRNLE HRRS 2011, 511.

[26] BGHSt 56, 269 f. mit kritischer Anmerkung HÖRNLE HRRS 2011, 512.

[27] Zum Problem der vergleichenden Strafzumessung siehe auch Stree/Kinzig a.a.O., § 46 Rdnr. 59.

Diesen regionalen Ungleichheiten ist vor kurzem Volker Grundies von der Forschungsgruppe Kriminologie des Freiburger Max-Planck-Instituts für ausländisches und internationales Strafrecht in einer kleinen Studie nachgegangen.[28] Er konnte aufgrund eines komplexen statistischen Modells zeigen, dass sich geografische Muster bei Unterschieden in der Strafzumessung zeigen.

Gleiches Recht für alle? 519

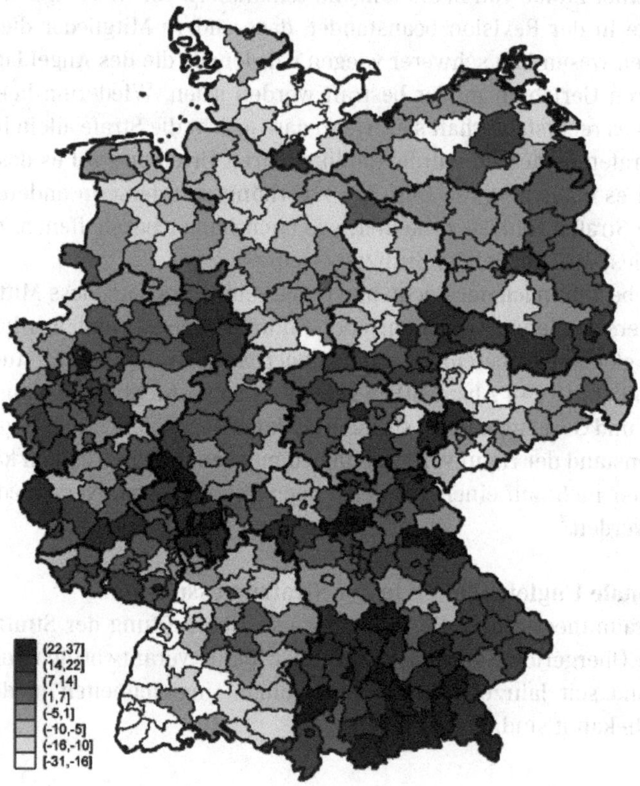

Abbildung 4: Lokale Differenzen in der Sanktionshärte [%]

***Schaubild 2** aus Grundies, a.a.O., Abbildung 4.*

Schaut man sich dieses Schaubild 2 zur Sanktionshärte der Gerichte an, ist zu erkennen, dass in Baden-Württemberg und insbesondere in Baden (unten links)

---

[28] VOLKER GRUNDIES, Gleiches Recht für alle? Eine empirische Analyse lokaler Unterschiede in der Sanktionspraxis in der Bundesrepublik Deutschland, in: FRANK NEUBACHER/NICOLE BÖGELEIN (HG.), Krise. Kriminalität. Kriminologie, 2016, 511 ff.

sowie in weiten Teilen Norddeutschlands helle Flächen dominieren, also vergleichbare Fälle eher milde sanktioniert werden. Dagegen tendieren Bayern (man hätte es fast vermutet), interessanterweise aber auch Südhessen, zu härteren Strafen. Generell ist zu beobachten, dass in benachbarten Gebieten eher eine ähnliche Sanktionspraxis vorliegt, falls nicht eine Landesgrenze die Gebiete trennt. Besonders schön sind diese Unterschiede an der Landesgrenze zwischen Baden-Württemberg und Bayern im Süden der Republik zu erkennen. Nach Grundies werden in Oberbayern bei gleichem Delikt und gleicher Vorstrafenbelastung des Täters um ca. 25% längere Strafen verhängt als in Baden: Unter Aspekten der Strafgerechtigkeit ein zweifellos mehr als unbefriedigender Zustand.

In diesen Zusammenhang passt, was man sich von der Strafverfolgung von gravierender Betäubungsmittelkriminalität erzählt. Hier wird kolportiert, dass sich die Polizei bei einem sogenannten begleiteten Betäubungsmitteltransport, bei dem die Strafverfolgungsbehörden von der Lieferung des Rauschgifts im Voraus Kenntnis haben und diese von den Tätern unerkannt verfolgen, genau überlegt, in welcher Region Deutschlands sie den Transport stoppt und die Akteure festnimmt. Denn durch den Ort der Festnahme[29] kann die Zuständigkeit eines tatsächlich oder vermeintlich strenger urteilenden Gerichts begründet - oder sollte man sagen - manipuliert werden.

5. STREIFLICHT: SICHERUNGSVERWAHRUNG

Probleme der Gerechtigkeit werfen aber nicht nur die Strafen, sondern auch die sogenannten Maßregeln der Besserung und Sicherung auf. Hier ist in Deutschland in den letzten Jahren insbesondere über die Sicherungsverwahrung heftig diskutiert worden.

Die Sicherungsverwahrung ist, wie bereits erwähnt, eine Maßregel der Besserung und Sicherung. Sie richtet sich in erster Linie an gefährliche Rückfalltäter. Zur Illustration möchte ich Ihnen einen fiktiven Fall vorstellen, in dem die Gerichte in der Regel Sicherungsverwahrung anordnen müssten:

Nachdem er bereits in seiner Jugend mehrere kleinere Straftaten begangen hat, überfällt ein Mann im Jahr 2000 eine Frau und vergewaltigt sie. Dafür wird er noch im selben Jahr zu einer Freiheitsstrafe von fünf Jahren verurteilt. Im Jahr 2005 aus dem Gefängnis entlassen, bleibt er nicht lange auf freiem Fuß, sondern wird bald erneut rückfällig. Für eine weitere schwere Sexualstraftat wird er im Jahr 2007 zu einer zweiten Freiheitsstrafe von acht Jahren verurteilt. Im vorletzten Jahr aus dem Strafvollzug entlassen, wird der Mann wiederum erneut rückfällig und steht nunmehr wegen einer neuerlichen Sexualstraftat vor Gericht. Wird der Straftäter nun wieder zu einer längeren Freiheitsstrafe verurteilt, hat

[29] Nach § 9 StPO der sogenannte Ergreifungsort.

das Gericht zusätzlich die Verpflichtung, gegen ihn eine Sicherungsverwahrung anzuordnen.

Eine Sicherungsverwahrung bedeutet ganz praktisch, dass der Mann zunächst seine neuerliche Freiheitsstrafe absitzen müsste. Wird er am Ende seiner Strafe immer noch für gefährlich gehalten, kommt er in die Maßregel Sicherungsverwahrung. In der Sicherungsverwahrung bleibt der Mann solange inhaftiert, bis Gerichte ihn nicht mehr für gefährlich halten. Dann würde die Sicherungsverwahrung zur Bewährung ausgesetzt. Wichtig ist zu sehen, dass eine Person, die sich in Sicherungsverwahrung befindet, ihre Schuld schon verbüßt hat, denn sie hat ja die gegen sie verhängte Freiheitsstrafe bereits abgesessen. Deswegen ist die Sicherungsverwahrung auch keine Strafe, sondern eine Maßregel. Pointiert formuliert, könnte man sagen, bei der Sicherungsverwahrung handelt es sich um eine Haft für (noch?) nicht begangene Straftaten.

In einem aufsehenerregenden Urteil hat der Europäische Gerichtshof für Menschenrechte Ende des Jahres 2009 Deutschland wegen seiner Gesetzgebung zur Sicherungsverwahrung, durch die immer mehr Straftäter in Sicherungsverwahrung gelangten, verurteilt.[30] Danach hat auch das deutsche Bundesverfassungsgericht insbesondere die Unterbringung in der Sicherungsverwahrung beanstandet, die sich früher zu wenig vom Vollzug der Freiheitsstrafe unterschied.[31]

Diese beiden Urteile haben zu einer Reihe von Reformen auf dem Gebiet der Sicherungsverwahrung geführt. Die wichtigsten davon sind:

- Der Kreis der Personen, die in Sicherungsverwahrung kommen können, wurde eingeschränkt. Konnte Sicherungsverwahrung früher auch gegen bloße Diebe und Betrüger angeordnet werden, ist das jetzt im Wesentlichen nur noch bei schweren Sexualstraftätern und bei Gewaltstraftätern der Fall. Insgesamt gibt es derzeit in Deutschland rund 500 Sicherungsverwahrte.
- Das Bundesverfassungsgericht hat angeordnet, dass sich die Unterbringung in Sicherungsverwahrung nun deutlich vom Vollzug der vorangehenden Freiheitsstrafe unterscheiden muss. Vereinfacht formuliert: Da Sicherungsverwahrte ihre Schuld ja schon verbüßt haben, muss sich der Staat bei ihnen besonders intensiv darum kümmern, sie zu resozialisieren, damit sie, wenn sie nicht mehr gefährlich sind, entlassen werden können. Dies hatte zur Konsequenz, dass in vielen Bundesländern neue Anstalten oder Hafthäuser für Sicherungsverwahrte errichtet werden mussten. Auch bemüht man sich nun deutlich mehr als früher, für diese

---

[30] Vgl. Europäischer Gerichtshof für Menschenrechte, Urteil vom 17.12.2009 (19359/04) im Fall M. gegen Deutschland.

[31] BVerfGE 128, 326 vom 4.5.2011.

Menschen geeignete Therapien zur Verfügung zu stellen, die zu einer Minderung der Gefährlichkeit beitragen sollen.

- Neu ist auch die Einführung der sogenannten elektronischen Fußfessel für diese Personengruppe. Werden Sicherungsverwahrte aus dem Gefängnis entlassen, müssen sie nun unter Umständen eine sogenannte elektronische Fußfessel tragen. Damit soll verhindert werden, dass die ehemals Sicherungsverwahrten in Freiheit eine neue Straftat begehen.

Diese Reformen ändern aber nichts an dem Umstand, dass das scharfe Schwert Sicherungsverwahrung im Wesentlichen auf einer unsicheren Gefährlichkeitsprognose basiert. Denn zentrales Kriterium für die Anordnung der Sicherungsverwahrung ist die bloße Annahme, dass diese Person nach dem Ende ihres Strafvollzugs, in Freiheit entlassen, wieder schwer rückfällig würde. In diesem Zusammenhang haben verschiedene Untersuchungen in den letzten Jahren gezeigt, dass die Gefährlichkeit von Sicherungsverwahrten aus unterschiedlichen Gründen regelmäßig deutlich überschätzt wird.[32] Daher stellt sich das Problem: Ist es „gerecht", einem Menschen aufgrund einer unsicheren Prognose über seine Schuld hinaus auf unbestimmte Zeit die Freiheit zu entziehen?

Jenseits davon stellt sich bei entlassenen Sicherungsverwahrten oder auch entlassenen Sexualstraftätern zunehmend die Frage, ob die Bevölkerung darüber informiert werden sollte, wenn ein solcher ehemaliger Straftäter seinen Wohnsitz in einer Gemeinde nimmt. So ist aus der Vergangenheit bekannt, dass mehrere entlassene Gefangene nicht in ihrer Wohnung bleiben konnten, nachdem die Dorfgemeinschaft von dem Zuzug erfahren hatte. So führten etwa Bürgerproteste in Randerath in Nordrhein-Westfalen vor einiger Zeit dazu, dass ein ehemaliger Sicherungsverwahrter nicht mehr bei seinem Bruder wohnen konnte.[33] Und erst vor wenigen Tagen warnte ein Bürgermeister in einem kleinen Ort bei Ludwigsburg seine Grundschule, die Kindergärten und die Kinderkrippe davor, dass in dem Ort »seit einigen Wochen ein Mann wohnhaft ist, der als besonders rückfallgefährdeter Sexualstraftäter eingestuft ist«. Dies habe, so die Presse, zu panikartigen Zuständen geführt.[34]

Demgegenüber steht ein wichtiges Wort aus einem berühmten Urteil des Bundesverfassungsgerichts zur Verfassungsmäßigkeit der lebenslangen Freiheitsstrafe aus dem Jahr 1977: »Zu den Voraussetzungen eines menschenwürdigen Strafvollzugs gehört, daß dem zu lebenslanger Freiheitsstrafe Verurteilten

---

[32] Vgl. WALTER STREE/JÖRG KINZIG, a.a.O., § 66 Rdnr. 37 ff.

[33] Vgl. dazu etwa den Artikel „Ganz unauffällig", www.lokalkompass.de/gelsenkirchen/leute/ganz-unauffaellig-d198243.html.

[34] Vgl. etwa den Artikel „Panik wegen Sexualstraftäter im Landkreis", www.stuttgarter-nachrichten.de/inhalt.hessigheimer-buergermeister-warnt-die-bevoelkerung-panik-wegen-sexualstraftaeter-im-landkreis.e5981328-a802-4316-8b77-116f81696bcf.html.

grundsätzlich eine Chance verbleibt, je wieder der Freiheit teilhaftig zu werden.«[35] Aber: Würden auch die Eltern eines ermordeten Kindes diese zweite Chance als »gerecht« empfinden?

6. DER VORWURF DER »KUSCHELJUSTIZ«

Lassen Sie mich zum Abschluss noch einmal, wie bereits angekündigt, auf den derzeit meines Erachtens anschwellenden Vorwurf der »Kuscheljustiz« zurückkommen. Die Beantwortung der Frage, ob unsere Gerichte zu milde urteilen, hängt auch davon ab, welches Vertrauen man in die Leistungsfähigkeit des Strafrechts, insbesondere auch des Strafvollzugs, hat. Mein Vertrauen ist dabei begrenzt. Ein Grund dafür sind die Ergebnisse der sogenannten bundesweiten Rückfallstatistik, aus der dieses Schaubild 3 stammt. In der Rückfallstatistik wird ermittelt, ob und gegebenenfalls wie sich Personen nach einer strafrechtlichen Sanktion (der sogenannten Bezugsentscheidung), insbesondere auch nach einem Freiheitsentzug, wieder strafbar machen.

Schlaglicht 1: Rückfälligkeit in Abhängigkeit von der Sanktionsart der Bezugsentscheidung

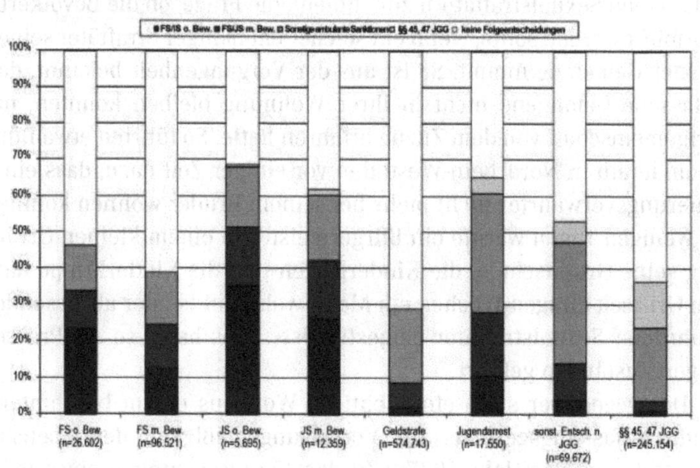

Abbildung 3: Art der Folgeentscheidung nach Sanktionsart der Bezugsentscheidung (Bezugsjahr 2007)

***Schaubild 3** aus: BMJV (Hg.) Legalbewährung nach strafrechtlichen Sanktionen, 2014, 7.*

So wiesen die im Bezugsjahr 2010 zu einer freiheitsentziehenden Sanktion wie Freiheits- und Jugendstrafe ohne Bewährung Verurteilten in einem dreijährigen Risikozeitraum durchweg eine höhere Rückfälligkeit auf als diejenigen Personen

---

[35] BVerfGE 45, 187.

mit milderen Sanktionen wie einer Geldstrafe oder jugendrichterlichen Sanktionen. Die höchste Rückfallrate ergab sich nach einer Jugendstrafe ohne Bewährung mit insgesamt 69%, knapp gefolgt von Jugendarrest mit 65%; die niedrigste nach einer Geldstrafe mit nur 29%. Die höheren Rückfallraten nach Jugendstrafen im Vergleich zu Freiheitsstrafen entsprechen der generell höheren Rückfälligkeit von Jugendlichen und Heranwachsenden. Vergleicht man die Rückfallraten von Personen, die zu freiheitsentziehenden Sanktionen mit oder ohne Bewährung verurteilt worden sind, liegt die Rückfallrate der nur zu Bewährungsstrafen Verurteilten deutlich niedriger.[36]

Auch wenn diese Ergebnisse aufgrund vorhandener Selektionseffekte (vereinfacht formuliert: es kommen eher die schwereren Straftäter in die Gefängnisse) nicht dahingehend missverstanden werden dürfen, dass Strafvollzug kausal zu einem Rückfall führt, ist doch zu konstatieren, dass, weitet man den untersuchten Rückfallzeitraum auf neun Jahre aus, nach einer Entlassung aus dem Erwachsenenstrafvollzug immerhin rund ein Drittel der Menschen wieder zu einer Freiheitsstrafe ohne Bewährung verurteilt wird.[37] Und noch einmal bezogen auf die Gefangenenraten:

Ranking	Title	Prison Population Rate
1	Seychelles	799
2	United States of America	666
3	Turkmenistan	583
4	El Salvador	574
5	Virgin Islands (USA)	542
6	Cuba	510
7	Guam (USA)	438
8	Russian Federation	436
9	Rwanda	434
10	Thailand	428

***Schaubild 4** aus: World Prison Brief: Highest to Lowest. Prison Population Rate*

Nach der »World Prison Population List« sperren die USA mit 666 Gefangenen und auch Russland mit 436 Gefangenen, jeweils bezogen auf 100.000 Einwohner,

[36] Bundesministerium der Justiz und für Verbraucherschutz (Hrsg.), Legalbewährung nach strafrechtlichen Sanktionen, 2014, 7.

[37] Bundesministerium der Justiz und für Verbraucherschutz (Hrsg.): Legalbewährung nach strafrechtlichen Sanktionen. Eine bundesweite Rückfalluntersuchung 2010 bis 2013 und 2004 bis 2013, 2016, 182 für den Bezugszeitraum 2004-2013.

mehr als acht- bzw. fünf Mal so viele Personen ein als das in Deutschland der Fall ist. Dennoch dürfte trotz dieser punitiven Kriminalpolitik die tatsächliche, aber auch die gefühlte Sicherheit in Deutschland weitaus größer sein.

7. Fazit

Meine Überlegungen möchte ich wie folgt zusammenfassen.

1. Über »Strafgerechtigkeit« oder die Findung einer gerechten Strafe scheinen sich die Strafjuristen in ihrem Berufsalltag nicht übermäßig Gedanken zu machen.[38] Damit korrespondiert, dass die gerechte Strafe auch kein »terminus technicus« des Strafgesetzbuchs ist.
2. Die von der Rechtsprechung und der herrschenden Meinung in der Strafrechtswissenschaft bei der Strafzumessung vertretene Spielraumtheorie eröffnet den erkennenden Gerichten recht weite Möglichkeiten, eigene Vorstellungen einer gerechten Strafe zu realisieren oder auch nur tradierten Justizkulturen nachzukommen.
3. Ein nicht unproblematischer Ausfluss davon sind etwa die Absage an eine vergleichende Strafzumessung, zum Beispiel bei Mittätern, aber auch erhebliche regionale Unterschiede bei der Aburteilung von Straftätern.
4. Fragen von Gerechtigkeit werfen aber nicht nur die Strafen, sondern auch die Maßregeln der Besserung und Sicherung auf. Insbesondere bei der Sicherungsverwahrung stellt sich das Problem, ob es zulässig und gerecht ist, jemanden aufgrund einer unsicheren Prognose für eine unbestimmte Zeit die Freiheit zu entziehen.
5. Schaut man sich die derzeitige öffentliche Diskussion an, kann man den Eindruck bekommen, dass die Sanktionspraxis der deutschen Gerichte in weiten Teilen als „ungerecht“, weil zu lax empfunden wird. Misst man den Ruf nach einem härteren Strafrecht an den Ergebnissen der Rückfallstatistik, aber auch an den weltweiten Gefangenenraten, ergeben sich keine Belege dafür, dass eine punitivere Kriminalpolitik zu mehr Sicherheit beitragen und damit rational sein könnte.

---

[38] Gibt man im „Katalog Plus“ der Universitätsbibliothek Tübingen das Wort „Strafgerechtigkeit“ ein, erhält man im Februar 2017 insgesamt 53 Nachweise. Davon führen allerdings nur zehn die „Strafgerechtigkeit“ im Titel. Die darunter bekanntesten Werke dürften zum einen die unter „Strafgerechtigkeit“ im Jahr 1993 publizierte Festschrift zu Ehren des (Straf-)Rechtsphilosophen Arthur Kaufmanns, zum anderen das von Andrew von Hirsch und Nils Jareborg zwei Jahre zuvor veröffentlichte Büchlein über „Strafmaß und Strafgerechtigkeit“ sein.

Die Anfänge der »Alten Marburger«

Konrad Hammann

Es sei, so lässt Heinrich Schlier aus gegebenem Anlass Karl Barth im Oktober 1930 wissen, »einer Anregung von Professor Bultmann entsprungen, daß sich ehemalige Marburger Theologiestudenten jedes Jahr einmal treffen sollen, um theologisch im Zusammenhang zu bleiben und weiterzulernen«[1]. Tatsächlich ging die Initiative zur Einrichtung von jährlichen Tagungen der später sogenannten »Alten Marburger« nicht von Rudolf Bultmann aus, sondern von einigen seiner Schüler, die sich nach dem von ihnen bestandenen Fakultätsexamen im Oktober 1926 mit Bultmann im Marburger Schlosscafé zu einer kleinen Feier ihres Studienabschlusses trafen.[2] Bei dieser Gelegenheit trugen die überwiegend hessischen, rheinischen und westfälischen Kandidaten ihrem Lehrer den Wunsch vor, sich auch zukünftig mit ihm zur theologischen Arbeit zu treffen. Die Kritik, die einige von ihnen im Jahr zuvor am Studententag des Pforta-Kreises geübt hatten – dessen Thema »Volkstum und Religion« war ihnen zu wenig theologisch ausgerichtet gewesen –, dürfte sie in ihrem Wunsch nach einem theologischen Austausch, der wissenschaftlich seriös und zugleich an Lebensfragen orientiert sein sollte, bestärkt haben.[3]

---

[1] H. Schlier an K. Barth, 3.10.1930, in: BERND JASPERT (HG.), Karl Barth – Rudolf Bultmann. Briefwechsel 1911-1966, Zürich ²1994, (240f.) 240.

[2] Die Angabe von WILHELM VON ROHDEN, Geschichte der »Alten Marburger« bis 1934, Typoskript, Marburg 1977, UB Tübingen, Nachlass R. Bultmann, Mn 2-3084, die betreffenden Marburger Theologiestudenten hätten im November 1925 das Fakultätsexamen bestanden, trifft allerdings mindestens für W. Wolff nicht zu, der das Erste theologische Examen am 7.7.1926 in Marburg absolvierte. Vgl. DIETER WASSMANN, Evangelische Pfarrer in Kurhessen und Waldeck von 1933 bis 1945, Kassel 2001, 369. – W. von Rohden selbst legte das Erste theologische Examen Anfang des Jahres 1926 in Halle ab. Vgl. W. von Rohden an R. Bultmann, 11.2.1926, UB Tübingen, Nachlass R. Bultmann, Mn 2-1639, Bl. 3. – Im Folgenden führe ich Stücke aus dem Nachlass R. Bultmann unter Angabe lediglich der betreffenden Faszikel-Nummer an.

[3] Vgl. W. Bielfeld, E. Fuchs, W. Wolff u. H. Stock, Marburger Brief zur Pforta-Tagung 1925, 30.6.1925, Mn 2-544. Zum Pforta-Kreis vgl. JASPERT (s. Anm. 1), 46 Anm. 2.

Die erste Tagung dieser theologischen Arbeitsgemeinschaft fand ein Jahr später, vom 24.-26. Oktober 1927, im Haus der »Akademischen Vereinigung« in Marburg, Nikolaistraße 3, nahe der Lutherischen Pfarrkirche statt. Ab 1934 tagte man im Gasthaus Ruppersberg in Ockershausen. Zur ersten und zu allen weiteren Konferenzen bis 1936 wurden in der Regel nur ehemalige Studenten Bultmanns und die jeweiligen Referenten eingeladen.[4] Die äußere Organisation der Tagungen übernahmen die früheren Marburger Theologen, die einluden und für die Teilnehmer die Quartiere im Forsthof oder bei privaten Gastgebern (Rudolf Bultmann, Gerhard Krüger und Heinrich Schlier) besorgten.[5] Ab der zweiten Tagung 1928 wurden die Themen entsprechend den Vorschlägen der ehemaligen Theologiestudenten festgelegt, während es zumeist Bultmann oder Schlier oblag, sich um die Referenten zu bemühen. Eine feste Bezeichnung hatte die Arbeitsgemeinschaft bis 1936 noch nicht. Bultmann spricht 1927 gegenüber Friedrich Gogarten von einer »Gruppe von alten und neuen Marburger Theologen«[6]. Wilhelm Wolff lädt zur ersten Tagung 1927 einen »engeren Kreis von früheren und jetzigen Marburger Theologen« ein,[7] das Protokoll dieser Tagung fasst die »Marburger Verhandlungen« zusammen.[8] Edo Osterloh möchte 1932 an der »Bultmann-Schülertagung« teilnehmen.[9] Bultmann selbst notiert in seiner Chronik entweder »Tagung alter Marburger Theologen« oder einfach »Marburger Theologentagung«.[10] Man sieht, die Veranstaltung und ihr Teilnehmerkreis haben anfangs noch keinen festen Namen. Selbst im Protokoll der ersten Tagung nach dem Zweiten Weltkrieg, die vom 10.-14. Oktober 1949 in Herborn stattfand, ist im Titel lediglich von »der theologischen Arbeitstagung in Herborn/Dill« die Rede.[11] Erst danach scheint sich »Alte Marburger« als fester Begriff für den Schülerkreis Bultmanns etabliert zu haben.

Jedenfalls kam die von den Studenten 1926 angeregte Einrichtung einer regelmäßig wiederkehrenden Tagung Marburger Theologen den Intentionen, die Bultmann mit seiner theologischen Arbeit verband, durchaus entgegen. Für die Feststellung allgemeiner Wahrheiten oder bloßer Lehrsätze war ein kommunikativer, ergebnisoffener Austausch mit anderen Theologen nicht erforderlich, für eine Theologie, die sich um die Klärung des inneren Zusammenhanges von

---

[4] Vgl. H. Schlier an K. Barth (s. Anm. 1), 240.

[5] Vgl. W. Wolff an E. Fuchs, 15.8.1927, UB Tübingen, Nachlass E. Fuchs, Mn 22-531.

[6] R. Bultmann an F. Gogarten, 26.6.1927, in: HERMANN GÖTZ GÖCKERITZ (HG.), Rudolf Bultmann – Friedrich Gogarten. Briefwechsel 1921–1967, Tübingen 2002, (111f.) 111.

[7] W. Wolff an E. Fuchs (s. Anm. 5).

[8] Vgl. Marburger Verhandlungen, 24.-26. Oktober 1927. Nachschrift in Verbindung mit der von Hilde Sopp besorgt von Heinrich Bültemeier, Typoskript, 1927, Mn 2-3078.

[9] E. Osterloh an R. Bultmann, 4.10.1932, Mn 2-1505.

[10] RUDOLF BULTMANN, Chronik 1917–1945, Mn 2-224, Bl. 13, 14, 16, 20, 22, 25, 27, 32.

[11] Protokoll der theologischen Arbeitstagung in Herborn/Dill, 10.–14.10.1949, Mn 2-3080.

Glauben und Verstehen mühte, hingegen sehr wohl. Das ausgeprägte Interesse, das Bultmann den von seinen Schülern initiierten Tagungen entgegenbrachte, war gewiss auch durch die negativen Erfahrungen bestimmt, die er in den 1920er Jahren auf verschiedenen Tagungen der Freunde der Christlichen Welt und des Bundes für Gegenwartschristentum sowie bei den Marburger Ferienkursen mit hessischen Pfarrern hatte machen müssen: »Geschwätz und wieder Geschwätz!«[12]

Allerdings konnten die ersten Tagungen der »Alten Marburger« den hohen Ansprüchen Bultmanns nur bedingt genügen. So berichtet er Martin Heidegger von der Zusammenkunft im Oktober 1928, sie sei »auch nicht sonderlich erfreulich« gewesen, und fährt fort: »Von einigen Leuten hatte ich wohl gute Eindrücke; andere, wie von Rohden, versagten ganz, und die Disziplinlosigkeit des Fragens erschreckte mich derart, daß ich mich frage, ob und wie ich in Kolleg und Seminar mein bisheriges Verhalten ändern muß.« Gerhard Krüger habe »zwar für den äußeren Gang Erhebliches« beigetragen, aber er behandele die Dinge lediglich »mit einer formalen Gewandtheit ... und ohne ein eigentliches Verhältnis zur Sache«. Demgegenüber habe Ernst Fuchs, »der wirklich aus der Sache heraus und mit konsequenter Energie dachte und redete«, die besten Beiträge geliefert.[13] Bultmann zeigte sich wiederholt enttäuscht zumal von Heinrich Schlier, der 1929 »das Referat übernommen hatte«, aber versagt habe. Schlier gewinne »keine Sicherheit« und laviere »zwischen Wissenschaft und einem naiven Biblizismus, in welcher Richtung ihn offenbar seine Frau beeinflußt« habe.[14] Zwei Jahre später meldet Bultmann nach Freiburg: »In der Diskussion zeichnete sich leider Schlier durch Schweigen aus. Gogarten war auch dabei und half erfreulich mit.«[15] Das sind gewiss Momentaufnahmen, die aus der Retrospektive nicht überbewertet werden sollten. Sie können auch keineswegs verdecken, dass Bultmann den Austausch mit seinen früheren Seminarteilnehmern generell als »sehr wertvoll« für sich selbst und als förderlich für seine Schüler betrachtete.[16]

In seiner – leider in mehr als einer Hinsicht sehr unbefriedigenden – Skizze der »Geschichte der ›Alten Marburger‹ bis 1934« hat Wilhelm von Rohden 1977

---

[12] R. Bultmann an M. Heidegger, 4.11.1929, in: Andreas Grossmann/Christof Landmesser (Hg.), Rudolf Bultmann/Martin Heidegger. Briefwechsel 1925-1975, Frankfurt a.M./Tübingen 2009, (116-120) 119; dazu R. Bultmann an M. Heidegger, 29.10.1928, a.a.O. (69-78) 74f.; vgl. auch Konrad Hammann, Rudolf Bultmann. Eine Biographie, ^{3}2012, 148-152.

[13] R. Bultmann an M. Heidegger, 29.10.1928, in: Grossmann/Landmesser (s. Anm. 12), (69-78) 75f.; ähnlich R. Bultmann an F. Gogarten, 4.11.1928, in: Göckeritz (s. Anm. 6), (142-147) 143.

[14] R. Bultmann an M. Heidegger, 4.11.1929, in: Grossmann/Landmesser (s. Anm. 12), (116-120) 119.

[15] R. Bultmann an M. Heidegger, 8.11.1931, in: Grossmann/Landmesser (s. Anm. 12), (167-170) 169.

[16] R. Bultmann an M. Heidegger, 4.11.1929 (s. Anm. 14), 119.

im Rückblick auf die Themen der ersten Tagungen das Fazit gezogen: »Die Barmer Synode 1934 kündigt sich an.«[17] Jedoch wird man dieses retrospektive Urteil – unbeschadet der thematischen Berührungspunkte zwischen den Marburger Tagungen und der Barmer Theologischen Erklärung, wie sie durch die Stichwörter Christologie, natürliche Theologie, Verhältnis Staat – Kirche oder kirchliches Amt angezeigt sind, – mit einem Fragezeichen versehen dürfen. Denn ob das, was Bultmann 1928 zur »Bedeutung des geschichtlichen Jesus für die Theologie des Paulus« referierte,[18] ohne weiteres mit der ersten These der Barmer Theologischen Erklärung kompatibel ist, kann doch bezweifelt werden.

Schon gar nicht harmonisieren lassen sich die beiden Positionen, die Gerhard Krüger und Rudolf Bultmann auf der Tagung 1931 jeweils höchst eigenständig zur Frage der natürlichen Theologie beziehen, und die apodiktische, diskussionslose Ablehnung aller natürlichen Theologie, wie die von Karl Barth formulierte These 1 der Barmer Theologischen Erklärung sie vollzieht.[19] Bultmanns Vortrag und auch sein Bericht über diese Tagung lassen erkennen, dass er das Problem der natürlichen Theologie bewusst ganz anders auffasst und angeht als Karl Barth,[20] dass er sich hinsichtlich dieser Frage aber auch von Krüger geschieden weiß: »Krüger ... möchte als Philosoph zur Gottesfrage gelangen und zwar im

[17] VON ROHDEN, Geschichte der »Alten Marburger« bis 1934 (s. Anm. 2), Bl. 2. – Leider hat WALTER SCHMITHALS, Zur frühen Geschichte der ›Alten Marburger‹ nach den Aufzeichnungen Wilhelm von Rohdens, in: Protokoll der Tagung Alte Marburger 3.–5. Januar 1994 in Hofgeismar, 18f., die Angaben von Rohdens ungeprüft übernommen.

[18] Vgl. RUDOLF BULTMANN, Die Bedeutung des geschichtlichen Jesus für die Theologie des Paulus, ThBl 8 (1929), 137-151, auch in: GuV 1, Tübingen [1]1933, 188-213.

[19] Vgl. GERHARD KRÜGER, Die Frage der natürlichen Theologie, in: J.A. FRIEDRICH KRAHNERT (HG.), Protokoll der Tagung des »Kreises ehem. Marburger Theologen« im Oktober 1931 in Marburg über »Die Frage der natürlichen Theologie«, Marburg/L. 1932, 9-17 (mit dem in den Text eingeschobenen Protokoll der Diskussion); RUDOLF BULTMANN, Die Frage der natürlichen Theologie, in: KRAHNERT, a.a.O., 3-8; unter dem Titel »Das Problem der ›natürlichen Theologie‹« auch in: GuV 1, Tübingen [1]1933, 294-312.

[20] R. Bultmann an M. Heidegger, 8.11.1931 (s. Anm. 15), 168f.: »Ich versuchte zu zeigen, wie das Problem für die Theologie aktuell wird 1.) durch die Frage nach dem Verstehen von Verkündigung und Bekenntnis, 2.) durch die Tatsache der Religion bzw. des Redens von und zu Gott außerhalb des Glaubens, das doch vom Glauben her irgendwie interpretiert werden muß, 3.) durch die Tatsache der Philosophie, sofern diese beansprucht, das Sein des Daseins verstehen zu können, womit sie auch den Glauben zu verstehen beansprucht, sofern dieser eine Weise des Seins des Daseins ist. Es lief also schließlich wieder auf das Thema ›Glauben und Philosophieren‹ hinaus ...«. – Zur Bedeutung von Bultmanns Vortrag im Rahmen seiner Kontroverse mit K. Barth einerseits und seines Dialoges mit F. Gogarten andererseits vgl. HAMMANN, Rudolf Bultmann (s. Anm. 12), 225f.

direkten Sinn. Er scheint mir einen gefährlichen Weg zu gehen. Im Übrigen waren seine Ausführungen klarer und ihrer Richtung sicherer als sonst.«[21]

Auch wenn man die ersten Tagungen der »Alten Marburger« also nicht in eine direkte Verbindung mit der Barmer Synode von 1934 bringen sollte, geben sie doch etliche Hinweise auf die Spaltung der Dialektischen Theologie, wie diese sich seit etwa 1927 abzeichnete und sofern Bultmann in sie involviert war. Zunächst fällt auf, dass Friedrich Gogarten auf den Tagungen 1927-1932 mit zwei Publikationen die Diskussionen maßgeblich mitbestimmte[22] - Schlier sah 1929 bezeichnenderweise in Bultmann *und* Gogarten »die Leitenden und Lehrenden« in der Arbeitsgemeinschaft der Marburger Theologen.[23] Gogarten besuchte aber, nachdem er 1933 die »deutsche Revolution« emphatisch begrüßt hatte, während des Dritten Reiches keine Tagung der »Alten Marburger« mehr. Bultmann lud ihn 1933, 1934 und 1936 auch gar nicht mehr ein.

Der ersten Tagung 1927 lag die im selben Jahr erschienene Schrift Gogartens »Theologische Tradition und theologische Arbeit« zugrunde.[24] Bultmann gab eine knappe Einführung in dieses Buch und skizzierte vier Themenbereiche, die im anschließenden Gespräch behandelt wurden. Die Diskussion, an der sich laut Protokoll außer Bultmann und Gogarten noch Elisabeth Bornkamm, Irmgard Feußner, Ernst Fuchs, Gerhard Krüger, Heinrich Schlier und dessen spätere Frau Erna Haas beteiligten, war auf Fragen der theologischen Hermeneutik ausgerichtet: Was ist das Eigentümliche einer theologischen Interpretation der Bibel? Inwiefern äußert sich der Gehorsam gegenüber dem Wort Gottes in der Einheit von

---

[21] R. Bultmann an M. Heidegger, 8.11.1931 (s. Anm. 15), 169. - FRANK LILIE, Schöpfung und menschliche Freiheit in der Philosophie Gerhard Krügers, NZSTh 37 (1995), (223-237) 235, vertritt die These, Krüger habe »keine philosophische Theologie entwerfen« wollen; sein Denken sei vielmehr darauf ausgerichtet gewesen, »unserer Vernunft ihren Ort in der Welt so zuzuweisen, daß unsere Freiheit mit unserer Geschöpflichkeit in Einklang gebracht wird«.

[22] Ob Gogarten an der Tagung 1932 teilgenommen hat, ließ sich bisher noch nicht zweifelsfrei klären. Seine Korrespondenz mit R. Bultmann enthält aus dem Jahr 1932 keine Briefe. - Gegenstand der Tagung 1932 war die Besprechung von FRIEDRICH GOGARTEN, Politische Ethik. Versuch einer Grundlegung, Jena 1932. Zu diesem Buch vgl. als persönliche Einschätzung R. Bultmann an M. Heidegger, 11./14.12.1932, in: GROSSMANN/ LANDMESSER (s. Anm. 12), (182-189) 187: »... seine ›Politische Ethik‹ ist doch eine kraftvolle Leistung«. - Zu Gogartens »Politischer Ethik« vgl. dagegen kritisch FRIEDRICH WILHELM GRAF, Friedrich Gogartens Deutung der Moderne. Ein theologiegeschichtlicher Rückblick, in: DERS., Der heilige Zeitgeist. Studien zur Ideengeschichte der protestantischen Theologie in der Weimarer Republik, Tübingen 2011, (265-328) 296-304.

[23] H. Schlier an R. Bultmann, 11.7.1929, Mn 2-1726.

[24] Vgl. FRIEDRICH GOGARTEN, Theologische Tradition und theologische Arbeit. Geistesgeschichte oder Theologie?, Leipzig 1927.

Glaube und Liebe? Welche Bedeutung hat die Begegnung des Ich mit dem Du des Nächsten für die Theologie? Worin besteht die genuine Tradition des Glaubens?

Das 28 Seiten umfassende Protokoll der Tagung vermittelt einen authentischen Eindruck von der Debatte. In verschiedenen Redebeiträgen werden die spezifischen theologischen Interessen und Schwerpunktsetzungen der betreffenden Theologen deutlich. Während Gogarten sowohl in seiner Schrift als auch in der Diskussion Geistesgeschichte und Theologie strikt voneinander abgrenzt, fragt Bultmann darüber hinausgehend nach dem Verhältnis zwischen der theologischen Interpretation der Schrift und dem gläubigen Hören.[25] In seinen Diskussionsvoten kristallisieren sich bereits etliche Elemente seines hermeneutischen Verfahrens der existentialen Interpretation heraus, das Vorverständnis, der Lebensbezug des Interpreten zu der im Text zur Sprache kommenden Sache, die Möglichkeiten menschlicher Existenz oder die Einheit zwischen der historischen und der theologischen Arbeit an der Schrift. Ein kleiner Ausschnitt mag einen Eindruck von der lebendigen Diskussion vermitteln: »Krüger: Theologie gibt es nur, weil wir in einer wissenschaftlichen Sprache leben. Die Predigt ist dann die Uebersetzung in die Sprache des Alltags. – Gogarten: In der heutigen wissenschaftlichen Exegese fehlt die *applicatio*. – Krüger: Luthers Exegesen waren zwar mehr erbaulich gehalten, aber das ist kein grundsätzlicher Unterschied; denn *implicite* muss die *applicatio* immer darin sein. – Bultmann: Ich lese keine praktische Erklärung neben der wissenschaftlichen. Die ›Uebersetzung‹ ist unendlich, weil die Möglichkeit des Verständnisses je nach der Situation eine unendliche ist. Grundsätzlich sind theol[ogische] Exegese und Predigt dasselbe.«[26]

Nachdem Gogarten mit seiner theologischen Haltung zur »deutschen Revolution« von 1933 das Unverständnis und die Kritik Bultmanns evoziert hatte, war dieser es dann, der die zwischen ihm und Gogarten seit dem Beginn des Dritten Reiches bestehende Barriere der Sprachlosigkeit überwand. Bultmann nämlich nahm 1937 Gogartens Buch »Gericht oder Skepsis« zum Anlass, trotz der weiterhin bestehenden kirchenpolitischen Differenzen das theologische Gespräch mit dem inzwischen in Göttingen lehrenden befreundeten Kollegen wieder aufzunehmen und dessen Buch als Grundlage für die nächste Tagung seines Schülerkreises ins Auge zu fassen.[27]

Der zwischen Barth und Bultmann schon seit längerem schwelende Streit, der das Verhältnis von Philosophie und Theologie, die Bedeutung der Anthropologie für die Theologie und prinzipielle hermeneutische Fragen betraf, kam im Vorfeld der für den Oktober 1930 geplanten Marburger Tagung zum Thema

[25] Vgl. Marburger Verhandlungen (s. Anm. 8), 8.

[26] Vgl. a.a.O., 15; diese Passage ist bei Schmithals, Zur frühen Geschichte (s. Anm. 17), 18, ohne die genaue Zuordnung der einzelnen Voten abgedruckt.

[27] Vgl. R. Bultmann an F. Gogarten, 18.4.1937, in: Göckeritz (s. Anm. 6), 211-213.

»natürliche Theologie« offen zum Ausbruch. Barth hatte die Einladung Bultmanns, auf dieser Tagung über das Problem der natürlichen Theologie zu referieren,[28] zunächst angenommen, ungeachtet seiner Erwartung: »So ungünstig meine Stellung in einem aus lauter Schülern von Ihnen zusammengesetzten Kreise dann zum vornherein sein wird.«[29] Jedoch nahm Barth, nachdem zwischenzeitlich vor allem Gogarten seine Teilnahme an der Tagung aus Termingründen abgesagt hatte, seine Zusage zurück.[30] Bultmann versuchte daraufhin, Barth mit dem eindringlichen Hinweis auf das große Interesse »der alten Marburger«, mit ihm »in ein rechtes Gespräch zu kommen«, umzustimmen,[31] doch vergebens – Barth hielt an seiner Absage fest.[32]

Vielleicht noch aussagekräftiger als der schon an sich bemerkenswerte Vorgang dieser kurzfristigen Absage Barths – das Tagungsprogramm war schon gedruckt! – geriet das Nachspiel in der Korrespondenz der beiden Theologen.[33] Barth erklärt im Mai 1931 sein »Ausbleiben in Marburg vorigen Herbst« gegenüber Bultmann folgendermaßen: »Die Versammlung Ihrer Schüler und deren Wunsch, mich zu hören bzw. zu verhören, war mir kein zwingender Ruf.« Inzwischen seien ihm die Differenzen mit Bultmann immer klarer geworden, und dazu gehöre »auch das, was Sie mit Gogarten mir gegenüber verbindet, auch das, was Ihren Schülern das eigentümliche Marburger Selbstbewußtsein gibt – kurz, eben das, worin unsere Wege auseinandergehen«[34]. Bultmann weist in seiner Erwiderung die Vorwürfe Barths ebenso freundlich wie bestimmt zurück. Wenn Barth die Absicht, mit ihm »ernsthaft zu diskutieren«, durch das Misstrauen diskreditiere, als ob »wir Sie verhören« wollten, so sei dies schlicht unfreundlich. Und was das von Barth monierte »Marburger Selbstbewußtsein« angeht, legt Bultmann Wert auf die Feststellung, »daß in meinem Marburger Kreis die Schul-Orthodoxie die geringste ist«. Das spezifische Marburger Selbstbewusstsein beruhe gerade darauf, »daß wir uns unserer Offenheit und des Forschungscharakters theologischer Arbeit bewußt sind«[35].

---

[28] Vgl. R. Bultmann an K. Barth, 16.2.1930, in: JASPERT (s. Anm. 1), (102-104) 103.

[29] K. Barth an R. Bultmann, 17.2.1930, in: JASPERT (s. Anm. 1), (104-106) 104f.

[30] Vgl. K. Barth an R. Bultmann, 30.9.1930, in: JASPERT (s. Anm. 1), 109f.

[31] R. Bultmann an K. Barth, 2.10.1930, in: JASPERT (s. Anm. 1), (111f.) 112.

[32] Vgl. K. Barth an R. Bultmann, 3.10.1930, in: JASPERT (s. Anm. 1), 112f.

[33] Vgl. aber auch H. Schlier an K. Barth, 3.10.1930, in: JASPERT (s. Anm. 1), 240f.; G. Krüger an K. Barth, 7.10.1930, in: JASPERT (s. Anm. 1), 241-243; R. Bultmann an G. Krüger, 16.10.1930, in: FRANK LILIE (HG.), Rudolf Bultmann und Gerhard Krüger. Briefwechsel 1925-1971, ZNThG 4 (1997), (281-309) 296f.; R. Bultmann an E. Fuchs, 17.11.1930, in: GÖCKERITZ (s. Anm. 6), 183f. Anm. 11.

[34] K. Barth an R. Bultmann, 27.5.1931, in: JASPERT (s. Anm. 1), (114-118) 116f.

[35] R. Bultmann an K. Barth, 14.6.1931, in: JASPERT (s. Anm. 1), (119-122) 121.

Es kam dann erst wieder unter dem Druck des Kirchenkampfes zu einem zeitweiligen Austausch und einer gewissen theologischen Annäherung Barths und Bultmanns. Immerhin erklärte Barth sich im Juli 1934 dazu bereit, an der Herbsttagung der »Alten Marburger« zum Thema »Das kirchliche Amt« teilzunehmen, freilich »ohne den Drang zu einem Referat«, aber nun doch auch, wie er Bultmann versicherte, weil er in der Lage sei, »ohne Mißtrauen an Ihren Marburger Kreis zu denken«[36]. Einen Beleg dafür, dass Barth 1934 an der Tagung der »Alten Marburger« wirklich teilnahm, gibt es nicht. Nach 1945 fiel er jedenfalls wieder in alte Denkmuster zurück, als er wiederholt, und zwar sicher nicht zuletzt in theologiepolitischer Absicht, von *der* Bultmannschule, den »Bultmanniden« oder der »Rotte Korah« sprach. Dazu habe ich in meinem Buch »Rudolf Bultmann und seine Zeit« und dazu hat Andreas Lindemann in seinem schönen Beitrag über die Bultmannschule in dem von Christof Landmesser herausgegebenen »Bultmann Handbuch« alles gesagt, was zu sagen nötig ist.[37]

Für die von Bultmann gegenüber Barth demonstrativ betonte Offenheit der theologischen Arbeit in seinem Schülerkreis können wir die Probe aufs Exempel machen, indem wir uns dem Vortrag zuwenden, den Günter Jacob 1933 vor den »Alten Marburgern« gehalten hat. Jacob hatte von 1924–1928 in Tübingen, Marburg, Berlin und wieder in Marburg Theologie studiert und war dort aus einem Parteigänger Rudolf Ottos zum Anhänger der Dialektischen Theologie geworden. Obwohl er zwei Seminare Bultmanns besucht hatte[38], wird man ihn nicht als einen Schüler Bultmanns im engeren Sinne bezeichnen können. Denn Bultmann hatte jedenfalls bis 1929 »kaum persönliche Beziehungen« zu Jacob,[39] er hielt aber große Stücke auf den jungen brandenburgischen Theologen.[40] Dies umso mehr,

---

[36] K. Barth an R. Bultmann, 10.7.1934, in: JASPERT (s. Anm. 1), (150-152) 150f.

[37] Vgl. KONRAD HAMMANN, Das alte und das neue Marburg. Bultmann und Karl Barth nach 1945, in: DERS., Rudolf Bultmann und seine Zeit. Biographische und theologische Konstellationen, Tübingen 2016, (132–157) 136–138; ANDREAS LINDEMANN, Art. Bultmannschule, in: CHRISTOF LANDMESSER (HG.), Bultmann Handbuch, Tübingen 2017, (402-410) 403-405.

[38] Jacob nahm im WS 1925/26 als ordentliches Mitglied an Bultmanns Seminar »Die Anthropologie des Paulus« und – nach dem in Marburg am 12.7.1928 mit der Note »sehr gut« bestandenen Fakultätsexamen – im WS 1928/29 als außerordentliches Mitglied an Bultmanns Seminar »Untersuchung von Grundbegriffen des Johannes-Evangeliums« teil. Vgl. BERND JASPERT (HG.), Sachgemäße Exegese. Die Protokolle aus Rudolf Bultmanns Neutestamentlichen Seminaren 1921-1951 (MThSt 43), Marburg 1996, 39.58.

[39] R. Bultmann an F. Gogarten, 2.3.1929, in: GÖCKERITZ (s. Anm. 6), (158–160) 159; R. Bultmann an M. Heidegger, 15.7.1929, in: GROSSMANN/LANDMESSER (s. Anm. 12), (112-115) 113.

[40] Siehe die beiden Anm. 39 angeführten Voten Bultmanns. – Auf Bitten Bultmanns hin verfasste Jacob mehrere Literaturberichte für die »Theologische Rundschau«. Vgl. GÜNTER JACOB, Kreuz und Reich, ThR NF 7 (1935), 319-348; DERS., Die Krise der Predigt als Problem der theologischen Anthropologie, ThR NF 8 (1936), 315-343. Siehe auch u. Anm. 73.

nachdem Jacob mit einer von Heinrich Hermelink betreuten, aber von Kierkegaard, der Dialektischen Theologie und Heideggers Existentialphilosophie inspirierten Untersuchung zum »Gewissensbegriff in der Theologie Luthers« 1929 in Marburg den Licentiatengrad erworben und in diesem Zusammenhang das Rigorosum glänzend bestanden hatte.[41]

Was nun den von Günter Jacob auf der Marburger Tagung 1933 gehaltenen Vortrag betrifft, so können wir hier den ursprünglichen Anlass, der Jacob zur Abfassung dieses Textes bewog, außer Acht lassen.[42] Aus seinem Vortrag möchte ich nur die wichtigsten Gedanken thetisch vergegenwärtigen. Zum besseren Verständnis ist vorweg nur zu bemerken, dass Jacob einer der ersten, wenn nicht *der* erste war, der den Nationalsozialismus mithilfe des Paradigmas der politischen Religion analysiert und kritisiert hat.[43]

Da die christliche Botschaft den Menschen in all seinen Lebensbereichen betreffe und universale Geltung beanspruche, sei sie – so Jacob – als »echte *politische Prophetie*« zu begreifen.[44] Während der christliche Glaube gerade infolge seiner eschatologischen Ausrichtung den politischen Bereich den endlichen, menschlichen Entscheidungen anheimstelle, müsse die »politische Religion« als säkulare Gestalt des Messianismus das Reich Gottes in den irdischen

---

[41] Vgl. GÜNTER JACOB, Der Gewissensbegriff in der Theologie Luthers (BHTh 4), Tübingen 1929; Nachdruck Nendeln (Liechtenstein) 1966. Zu dieser Arbeit vgl. MICHAEL HÜTTENHOFF in Zusammenarbeit mit HANSJÖRG BUSS/CHRISTIAN JOHANNES NEDDENS, Günter Jacob – ein junger Vertreter der Dialektischen Theologie (1924–1933), unveröffentlichtes Typoskript, Saarbrücken 2015, 6-8.

[42] Dieser Anlass war eine Auseinandersetzung Jacobs mit K. Barth über die Frage, worauf der von Jacob 1933 mitinitiierte Pfarrernotbund seine Bekämpfung der »Deutschen Christen« schwerpunktmäßig ausrichten sollte. Während Barth meinte, der Protest gegen die Häresie der »Deutschen Christen« müsse nicht beim Arierparagraphen, sondern bei dem neuprotestantischen Irrtum ansetzen, dass die »Deutschen Christen« den Gegebenheiten des deutschen Volkstums, dessen Geschichte und dessen politischer Gegenwart Offenbarungsqualität beimessen würden, verteidigte Jacob die Aufnahme des Widerspruchs gegen den Arierparagraphen in die Verpflichtungserklärung des Pfarrer-notbundes und forderte, den Nationalsozialismus als politische Ordnung zu bejahen und zugleich die »Deutschen Christen« theologisch zu bekämpfen. Zu Einzelheiten vgl. MICHAEL HÜTTENHOFF, Kirchliche Opposition im Streit. Zu Vorgeschichte, Inhalt und Wirkung eines Vorworts, in: GEORG PFLEIDERER, HARALD MATERN (HG.), Theologie im Umbruch der Moderne. Karl Barths frühe Dialektische Theologie (Christentum und Kultur 15), Zürich 2014, (217-234) 227-233.

[43] Vgl. CHRISTIAN JOHANNES NEDDENS, ›Politische Religion‹. Zur Herkunft eines Interpretationsmodells totalitärer Ideologien, ZThK 109 (2012), (307-336) 328-331, bes. 329.

[44] GÜNTER JACOB, Christliche Verkündigung und politische Existenz, JK 2 (1934), (309-321) 311f. – Jacob hatte das Manuskript seines Vortrags Bultmann entweder Ende 1933 oder Anfang 1934 zugesandt. Dies geht hervor aus G. Jacob an R. Bultmann, 13.2.1934, Mn 2-1049.

Verhältnissen politisch realisieren. Weil die Gegenwart aber durch die »totale Politisierung der Existenz« gekennzeichnet sei, müsse die auf diese Gegenwart bezogene Predigt notwendig politische Predigt sein in dem Sinne, dass sie den unbedingten Anspruch des Wortes Gottes im endlichen Leben zur Geltung bringe.[45] Sie stoße dabei aber auf die mit diesem Anspruch konkurrierende »nationalsozialistische Revolution«, die noch »zwischen *politischer Ordnung* und *politischer Religion*« laviere,[46] die aber in sich unübersehbar »die Zeichen für eine Radikalisierung zur politischen Religion« enthalte.[47]

Während Jacob den nationalsozialistischen Staat Ende 1933 als politisches Ordnungssystem noch respektiert und vor vorschneller theologischer Kritik in Schutz nimmt – dies freilich nur unter bestimmten Kautelen –, geht er mit dem Nationalsozialismus als politischer Religion hart ins Gericht. Für ihn stellen nicht die »Deutschen Christen« mit ihrem Versuch der Revitalisierung germanischer Religiosität den Hauptgegner der Kirche dar, sondern der Nationalsozialismus, der den »Heroismus vollkommener Diesseitigkeit der politischen Religion« verkörpere.[48] Der Nationalsozialismus sei in dieser seiner Gestalt als politische Religion schlechterdings dämonisch, das »Werkzeug antichristlicher Herrschaft«.[49] Die christliche Kirche sei allerdings für die Auseinandersetzung mit diesem Gegner denkbar schlecht vorbereitet, denn sie habe selbst zum Aufkommen der politischen Religion beigetragen, indem sie im 19. und 20. Jahrhundert in ihrer Verkündigung die Eschatologie sträflich vernachlässigt habe. Erst die »Bezeugung echter christlicher Eschatologie« könne sie dazu befähigen, der politischen Religion des Nationalsozialismus glaubwürdig und erfolgreich entgegenzutreten.

Bei der Publikation seines Vortragstextes stieß Jacob auf Schwierigkeiten. Der Furche-Verlag lehnte »den Druck wegen der zu großen Aktualität« ab.[50] Auf die Bitte Jacobs hin setzte sich Bultmann daraufhin bei Karl Barth dafür ein, das Manuskript in der von diesem herausgegebenen Reihe »Theologische Existenz heute« erscheinen zu lassen. Bultmann meinte, Jacob habe in seinem Aufsatz »Notwendiges ausgezeichnet gesagt«, allerdings »das Positive gegenüber dem Kritischen [noch] nicht hinreichend zur Geltung gebracht«. Deshalb habe er Jacob empfohlen, »den Aufsatz *zusammen* mit einem Vortrag über Luthers Verhältnis zum Staat zu publizieren«.[51]

---

[45] A.a.O., 316f.

[46] A.a.O., 318. Die kursivierten Wörter sind im Original gesperrt gedruckt.

[47] Ebd.

[48] Ebd.

[49] A.a.O., 320.

[50] Vgl. R. Bultmann an K. Barth, 14.2.1934, in: JASPERT (s. Anm. 1), (140-142) 141.

[51] A.a.O., 142. – Bultmann gibt hier das Thema des betreffenden Vortrags von Jacob offenbar nicht genau an. In Betracht kommen dürfte weniger GÜNTER JACOB, Die Interpretation

Der Bitte Bultmanns vermochte Barth jedoch nicht zu entsprechen, und zwar aus zwei Gründen nicht. Zum einen sah er durch Jacob die christliche Verkündigung in das Zentrum eines freilich »mehr philosophisch sauber als theologisch rein« entworfenen Koordinatensystems gerückt, aber nicht genügend herausgestellt, dass die christliche Verkündigung vor allem in ihren Beziehungen zur Schrift und zur Gemeinde »theologisch richtig gewürdigt werden« müsste.[52] Zum anderen missfiel Barth, dass Jacob offensichtlich »jene für die Theorie und Praxis der Pfarrernotbund-Führung typische geschichtsphilosophische Voraussetzung« teile, der Nationalsozialismus als solcher bedeute eine »›die tiefsten Zonen des Seins‹ erfassende ›Wendung zur Zukunft‹«.[53] Die von Jacob getroffene Unterscheidung zwischen dem Nationalsozialismus als zu bejahender politischer Ordnung und dem Nationalsozialismus als abzulehnender politischer Religion entbehre der theologischen Begründung, und es sei gerade die Aufgabe des Wächteramtes der Kirche, »in dem Dreieck Schrift-Prediger-Gemeinde« dem Nationalsozialismus als solchem und eben nicht nur in seiner Gestalt als politischer Religion kritisch entgegenzutreten.[54] Kurz, Barth lehnte es von seiner Auffassung des prophetischen Auftrags der Kirche her ab, die Arbeit Jacobs in seine Reihe »Theologische Existenz heute« aufzunehmen.[55]

Allerdings unterschlug Barth in seiner Kritik, dass Jacob es sehr wohl als den vornehmsten »*Dienst der Kirche für den Staat*«[56] bezeichnet hatte, durch die christliche Verkündigung jenes Wort kräftig zur Geltung zu bringen, welches den Staat an die Grenze seines Recht und Ordnung schaffenden Handelns erinnere und von dem her gegebenenfalls auch »gegen die Totalität des politischen Ordnungsraumes« Protest zu erheben sei.[57] Unbeachtet blieb bei Barth auch die entschiedene Abgrenzung Jacobs gegenüber der Apotheose des nationalsozialistischen Staates, wie sie in der zeitgenössischen evangelischen Theologie etwa Paul Althaus in seiner Publikation »Die deutsche Stunde der Kirche« vollzog.[58] Unter den Ende 1933 bestehenden Bedingungen vertrat Jacob nach meinem Urteil eine Position, die auf der Basis einer recht verstandenen lutherischen Zwei-Reiche-Lehre die Aufgabe des Staates strikt auf die Gewährleistung der politischen Ordnung als

---

des natürlichen Daseins bei Luther, ZThK 40 (1932), 62-72, als vielmehr Ders., Luthers Kirchenbegriff, ZThK 42 (1934), 16-32.

52 K. Barth an R. Bultmann, 27.2.1934, in: Jaspert (s. Anm. 1), (143-146) 144.

53 Ebd.; cf. Jacob, Christliche Verkündigung und politische Existenz (s. Anm. 44), 317.

54 K. Barth an R. Bultmann, 27.2.1934 (s. Anm. 52), 146.

55 Der Text Jacobs erschien dann in der von H. Lilje herausgegebenen Zeitschrift »Junge Kirche« (s. Anm. 44).

56 Jacob (s. Anm. 44), 318.

57 A.a.O., 321; ähnlich a.a.O., 319f.

58 A.a.O., 321 Anm. 14.

Gestaltungsraum der irdischen Existenz des Menschen beschränkte und die insbesondere den darüber hinausgehenden Anspruch des Nationalsozialismus, politische Religion sein zu wollen, vehement zurückwies.

Wie der geschilderte Sachverhalt exemplarisch zeigt, behandelten die »Alten Marburger« ihre Themen von Anfang an in gesamttheologischer Verantwortung, nicht etwa auf die Ermittlung historischer oder exegetischer Richtigkeiten reduziert, und im beständigen Bezug auf die Gegenwartsbedeutung des christlichen Glaubens. Diesem Ziel blieben sie auch verpflichtet, als sie auf Anregung Ernst Fuchs' und Günther Bornkamms hin 1949 ihre jährlichen Tagungen wieder aufnahmen. Über diese zweite Phase in der Geschichte der »Alten Marburger« habe ich nun nicht mehr zu berichten. Ich möchte aber insbesondere die jungen Kollegen einladen, ob sich nicht unter ihnen jemand bereitfinden könnte, dieses Thema zum Gegenstand einer Dissertation zu machen. Mit einer solchen Untersuchung würden Sie sich um die weitere Aufhellung der Theologiegeschichte der zweiten Hälfte des 20. Jahrhunderts sehr verdient machen. Sie würden nicht zuletzt Bultmanns Wort von der Offenheit und dem Forschungscharakter der theologischen Arbeit, wie die »Alten Marburger« sie verstanden und betrieben, eindrücklich verifizieren.

DIE TAGUNGEN DER »ALTEN MARBURGER« (1927–1936)

Nr.	Zeit	Thema / Vorträge	Bemerkungen
1	24.-26. Oktober 1927	F. Gogarten: Theologische Tradition und theologische Arbeit[59]	Protokoll (H. Bültemeier, H. Sopp)
2	22.-24. Oktober 1928	Christologie / R. Bultmann: Die Bedeutung des geschichtlichen Jesus für die Theologie des Paulus[60]	

[59] Vgl. GOGARTEN, Theologische Tradition und theologische Arbeit (s. Anm. 24).

[60] Vgl. BULTMANN, Die Bedeutung des geschichtlichen Jesus (s. Anm. 18). Anders BULTMANN, Chronik 1917-1945 (s. Anm. 10), Bl. 14: Der Begriff der Offenbarung im NT; vgl. RUDOLF BULTMANN, Der Begriff der Offenbarung im Neuen Testament (SGV 135), 1929, 1–48; auch in: GuV 3, Tübingen [1]1960, 1-34. Vermutlich beruht diese Angabe Bultmanns auf einem Irrtum, denn er hielt den Vortrag »Der Begriff der Offenbarung im Neuen Testament« am 12.4.1928 im Rahmen des Ferienkurses, den die Theologische Fakultät Marburg mit der hessischen Pfarrerschaft durchführte.

3	21.-23. Oktober 1929	Die kirchliche Vollmacht / H. Schlier: Zur Frage der Christologie[61] / W. von Rohden: ἐξουσία im Neuen Testament[62]	
	27.-29. Oktober 1930	Natürliche Theologie	wegen der Absage K. Barths ausgefallen
4	26.-28. Oktober 1931	Natürliche Theologie / G. Krüger: Die Frage der natürlichen Theologie[63] / R. Bultmann, Die Frage der natürlichen Theologie[64]	gedrucktes Protokoll (J. A. Fr. Krahnert), Marburg 1932
5	24.-26. Oktober 1932	Hoheit des Staates und Recht der Revolution[65]	
6	23.-25. Oktober 1933	Kirche und Staat / G. Jacob: Protestantische Haltung und politische Religion[66] / H. Schlier: Zum theologischen Verständnis des Gesetzes[67]	

[61] Der Vortrag Schliers ist nicht erhalten; vgl. aber HEINRICH SCHLIER, Mächte und Gewalten nach dem Neuen Testament, ThBl 9 (1930), 289-297. Auf diesen Vortrag, den Schlier (auch) am 3.5.1930 als seine Antrittsvorlesung nach seiner Umhabilitierung nach Marburg ebenda hielt, trifft Bultmanns Votum (s.o. Anm. 14) am ehesten zu. - Zu Schliers Verhältnis zu den »Alten Marburgern« vgl. REINHOLD VON BENDEMANN, Heinrich Schlier. Eine kritische Analyse seiner Interpretation paulinischer Theologie (BEvTh 115), Gütersloh 1995, 90 Anm. 335 (entsprechend dem Bericht W. von Rohdens).

[62] Der Vortrag bzw. das Korreferat W. von Rohdens ist nicht erhalten; vgl. aber W. von Rohden an R. Bultmann, 27.11.1928 u. 11.7.1929, UB Tübingen, Nachlass R. Bultmann, Mn 2-1639, Bl. 4f.

[63] Vgl. KRÜGER, Die Frage der natürlichen Theologie (s. Anm. 19), 9-17.

[64] Vgl. BULTMANN, Die Frage der natürlichen Theologie (s. Anm. 19), 3-8; unter verändertem Titel auch in: GuV 1, Tübingen [1]1933, 294-312.

[65] BULTMANN, Chronik 1917-1945 (s. Anm. 10), Bl. 22: »Thema: Gogarten: Politische Ethik«; s. auch o. Anm. 22.

[66] Der Vortrag Jacobs dürfte identisch sein mit G. JACOB, Christliche Verkündigung und politische Existenz (s. Anm. 44), 309-321.

[67] Der Vortrag Schliers ist nicht erhalten; möglicherweise ist er eingegangen in HEINRICH SCHLIER, Über das vollkommene Gesetz der Freiheit, in: ERNST WOLF (Hg.), Festschrift R. Bultmann zum 65. Geburtstag, Stuttgart 1949, 190-202.

7	22.–24. Oktober 1934	Das kirchliche Amt[68] / H. Vogel: Amt, Ordnung, Regiment der Kirche[69] / E. Wolf: –[70]	
	1935	– / E. Krafft: Unsere Stellung zu den überlieferten kirchlichen Formen[71]	ausgefallen
8	19.–21. Oktober 1936	Die Bedeutung des Alten Testaments für den christlichen Glauben / E. Osterloh: Die Bedeutung des Alten Testaments für den christlichen Glauben[72]	
9	1937	F. Gogarten: Gericht oder Skepsis. Eine Streitschrift gegen Karl Barth, 1937 / G. Jacob: Gericht oder Skepsis[73]	ausgefallen wegen zu geringer Anmeldungen
10	1938	– / –	wegen Bultmanns Italienreise ausgefallen

[68] Anders BULTMANN, Chronik 1917-1945 (s. Anm. 10), Bl. 27: Staat u. Kirche.

[69] Vgl. HEINRICH VOGEL, Amt, Ordnung, Regiment der Kirche, Oktober 1934, Manuskript, Evangelisches Zentralarchiv Berlin, EZA 665/186. Dieser Text ist inhaltlich identisch mit HEINRICH VOGEL, Wer regiert die Kirche? Über Amt, Ordnung, Regiment der Kirche (TEH 15), München 1934.

[70] Der Vortrag Wolfs ist nicht erhalten; vgl. aber ERNST WOLF, Zur Verwaltung der Sakramente nach Luther und lutherischer Lehre (1938), in: DERS., Peregrinatio [I]. Studien zur reformatorischen Theologie und zum Kirchenproblem, München 1954, 243-256.

[71] Der Vortragstext von E. Krafft ist nicht erhalten. – Vgl. R. Bultmann an G. Bornkamm, 2.9.1935, in: WERNER ZAGER (HG.), Rudolf Bultmann / Günther Bornkamm. Briefwechsel 1926-1976, Tübingen 2014, (50-53) 52.

[72] Zu diesem Vortrag, den Osterloh auch für eine Theologische Woche der Bekennenden Kirche Schlesiens im November 1936 angekündigt hat, vgl. PETER ZOCHER, Edo Osterloh – Vom Theologen zum christlichen Politiker. Eine Fallstudie zum Verhältnis von Theologie und Politik im 20. Jahrhundert (AKIZ.B 48), Göttingen 2007, 69. Der Vortrag Osterlohs ist nicht erhalten; möglicherweise ist er eingegangen in EDO OSTERLOH, Gottes Gerechtigkeit und menschliches Recht im Alten Testament, München 1940. – Vgl. auch R. Bultmann an E. Wolf, 2.10.1936, in: WERNER ZAGER (HG.), Rudolf Bultmann. Briefwechsel mit Götz Harbsmeier und Ernst Wolf 1933-1976, Tübingen 2017, (470f.) 471.

[73] Der geplante Vortrag Jacobs dürfte identisch sein mit GÜNTER JACOB, Gericht oder Skepsis. Zu Friedrich Gogartens gleichnamiger Streitschrift gegen Karl Barth, ThR NF 10 (1938), 1-23.

Zur Geschichte des theologischen Arbeitskreises »Alte Marburger« von 1949 bis 1998[1]

Bernd Wildemann

Vorbemerkungen

a) Es sei erlaubt, der Sitte des englischen Vortragswesens zu folgen, die fordert, zu Beginn die eigene Legitimation für die Befassung mit dem Thema darzulegen (»Present your credentials«). Ich verdanke meine Verbindung zu den »Alten Marburgern« Herrn Prof. Dr. Walter Schmithals. Als seinen Assistenten nahm er mich zu der Tagung im Januar 1978 in Hofgeismar mit. Seitdem nahm ich die Funktion eines »Sekretärs« der »Alten Marburger« wahr, der die Kasse und die Mitgliederliste führte und zusammen mit Prof. Schmithals und meinem Nachfolger in der Assistentenstelle Pastor mag. theol. Klaus Schmitz für die technische Erstellung der Protokolle sorgte sowie die Einladungen zu den jährlichen Tagungen und die Protokollbände verschickte. Auf den Tagungen 1988 und 1997 durfte ich eines der Hauptreferate halten sowie in mehreren Jahren eine der Morgenandachten. 1998 war ich eines der sieben Gründungsmitglieder der »Rudolf-Bultmann-Gesellschaft für Hermeneutische Theologie e. V.«, in die der Arbeitskreis »Alte Marburger« überführt wurde, und Mitglied (Kassenwart) im ersten Vorstand dieser Gesellschaft. Mit Ausnahme einiger weniger Tagungen habe ich an allen von 1978 bis 2017 teilgenommen. Schließlich möchte ich gerne anmerken, dass ich mir schwer vorstellen kann, wie ich meine Predigtaufgabe als evangelischer Gemeindepfarrer anders als auf der Grundlage der historisch-kritischen Exegese, der rationalen Mythosinterpretation und der existentialen Interpretation hätte wahrnehmen können, wie ich sie in den Werken Bultmanns, der »Bultmann-Schule« und persönlich bei Walter Schmithals gelernt habe.
b) Zu der Bezeichnung »Theologischer Arbeitskreis Alter Marburger«: In einem Brief Rudolf Bultmanns an Friedrich Gogarten vom 26. Juni 1926 heißt es: »Heute schreibe ich im Interesse der Gruppe von alten und neuen Marburger Theologen,

---

[1] Überarbeitete Fassung des am 21. Februar 2017 vorgetragenen Rückblicks. Die Vortragsform wurde beibehalten.

die im Oktober hier eine Arbeitsgemeinschaft veranstalten will.« (Siehe »Rudolf Bultmann - Friedrich Gogarten. Briefwechsel 1921-1967«, hg. von Hermann Götz Göckeritz, Tübingen 2002, Seite 111). Diese Arbeitsgemeinschaft fand dann vom 24.-26. Oktober 1927 statt. (Siehe dazu Konrad Hammann, »Rudolf Bultmann. Eine Biographie«, Tübingen 2009, S. 236. In diesem umfangreichen und ins Einzelne gehenden Werk sind die Umstände der Entstehung des »Arbeitskreises Alter Marburger« nachzulesen.) Da die Anregung zu diesem Arbeitskreis von ehemaligen Studenten Bultmanns ausging, legte sich eine Bezeichnung wie »Alte Marburger« nahe, ab wann genau sie zum Namen des Kreises wurde, konnte ich nicht ermitteln. Das Protokoll der Tagung von 1931, das wegen der besonderen Bedeutung des Themas und weil Bultmann selbst neben dem Philosophen Gerhard Krüger einer der Referenten war, »als Handschrift gedruckt« (so auf der Innenseite des Deckblatts) erschien, trägt den Titel »Protokoll der Tagung des ›Kreises ehem. Marburger Theologen‹ im Oktober 1931 in Marburg über ›Die Frage der natürlichen Theologie‹«. In den mir vorliegenden Tagungsprotokollen der Jahre ab 1950 ist zunächst ohne Namensbezeichnung nur von »theologischer Arbeitstagung« die Rede. Erst ein Brief, den Helmut Köster unter dem Datum des 25. März 1958 schreibt (nicht als Einladungsbrief, sondern das vorjährige Protokoll betreffend), hat als Adressangabe »An die Teilnehmer des Theologischen Arbeitskreises Alter Marburger«. Von da an erscheint links oben auf den Schreiben des oder der Einladenden stets die zweizeilige Absenderangabe »Theologischer Arbeitskreis Alte(r) Marburger«.

c) Die Abgrenzung des Zeitraumes »1949 bis 1998«: Wie erwähnt fand die erste Tagung 1927 statt. Damals stand noch nicht fest, ob und in welcher Form es Nachfolgetagungen geben würde. Offenbar war aber ein starker Wille vorhanden, mit Bultmann und untereinander im Gespräch zu bleiben, der offensichtlich darin gründete, dass man sich als geradezu verschworene Gemeinschaft empfand, die sich stolz und freudig um ein neues Verständnis von Glaube und Kirche sammelte. Wie es weiterging, stellt Prof. Dr. Konrad Hammann in seiner erwähnten Bultmann-Biographie dar. Der Zweite Weltkrieg setzte den Tagungen ein Ende bzw. machte einen Neuanfang erforderlich. Aus dem tabellarischen Überblick über die Tagungen, den Prof. Schmithals im Protokollband der Tagung 1994 gibt (der auch eine wesentliche Grundlage für diese meine Ausführungen ist), geht hervor, dass 1949 wieder ein Treffen stattfand. - Zwischen 1977 und 1978 wieder eine Zäsur zu setzen, ergibt sich aus verschiedenen Gründen. Zunächst ist es ein formaler Grund: Während für die Jahre von 1949 bis 1977 nicht für alle Tagungen Protokolle vorliegen und die vorliegenden hektographierte A4-Blätter sind, sind die Tagungen von 1978 bis 1998 vollständig protokolliert. Genaueres über diese Protokolle werde ich zu Beginn von Abschnitt 3 sagen. Der andere Grund ist inhaltlicher Art. Die 68er-Bewegung wirkte sich auch stark auf die theologische Debatte aus, so dass es auch hier wie in der ganzen Gesellschaft zu einer verstärkten Polarisierung in »Links« und »Rechts« kam. In den Jahren vor 1978 trennten sich etliche mehr »linksgerichtete« Theologen von den »Alten Marburgern«, die sich nun besonders nachdrücklich der historisch-kritischen Bibelauslegung und der hermeneutischen Theologie widmeten. In diese Richtung wirkten vor allem Prof. Dr. Erich Dinkler, der seit 1963 der Einladende war, und Walter Schmithals, der Herrn Dinkler unterstützte und nach dessen Tod 1981 die Leitung übernahm. Die Zäsur zwischen 1998 und 1999 ergibt sich deutlich durch die Umwandlung des »privaten« Arbeitskreises »Alte Marburger« in die „Rudolf-Bultmann-Gesellschaft für Hermeneutische Theologie e. V." So ergeben sich für diesen bzw. diese Arbeitskreise die vier Abschnitte: 1927-nach dem Zweiten Weltkrieg, 1949-1977, 1978-1998 und 1999ff.

1. Rudolf Bultmann als Predigtlehrer und Seelsorger

1.1 Exegese und Predigt

Wer Rudolf Bultmann als großen exegetischen und systematischen Theologen kennt, ist erstaunt bei einem Blick in die Jahre der Entstehung der »Alten Marburger« etliche Zeugnisse zu finden, die ihn als Theologen ausweisen, dem sehr stark an der Verbindung von Wissenschaft und Praxis, insbesondere von Exegese und Predigt, lag. Konrad Hammann hat jene Zeit gründlich dargestellt, da die eben genannte Verbindung aber prägend für die ganze weitere Geschichte des Arbeitskreises war, sei es erlaubt, dass auch ich das noch einmal hervorhebe und durch ein Zitat belege. Walter Schmithals bietet in dem erwähnten Protokollband von 1994 auf S. 18 auf der Grundlage eines Protokolls der ersten Tagung von 1927 eine Zusammenfassung dieser Tagung. Er zitiert folgende Stellungnahme Bultmanns aus dem Protokoll: »Theologie gibt es nur, weil wir in einer wissenschaftlichen Sprache reden. Die Predigt ist dann die Übersetzung in die Sprache des Alltags. In der heutigen wissenschaftlichen Exegese fehlt die *applicatio*. Luthers Exegesen waren zwar mehr erbaulich gehalten, aber das ist kein grundsätzlicher Unterschied; denn *implicite* muss die *applicatio* <u>immer</u> darin sein. Ich lese keine praktische Erklärung neben der wissenschaftlichen. Die Übersetzung ist unendlich, weil die Möglichkeit des Verständnisses je nach der Situation eine unendliche ist. <u>Grundsätzlich sind theologische Exegese und Predigt dasselbe</u>.« (Hervorhebungen bei Bultmann).

1.2 Bultmann als Begleiter früherer Studierender

Dieser Überzeugung von Bultmann entspricht es auch, dass er - soweit es seine akademischen Verpflichtungen erlauben - bemüht ist, mit ehemaligen Studenten, die sich an ihn wenden, im Gespräch zu bleiben. Es gibt von dem Marburger Pfarrer Helmut Adamek aus dem Jahre 1967 einen 11-seitigen hektographierten Bericht mit dem Titel »Aus der Tätigkeit der Theologischen Arbeitsgemeinschaft mit Rudolf Bultmann von 1942-1967«. Damit sind nicht die »Alten Marburger«

gemeint, sondern die »Theologische Arbeitsgemeinschaft Philipps Haus Marburg«. Diese erwuchs aus dem Gesprächsbedürfnis, das durch Bultmanns epochemachenden Vortrag 1941 in Alpirsbach »Neues Testament und Mythologie« entstanden war. Die Namen, die im Blick auf den Beginn und die Leitung begegnen, sind die der Pfarrer Hochgrebe, Sauter und Adamek. Pfarrer Friedrich Hochgrebe bat Bultmann um seine Mitarbeit. In der ihm eigenen äußerst höflichen und freundlichen Form bedankte sich Bultmann für diesen Brief, begrüßte das Vorhaben und sagte seine Teilnahme praktisch zu. Da die seminarförmigen Zusammenkünfte in Marburg monatlich jeweils 4-stündig stattfanden, ist es höchst erstaunlich, dass Bultmann laut des Berichtes von Adamek tatsächlich jahrelang teilnahm und das Gespräch leitete! Dem mir vorliegenden Bericht von Adamek ist die Fotokopie bzw. das Faksimile des handschriftlichen Briefes von Bultmann vom 11. Mai 1967 vorangestellt, in dem er sich für die Einladung zur Feier des 25-jährigen Bestehens des Arbeitskreises bedankt, an der er aber nicht teilnehmen kann. Dieselbe Fotokopie bzw. dasselbe Faksimile findet sich auch auf den Seiten 32 und 33 des (einen) Protokollbandes der Tagungen der »Alten Marburger« von 1983 und 1984. Dieser Brief zeigt seine »brüderliche Verbundenheit« (so der Schlussgruß!) mit den früheren und gegenwärtigen Teilnehmern. Es wird auch sein seelsorgerliches Wesen deutlich, indem er zahlreiche Teilnehmer namentlich nennt, insbesondere auch frühere mit Namen nennt, die verstorben sind! (Im Blick auf die Bedeutung, die Walter Schmithals für die Tagungen der »Alten Marburger« hat, sei zitiert, was Bultmann in diesem Brief über ihn schreibt: Er gedenke seiner (sc. Schmithals') Mitarbeit, »der es einst nicht scheute, die Fahrt von Raumland zu unseren Tagungen zu machen, und der heute als Dozent in Marburg zu den Säulen der Arbeitsgemeinschaft gehört«). Adamek hebt in seinem Bericht hervor, dass Bultmann von Anfang an daran lag, sein Programm der existentialen Interpretation und der Entmythologisierung im Gespräch mit Pfarrern und Religionslehrern zu erklären und zu bedenken. Ganz in Übereinstimmung mit der oben zitierten Stellungnahme Bultmanns 1927 im Sinne der Zusammengehörigkeit von Exegese und Predigt, schließt Adamek seinen Bericht mit folgenden Sätzen ab: »Wir waren darüber erfreut und verwundert, dass diese Arbeitsgemeinschaft für Bultmann der Kreis war, den noch viele Jahre nach dem Abschluss seiner öffentlichen Lehrtätigkeit zu leiten ihm eine Freude war. Denken wir darüber nach, warum es so war, so erkennen wir, in welcher Weise die beiden Arten, Theologie zu treiben, zusammengehören, die reflektierende wissenschaftliche Theologie und die ›Theologie vor Ort‹.«

1.3 Bultmann als Seelsorger ehemaliger Studenten im Krieg

Ein Themenkreis muss noch beleuchtet werden, weil Bultmann uns hier als liebevoller, einfühlsamer und kluger Seelsorger begegnet; es ist seine Begleitung ehemaliger Studenten (bzw. von Studenten, die ihr Studium wegen der Einberufung zur Wehrmacht unterbrechen mussten) in den Nöten des Zweiten Weltkrieges, insbesondere im Fronteinsatz. Ich orientiere mich dabei an dem in höchst dankenswerter Weise von Erika Dinkler-von Schubert herausgegebenen Buch: »Feldpost: Zeugnis und Vermächtnis. Briefe und Texte aus dem Kreis der evangelischen Studentengemeinde Marburg 1939–1945« (164 Seiten, Göttingen 1993). Fast scheue ich mich, diese Briefe und Texte heranzuziehen, weil sie uns von der theologischen Schreibtischarbeit wegreißen und zu den existenziellen Grenzerfahrungen von Leid, Schuld und Tod führen! Hans von Soden spricht treffend in einem Brief vom 6. Juli 1943 an Erich Dinkler von der »theoremzerreißenden Realistik des Kriegslebens«, die auch den Glauben mit zerreißen will (S. 14 in dem eben genannten Buch). In dem eben genannten Buch ist auf den Seiten 142 bis 145 ein »Grußwort im Marburger Rundbrief zu Jahresbeginn Januar 1941« abgedruckt, das die große seelsorgerliche Fähigkeit von Rudolf Bultmann deutlich macht. Das lange Grußwort beginnt folgendermaßen: »Liebe Freunde! Zu Beginn des neuen Jahres soll Euch ein Gruß dessen versichern, daß ich an Euch mit herzlichen Wünschen denke. Was dieses Jahr Euch, was es uns alles bringen wird, das wissen wir nicht, aber wenn wir im Ernste sprechen können: ›Herr, Dir in die Hände / Sei Anfang und Ende, / Sei alles gelegt‹, dann werden wir auch dessen gewiß sein dürfen, daß uns aus allem, was das Jahr bringen mag, des Herrn Gnade begegnet. Und der Hauptwunsch, den wir füreinander haben, soll der sein, daß wir stets für seine Gnade offen sein möchten, in welcher Gestalt sie uns auch jeweils begegnen mag.« Mit dieser Formulierung schließt Bultmann Leiden und Tod mit ein zu den Begegnungen mit der Gnade Gottes! Er vermeidet also billigen Trost, lässt aber die Perspektive der Hoffnung offen! – Folgenden weiteren Zug im Grußwort Bultmanns finde ich seelsorgerlich großartig: Er spricht zu den (Front-)Soldaten von ihrer zukünftigen Aufgabe als Prediger! Ihr gegenwärtiges Erleben wird sie befähigen, wirklich zu predigen und nicht nur dogmatisch korrekt zu reden! Einen besseren Trost für Menschen in der furchtbaren Situation des Kriegserlebens kann es nicht geben, als ihnen zu sagen: Ihr werdet in Zukunft gebraucht! Was ihr erlebt ist nicht sinnlos, sondern soll in eurem weiteren Leben Frucht bringen! Dazu zwei Zitate (S. 144 und 145): »Von *Euch*, die Ihr jetzt draußen steht, muß der Wandel kommen! Eure Lage draußen ist die Schule für Eure künftige Predigt. Was wir akademischen Lehrer Euch an wissenschaftlicher Vorbildung geben können, ist nur die eine Seite der Sache. Nicht, daß sie irgend gering geschätzt werden dürfte!... Aber die andere Seite der Sache ist die Vorbereitung, die das Leben gibt.« »Aber – und das sollt Ihr diesem Gruß entnehmen – wir denken auch mit Erwartungen und Hoffnungen, ja mit Forderungen an Euch. Ihr seid wesentlich dafür verantwortlich, wie in den kommenden Jahren das Evangelium verkündet werden wird. Nutzt die Zeit, die Euch gegeben ist, um zu lernen für die Aufgabe, die Euch, wenn Gott Euch die Heimkehr schenkt, bevorsteht.«

1.4 Eine Erinnerung von Walter Schmithals

Zum Schluss dieser Vergegenwärtigung der Einwirkungen Bultmanns auf die Marburger Studenten und damit auch auf die »Alten Marburger« möchte ich weitergeben, was Herr Schmithals mir erzählt hat: Der große Theologe Rudolf Bultmann war sich nicht zu fein, am Schluss der Gottesdienste in der Marburger St.-Elisabeth-Kirche mit dem Kollektenbeutel an der Ausgangstüre zu stehen!

2. Die Tagungen der »Alten Marburger« von 1949 bis 1977

Der hier folgende Überblick beruht auf den mir vorliegenden Protokollen und Einladungsschreiben dieser Zeit, bei denen, wie schon erwähnt, die betreffenden Papiere aus etlichen Jahren fehlen, sowie auf der Aufstellung, die Walter Schmithals im Protokoll der Tagung von 1994 auf den Seiten 20 bis 27 gegeben hat.

2.1 Hermeneutik in der Einheit von Exegese, Systematik und Philosophie

Das einigende Band derer, die an den Tagungen teilnehmen (Hier und da erscheinen Zahlen von etwa 50 bis 70 Teilnehmern, was auch für die Folgezeit bis 1998 gilt), ist nach wie vor die Überzeugung von der Relevanz der Theologie Rudolf Bultmanns und von der Notwendigkeit eines Gespräches mit der Philosophie, insbesondere der von Martin Heidegger. Beide nehmen auch immer wieder persönlich teil, Bultmann oft, Heidegger weniger. Bultmann referiert (wenigstens) viermal, Heidegger (wenigstens) zweimal (1959 und 1962). Die 1927 gerade von Bultmann so betonte Bedeutung der Gespräche für die Predigtarbeit, erscheint nicht in Themen aus dem Gebiet der Praktischen Theologie, sondern der gründlichen wissenschaftlichen Arbeit in Exegese und Systematik wird die Fruchtbarkeit für die Predigt zugetraut. So scheinen die meisten Teilnehmer Pfarrer gewesen zu sein, die Zahl der Hochschultheologen dürfte bei einem Viertel gelegen haben. Der Arbeitskreis war aber auch stets offen für Nichttheologen.

Das leitende Thema des Arbeitskreises sind Fragen der Hermeneutik in all ihren Facetten. An den Themen der Referate lassen sich die Schwerpunkte Christologie und historischer Jesus, Kerygma und Mythos, Exegese und Dogmatik erkennen. Einige der Referatsthemen nennen Schwerpunkte der damaligen theologischen Debatte, ja haben diese Debatten angestoßen: G. Bornkamm, Zum Problem der Entmythologisierung (1949); Bultmann, Das Problem der Hermeneutik (1949); Käsemann, Das Problem des historischen Jesus (1953); H. Braun, Die Problematik einer Theologie des Neuen Testaments (1960). Das hohe Niveau der Tagungen wird daran deutlich, dass fast alle Referenten namhafte Theologen jener Zeit sind! Zunächst seien die genannt, die aus der Anfangszeit von und nach 1927 noch dabei sind (außer den schon genannten »Erzvätern« Bultmann und Heidegger): Gogarten, G. Krüger, Käsemann, Schlier, Fuchs. Als richtungsweisende Theologen, die nicht nur Referenten, sondern auch tragende Mitglieder des Kreises sind, sind zu nennen (zusätzlich zu den schon genannten): Dinkler, Ebeling, Schmithals und wohl auch die, die bis 1961 (einzeln) als Einladende erscheinen: Stallmann, Köster, Georgi. Zur Tagung im Oktober 1963 lädt Erich Dinkler ein und er bleibt von da an bis zu seinem Tod 1981 der Einladende.

Entsprechend dem Ursprung des Arbeitskreises in Marburg galt als Regel für die Programmgestaltung, dass ein exegetisches, ein systematisches und ein philosophisches Referat dabei sein sollten. Diese Regel galt für alle Abschnitte der Geschichte des Arbeitskreises und wurde auch von der Rudolf-Bultmann-Gesellschaft übernommen. Freilich konnte sie oft nicht eingehalten werden. Die Mitwirkung Heideggers ist zu Anfang dieses Abschnitts schon genannt worden. Der Philosoph aus der Marburger Gründungszeit, Gerhard Krüger, referierte bei dem Neuanfang 1949. Hans-Georg Gadamer referiert 1957 und 1962 und wird gelegentlich als Diskussionsleiter genannt. Es war vor allem Wilhelm Anz, der die Philosophie auf den Tagungen der »Alten Marburger« vertreten hat. Er war insofern ein »echter« alter Marburger, als er seit Mitte der zwanziger Jahre in Marburg bei Bultmann und Heidegger studiert hatte. Im Zeitraum von 1949 bis 1977 hat er (wenigstens) sechsmal eines der Hauptreferate gehalten, das heißt, dass er öfter als irgendein anderes Mitglied des Arbeitskreises referiert hat. Einmal, 1973, sprach seine Frau Margarete Anz über Solschenizyns Werke. Bis zu ihrer letzten Teilnahme 1989 blieb das Ehepaar Anz dem Arbeitskreis eng verbunden. Nach seinem Tod am 23. 5. 1994 ist Wilhelm Anz von Walter Schmithals und Christian Vahrmeyer auf der Tagung im Januar 1995 nachdrücklich gewürdigt worden. Walter Schmithals sagt im Blick auf ihn, dass ihm, Schmithals, niemand mehr vor Augen stehe was Treue zu diesem Arbeitskreis anginge. (Die Nachrufe sind im Protokollband nachzulesen.)

2.2 Die »Alten Marburger« und Karl Barth

Mit großer Wahrscheinlichkeit ist anzunehmen, dass es auf den Tagungen eine mehr oder weniger deutlich ausgesprochene Auseinandersetzung mit der Theologie Karl Barths gab, auch wenn die Themen der Referate dafür keinen Anhaltspunkt bieten. Wer in den fünfziger oder sechziger Jahren evangelische Theologie studierte, sah sich ja vor die Alternative gestellt: Barth oder Bultmann? Von Anfang an hatte Barth seine Schwierigkeiten mit den »Marburgern«. Konrad Hammann gibt auf S. 239 seiner Bultmann-Biographie die Beschwerde Barths über »das eigentümliche Marburger Selbstbewusstsein« wieder, das die Entfaltung anderer theologischer Auffassungen einschränke. Bultmann weist diesen Vorwurf zurück. Er schreibt an Barth, dass die Debattier- und Kritikfreudigkeit des Marburger Kreises darauf zurückgehe, dass er sich seiner »Offenheit und des Forschungscharakters theologischer Arbeit bewusst« sei (siehe Hammann a. a. O.). Diese Kritik Barths mag noch eine Rolle gespielt haben, als er 1951 die Zusage zurücknahm, an der Tagung des Arbeitskreises im Herbst mitzuwirken, was zur Folge hatte, dass die Tagung ausfiel. In den Papieren über die Tagungen der »Alten Marburger«, die mir Herr Schmithals übergeben hat, findet sich eine Ablichtung aus der Zeitschrift »Evangelische Theologie«, 1951/52, S. 565-572. Der kopierte Artikel trägt die Überschrift: »Theologische Arbeitstagung mit Karl Barth«. Herr Schmithals hat darauf handschriftlich notiert: »Ersatz für die Tagung Alter Marburger 1951?« Dafür spricht, dass diese Tagung in Herborn stattfand, wo die Alten Marburger in jenen Jahren ihre Zusammenkünfte hatten. Andererseits wird man diese Tagung nicht in die Reihe derer der Alten Marburger aufnehmen dürfen. Es mögen wohl interessierte Marburger teilgenommen haben, die Organisation ging aber wohl von Barthianern aus, wie sich an den Namen der drei Referenten zeigt: Helmut Gollwitzer, Hans-Joachim Iwand und Otto Weber. – Auch in den späteren Jahren ging die Auseinandersetzung der »Alten Marburger« mit Karl Barth weiter. So war seiner Theologie die Tagung von 1988 gewidmet.

2.3 Die Verbindung zu Skandinavien

Bei einem Blick auf die Themen der Referate fällt auf, dass die »Alten Marburger« eine starke Verbindung zu Skandinavien hatten. So referiert K. E. Løgstrup 1953 über »Die Bedeutung des historischen Jesus für den Glauben« und ergänzt damit Käsemanns epochemachenden Vortrag auf derselben Tagung. Auf der folgenden Tagung 1954 liegt ein deutlicher Akzent auf der skandinavischen Theologie. K. Thaning referiert über den großen dänischen Theologen und Schriftsteller des 19. Jahrhunderts N. F. S. Grundtvig und R. G. Gyllenberg über die neutestamentliche Forschung in Skandinavien. Løgstrup referiert ein zweites Mal 1961. Auch in den späteren Jahren gab es etliche Teilnehmer aus Skandinavien, und H. C. Wind hielt 1984 ein Referat über »Ethik und Metaphysik im Denken K. E. Løgstrups«. Angesichts seiner Reisetätigkeit, kann kein Zweifel sein, dass Rudolf Bultmann internationaler Austausch in der wissenschaftlichen Arbeit wichtig war. Konrad Hammann gibt auf S. 246 seiner Bultmann-Biographie ein entsprechendes Zitat wieder: »Sollten etwa wir deutschen Theologen es den Holländern und Schweizern, den Skandinaviern und Angelsachsen allein überlassen, den wissenschaftlichen Austausch zu pflegen, und sollten wir beide Teile der Früchte berauben, die solcher Austausch bringen kann?«

2.4 Der Bericht von Wilhelm Rohden

Auf der letzten Tagung des hier in Rede stehenden Abschnitts, am 6. Januar 1977, spricht Wilhelm von Rohden »Zur Geschichte der Alten Marburger«, also genau wie ich heute. Er erweist sich als »echter Alter Marburger«, indem er von seinem Studium in den zwanziger Jahren in Marburg erzählt. Sehr genau berichtet er von der Entstehung des Arbeitskreises und von den Tagungen bis 1934. Da er auch ausführlich auf die theologischen Inhalte eingeht, ist sein Bericht sehr lesenswert. Da ich meine Aufgabe mehr darin sah, einen Überblick über den großen Zeitraum von 1949 bis 1998 zu geben, kann ich es ihm darin leider nicht gleichtun!

2.5 Der äußere Ablauf der Tagungen

Einige Worte noch zum äußeren Ablauf der Arbeitstagungen von 1949 bis 1977 und darüber hinaus. Die Tagungen 1949ff fanden stets im Oktober statt, meist in den Tagen nach dem 20. Oktober. Nicht selten dauerten sie, An- und Abreisetag mitgezählt, 5 Tage, sonst in der Regel 4 Tage, ganz selten weniger. Ab 1976 sind die Tagungen regelmäßig viertägig, ab 1992 dreitägig. Orte der Tagungen sind im Jahrzehnt von 1949 bis 1959 Herborn und Jugenheim (Bergstraße). Dazwischen taucht 1956 erstmalig Hofgeismar auf. 1960 bis 1962 sind die Universitätsstädte Bethel, Göttingen und Marburg die Tagungsorte, danach drei Jahre lang Hoechst (Odenwald). Ab 1966 finden die Arbeitstreffen in der Evangelischen Akademie Hofgeismar statt, auch über das Ende der »Arbeitsgemeinschaft Alter Marburger« hinaus. 1976 fand der Wechsel vom Oktober- zum Januartermin statt, der dann in der ganzen Folgezeit beibehalten und erst für die zweite Jahrestagung der »Rudolf-Bultmann-Gesellschaft für Hermeneutische Theologie« im Jahr 2000 geändert wurde (6.–8. März). Zur Evangelischen Akademie Hofgeismar ist zu sagen, dass es eine sehr schöne und geeignete Tagungsstätte ist. Sie liegt sehr ansprechend in einem großen Parkgelände, und da bis zur letzten Renovierung 2015/16 das Gästehaus und das »Schlösschen Schönburg«, in dem die Sitzungen stattfanden, sowie das danebenliegende Restaurant-Haus ca. 300m voneinander entfernt waren, konnten wir als echte »Peripatetiker« die Gespräche auf diesem Weg fortsetzen!

3. Die Tagungen der »Alten Marburger« von 1978 bis 1998

3.1 Die Protokolle

Die Grundlage für die folgende Darstellung sind die Protokolle dieser Arbeitstreffen, weiterhin die Aufstellung, die Walter Schmithals im Protokoll von 1994 gemacht hat sowie die eigene Erinnerung. Während die Protokolle vor 1978 in der Regel hektographierte A4-Blätter sind, haben die Protokolle von 1978 bis 1998 buchähnliche Form: Sie haben das Format A5, sind klebegeheftet und haben verstärkte Deckel; die Protokolle der Jahre 1978 bis 1980 sind Hefte mit ca. 60 Seiten, ab 1980 (einschließlich) sind alle Protokolle durchnumeriert und erreichen einen Umfang von bis zu 168 Seiten. Im bibliothekarischen Sinne sind es »Manuskripte«, obwohl natürlich alle mit Schreibmaschine und ab 1990 zunehmend mit Computer geschrieben sind. Die Reihe der Protokolle von 1978 bis 1998 ist jeweils vollständig vorhanden in den Universitätsbibliotheken Berlin, Marburg und Tübingen. Nach den »bescheidenen« Anfängen 1978 werden die Protokolle immer vielfältiger, indem sie auch bieten: die Einladungsschreiben, die Teilnehmerlisten, die Morgenandachten und die Nachrufe auf namhafte Theologen des Arbeitskreises. Walter Schmithals lag sehr daran, immer wieder auch

Briefe von Rudolf Bultmann sowie andere Briefe in den Protokollen wiederzugeben. Sie enthalten auch (mit wenigen Ausnahmen) Zusammenfassungen der Diskussionen zu den Referaten. Von 1990 bis 1998 hat Klaus Schmitz, Pastor in der Adventistenkirche (in der er nachdrücklich für die Öffnung für die neuere Theologie und besonders die historisch-kritische Methode eingetreten ist), regelmäßig die Zusammenfassungen der Diskussionen geschrieben. Ich möchte an dieser Stelle die Mitarbeit von Klaus Schmitz bei den »Alten Marburgern« über das bereits Gesagte hinaus würdigen. Er wurde bald nach seiner ersten Teilnahme 1981 der »ständige Organist« der Morgenandachten, von denen er auch einige selbst gehalten hat, und 2008 hat er auf der Tagung der »Rudolf-Bultmann-Gesellschaft« über das Selbstverständnis der Freikirche referiert.

3.2 »Politische Theologie« versus Hermeneutik

Wenn ich nun die Schwerpunkte der Tagungsarbeit der »Alten Marburger« in dem genannten Zeitraum nennen will und dabei etliche der vielen Themen und Referenten herausgreife, so ist das natürlich ein höchst subjektives Unterfangen, bei dem ich befürchten muss, dem einen und anderen Referenten Unrecht zu tun, wenn ich ihn und sein Thema nicht nenne! Aber für eine Darstellung, die einerseits zusammenfassend und andererseits doch auch einigermaßen konkret sein will, gibt es wohl keinen anderen Weg. Zunächst ist daran zu erinnern, dass wir uns bei den Jahren 1977 bis 1998 in einem Zeitraum befinden, in dem es einen großen Umbruch in der Theologie gegeben hat. Bei allen Unterschieden werden doch die Theologien von Barth und Bultmann mit der Bezeichnung »Theologie des Wortes Gottes« zu Recht zusammengefasst. Mit dem Tod von Karl Barth 1968 und der Protestbewegung desselben Jahres beginnt das Zurücktreten dieser Theologie. Für die Folgezeit ist es schwer, eine Sammelbezeichnung zu finden. Oft begegnet das Stichwort »Genitiv-Theologien«, womit Bezeichnungen wie »Theologie der Befreiung«, »Theologie der Hoffnung«, »Theologie der Frau« = »feministische Theologie« und ähnliche Ansätze gemeint sind, die möglichst konkret auf politisches bzw. ethisches Handeln zielen, wie es programmatisch in der Selbstbezeichnung »politische Theologie« zum Ausdruck kommt, die Dorothee Sölle wählt. (Mutigerweise referiert sie bei den »Alten Marburgern« 1970 zum Thema »Bultmanns exegetischer Ansatz und die ›Politische Theologie‹«.) Wenn nicht im Gegensatz, so doch in bewusster und deutlicher Abgrenzung davon halten die »Alten Marburger« am Vorrang des »Wortes Gottes« und damit am Vorrang von Exegese und Systematik fest! Damit ist dann auch die bleibende Bedeutung der hermeneutischen Bemühung gegeben. In einer ungefähren Parallele zur Entwicklung in der Theologie kommt es in der Philosophie zu immer stärkerer Beschäftigung mit linguistischen Fragen und zu einem Zurücktreten metaphysischer Fragestellungen. Allerdings bleibt in der Philosophie eine wichtige Linie der Hermeneutik verpflichtet, so Ricœur und Derrida; metaphysischen Fragestellungen bleiben auch verpflichtet Blumenberg und Levinas und in gewisser Weise Richard Rorty und Odo Marquardt. Insofern haben die »Alten Marburger« nach wie vor Ansprechpartner in der Philosophie.

3.3 Die Bedeutung von Walter Schmithals für die »Alten Marburger« und sein Vortrag von 1978

Auf der Tagung 1978 hält Walter Schmithals seinen gewichtigen Vortrag »Kritik der Formkritik«. Dieser war insofern »revolutionär«, als er die Vorstellung von der Traditionsgeschichte der Evangelienstoffe, wie sie vor allem durch Bultmanns »Geschichte der synoptischen Tradition« (1921) geprägt war, infrage stellte! Schmithals hatte bei seinen Forschungen zum Markusevangelium die Überzeugung gewonnen, dass viele Abschnitte des Evangeliums Umsetzung des Kerygmas in Erzählung, also theologische »Schreibtischarbeit« des Verfassers seien und nicht auf mündliche Überlieferung zurückgingen. Der Verfasser der »Grundschrift« des Evangeliums sei ein Theologe von Rang, der an der Seite von Paulus und Johannes genannt zu werden verdiene. Diese ungewöhnliche Sicht der Evangelienentstehung führte zu lebhafter Diskussion. Auch Gadamer, der auf derselben Tagung referierte, brachte seine Verwunderung zum Ausdruck. Schmithals führte als Argument, das schlagend gegen mündliche Überlieferung (nicht aller, aber zahlreicher und wesentlicher Evangelienstoffe) spreche, an, dass vor Justin die Evangelien nirgends zitiert würden. Meiner Erinnerung nach behielt Schmithals in der Diskussion die Oberhand.

Ich möchte an dieser Stelle noch einmal das zusammentragen, was die zentrale Bedeutung von Professor Dr. Walter Schmithals, der Neutestamentler an der Kirchlichen Hochschule Berlin, dann an der Humboldt-Universität war, für den Arbeitskreis »Alter Marburger« zeigt. Dass er bereits in den fünfziger Jahren engagiertes Mitglied der »Theologischen Arbeitsgemeinschaft Philipps Haus« war, haben wir schon dem Brief Bultmanns vom 11. Mai 1967 an diesen Kreis entnommen. Das lässt darauf schließen, dass er in dieser Zeit auch an Tagungen der »Alten Marburger« teilgenommen hat, bei denen er ja 1961 und 1968 vorgetragen hat. Seine Zusammenarbeit mit Prof. Dr. Erich Dinkler in der Leitung des Kreises hat sicher schon vor 1978 begonnen. Nach dem Tod von Erich Dinkler war er allein der Leiter, der sich um das Programm der Tagungen, die Einladungen und, wie erwähnt, die Protokolle kümmerte. Später, ich weiß leider nicht genau ab wann, sind die Einladungen von einem Leitungsteam um Schmithals unterschrieben. Das ist erstmalig im Protokoll von 1991 belegt, in dem das Einladungsschreiben wiedergegeben ist. Von 1978 bis 1998 hat Walter Schmithals dreimal ein Hauptreferat und oft die Morgenandacht gehalten. Regelmäßig ergriff er auch in den Diskussionen das Wort. Seine theologischen Beiträge sind natürlich das Wichtigste an seiner Mitgliedschaft und seiner Leitungsfunktion bei den Alten Marburgern. Seine Exegesen bieten stets auch systematisch-theologische Grundlinien. Da Schmithals eine Gesamtsicht der Entstehung des Neuen Testamentes vorlegt, alle wichtigen Bücher des NT auf ihre Theologie hin befragt und in vielen wichtigen Punkten vom Konsens der Zunftgenossen abweicht, sind seine Exegesen nicht nur sehr lehrreich, sondern auch im besten Sinne originell. Die von dem Bibliotheksdirektor Dr. Eckhard Plümacher, ebenfalls ein überzeugter und treuer »Alter Marburger«, und mir zu Ende geführte Bibliographie seiner Werke zählt 967 Nummern (erschienen in: Christof Landmesser, Enno Edzard Popkes (Hrsg), Verbindlichkeit und Pluralität, Leipzig 2015, S. 133-138. In diesem Band sind die Beiträge der 16. Jahrestagung der Rudolf-Bultmann-Gesellschaft vom Februar 2014 abgedruckt.)! So durften die »Alten Marburger« sich freuen, den in den letzten Jahrzehnten mit am meisten veröffentlichenden Neutestamentler als ihren Leiter zu wissen! In der 1998 als Nachfolge-Organisation gegründeten »Rudolf-Bultmann-Gesellschaft für Hermeneutische Theologie e. V.« wollte er die Leitung anderen überlassen, er blieb ihr aber als Mitglied, Mitdiskutant und Referent bis zu seinem Tod am 26. März 2009 im Alter von 85 Jahren erhalten. In dem von Christof Landmesser und Andreas Klein herausgegebenen Buch »Rudolf Bultmann (1884–1976) – Theologe der Gegenwart«, das die Beiträge der Tagung von 2009 dokumentiert, ist der Nachruf von Prof. Dr. Andreas Lindemann auf Walter Schmithals enthalten (S. 127–135). Ich hatte die Ehre, zusammen mit Lindemann (Er würdigte das wissenschaftliche Werk, ich stellte die Vita dar und übernahm die Liturgie) am 20. April 2009 in meiner Matthäuskirche in Berlin-Steglitz, wo er jahrzehntelang mit seiner Frau, seinen Töchtern und deren Familien am Gottesdienst teilgenommen hatte, die Trauerfeier zu halten.

3.3 Gerhard Ebeling und Wolfgang Müller-Lauter, Tagung 1980

Von der Tagung 1980 sind die beiden anderen Referenten zu nennen, die außer Schmithals vortrugen. (Schmithals bot auf dieser Tagung eine Exegese von Mt 2, 1-12.) Der eine ist Gerhard Ebeling, dessen Thema »Dogmatik und Exegese« war. Er war dem Kreis ja seit Jahren eng verbunden, als dessen wichtigster Systematiker er genannt werden darf. Trotz seiner von Bultmanns Position abweichenden Christologie, die in diesem Referat nicht Thema war, war er uneingeschränkt anerkannt und geachtet. (Nach »alter Schule« schickte er mir jahrelang auf einer Postkarte eine Entschuldigung, wenn er nicht teilnehmen konnte! Wir kannten uns gut aus Tübingen, wo ich drei Semester lang Hauptvorlesung und Seminar bei ihm besucht und er mich wiederholt zu persönlichen Gesprächen gebeten hatte.) Der dritte Referent 1980 war Prof. Dr. Wolfgang Müller-Lauter aus Berlin, wo er an der Kirchlichen Hochschule den Lehrstuhl für Philosophie innehatte. Er referierte entsprechend seinem speziellen Forschungsgebiet über Nietzsche. (Er war an der Kirchlichen Hochschule seiner pädagogischen Begabung wegen bei den Studenten so beliebt, dass er vor der Errichtung des neuen Hauptgebäudes seine Vorlesung über den Nihilismus in der Kirche auf dem Campus halten musste! Das gab Anlass zu allerlei Späßen, und er selbst begann die Vorlesung mit der Bemerkung, dass sich die Kanzel wohl wundern werde, was sie in den kommenden Monaten hören müsse! Für mich war Wolfgang Müller-Lauter nächst Walter Schmithals der wichtigste akademische Lehrer.) Ich möchte an dieser Stelle auch gleich seinen langjährigen Assistenten Jörg Salaquarda nennen, der selber Philosophieprofessor in Wien geworden ist und uns 1998 (ein Jahr vor seinem Tod im Alter von 61 Jahren) ein Referat über »Metaphysik nach Kant« gehalten hat.

3.4 Antonius Gunneweg, Peter Höffken, Manfred Oeming, Wilhelm Anz, Hermann Mörchen; Tagung 1981

Wir werden zu den Tagungen der späteren Jahre weniger zu sagen haben, da ich bei der ersten Nennung von Referenten gleich Etliches sagen kann, was auch für die Folgezeit gilt. So soll jetzt von den drei Referenten des Jahres 1981 die Rede sein sowie von zwei Mitgliedern, später Professoren, die Gunneweg in den Kreis einführte.

Der Alttestamentler Prof. Dr. Antonius H. J. Gunneweg, geborener Niederländer, bot eine Exegese von Sach 9, 9-10. Er war gewissermaßen das alttestamentliche Pendant zu Walter Schmithals, mit dem er in enger Freundschaft verbunden war. Für viele Bonner und Berliner Studenten bzw. Theologen bildeten Gunneweg und Schmithals ein »Team«, weil beide in jedem Semester jeweils eine »Arbeitsgemeinschaft zur Auslegung ausgewählter Predigttexte« anboten und sich diese Arbeitsgemeinschaften in jedem Semester einmal für ein Wochenende von Freitag bis Sonntag trafen. So wurde Gunneweg auch für mich, der ich ca. 25x an diesen Begegnungen teilnahm, der wichtigste alttestamentliche Lehrer. Er kann als der »Haus-Alttestamentler« der »Alten Marburger« gelten. Er nahm regelmäßig teil, er hatte 1977 das Grundsatzreferat »Religion oder Offenbarung« vorgetragen und sprach 1985 noch einmal über Habakuk. Meiner Erinnerung nach war Gunneweg der erste Professor, der es »wagte«, in den »erlauchten Kreis« der »Alten Marburger« mehrere Studenten mitzubringen. Sie waren eine große Bereicherung und aus ihrem Kreis sind etliche langjährige Mitglieder hervorgegangen, so Uwe Becker, Annette Bruch (später verheiratete Hirzel), Alexander Ernst, Axel Graupner, Harald Hahne, Peter Höffken, Arnulf Linden, Manfred Oeming und Martin Zentgraf. Höffken referierte, selber Professor geworden, 1987 und 1997. Oeming wurde ebenfalls Professor, referierte 1990 und 1995 und lud als Mitglied des vierköpfigen Leitungsteams (mit Lindemann, Schmithals und Wildemann) zu den Tagungen von 1995 bis 1998 ein. Er hat die Arbeit der »Alten Marburger« stark geprägt und war 1998 Gründungsmitglied der Rudolf-Bultmann-Gesellschaft. Annette Hirzel blieb dem Kreis bis heute, 2017, verbunden und ist als Mutter von drei erwachsenen Kindern stark engagiert im Religionsunterricht und in der Synode ihrer Rheinischen Landeskirche. Nach dem Tod von Antonius Gunneweg am 17. Juni 1990 im Alter von erst 67 Jahren richteten Manfred Oeming und Axel Graupner die Trauerfeier für ihn aus und Harald Hahne, Religionslehrer, sprach auf der nächsten Tagung den Nachruf.

Der zweite Referent 1981 war Wilhelm Anz, der über die Wirkungsgeschichte Kierkegaards sprach. Kierkegaard und die existentialistische Philosophie waren sein hauptsächliches Forschungsgebiet. Was ich im vorigen Abschnitt die Jahre 1949 bis 1977 betreffend über ihn gesagt habe, gilt auch für die Zeit nach 1977, in der er dreimal vortrug. Vor allem seinetwegen kamen seine beiden begeisterten Schüler, die Brüder Christian und Joachim Vahrmeyer auf die Tagungen. Sie gehörten wie ihr Meister zu den treuesten und engagiertesten Mitgliedern des Kreises. Ich verbinde sie vor allem mit dem Morgen und dem Abend der Tage: Wiederholt hielten sie die Morgenandacht und bei jeder Andacht war ihr Singen (vor allem in der kryptaartigen Kapelle im Schlösschen Schönburg) unüberhörbar und am Abend war es ebenso bis weit nach Mitternacht ihr von Herzen kommendes lautes Lachen! Dass Christian Vahrmeyer neben Walter Schmithals 1995 einen Nachruf auf Wilhelm Anz hielt, habe ich vorhin schon gesagt.

Der dritte Referent 1981 war der Oberstudiendirektor Dr. Hermann Mörchen, der einen Satz von Adorno interpretierte. Er hatte über Adorno promoviert und trug oft sein Wissen im Bereich der neueren Philosophie bei. Wenn ich nicht irre, hatte er auch selber noch bei Heidegger studiert. Auf der Tagung 1985 trug er ein »Votum zu den Begriffen ›Schuld‹ und ›Sünde‹« bei.

3.5 Die Arbeit in den exegetischen Fächern NT und AT: Otto Merk, Andreas Lindemann, Francois Vouga, Michael Wolter, Dieter Lührmann, Erich Grässer, Paul-Gerhard Klumbies, Hans-Heinrich Schmid, Martin Rose, Otto Kaiser

Auf den Tagungen von 1982 bis 1984 gedachten wir treuer verstorbener »Marburger«, die man auch in ehrendem Sinne als »Uralt-Marburger« bezeichnen könnte: Günther Bornkamm hielt den Nachruf auf Erich Dinkler, Gunneweg den auf Gerhard Krause und Schunak den auf Ernst Fuchs.

Da in diesen Jahren Exegesen bzw. exegetische Themen von bisher noch nicht genannten Mitgliedern dargeboten bzw. behandelt werden, will ich das zum Anlass nehmen, summarisch über die »Betreuung« der beiden exegetischen Fächer AT und NT auf den Tagungen zu sprechen.

Prof. Dr. Otto Merk referiert 1982 über »Ethik im NT«. Er war wegen seiner präzisen Ausführungen (und seiner ebenso präzisen Aussprache) in seinen Beiträgen geschätzt. 1984 nahm das erste Mal Prof. Dr. Andreas Lindemann teil, womit wir nun zu der jüngeren Generation von Theologieprofessoren kommen. Er wurde neben Schmithals unser wichtigster Neutestamentler, der den Kreis stark prägte, in dem er wiederholt referierte, oft die Morgenandacht hielt, stets engagiert an den Diskussionen teilnahm und viele Jahre dem drei- oder vierköpfigen Leitungsteam angehörte. 1998 war er Gründungsmitglied der Rudolf-Bultmann-Gesellschaft und erarbeitete deren Satzung. Walter Schmithals war die Teilnahme und Mitwirkung von Andreas Lindemann sehr wichtig, obwohl – oder gerade weil – Lindemann sich oft kritisch mit ihm auseinandersetzte. (Ich erinnere mich, dass mich Herr Schmithals oft fragte: »Hat sich Lindemann schon angemeldet?«) Da ich als Mitglied des Leitungsteams, bei der Gründung der Rudolf-Bultmann-Gesellschaft und natürlich auch als regelmäßiger Teilnehmer der Tagungen oft mit Herrn Lindemann zu tun hatte, bin ich ihm sehr dankbar für seine freundliche Art und sein nachdrückliches, inhaltlich und stimmlich klares und ruhiges Reden!

Wir hatten das Glück, etliche weitere namhafte Neutestamentler zu den Unseren zählen zu dürfen. Sie alle haben auch Referate gehalten. Freilich ist ihre aktive Teilnahme und Zugehörigkeitszeit, individuell unterschiedlich, durch ihre Lehraufgaben und Buchveröffentlichungen mitunter eingeschränkt gewesen. Herr Lindemann führte den Prof. Dr. Francois Vouga (aus der französischsprachigen Schweiz) ein, der leidenschaftlich diskutieren konnte und dann auch an der Gründung der Rudolf-Bultmann-Gesellschaft mitwirkte. Prof. Dr. Michael Wolter brachte vor allem seine umfassende Pauluskenntnis ein, die er später in seinem vielbeachteten Paulus-Buch niederlegte. Prof. Dr. Dieter Lührmann referierte ebenfalls über Paulus und hielt 1991 den Nachruf für den »Uralt-Marburger« Günther Bornkamm. Er war ebenfalls Mitglied der Gründungsversammlung der Rudolf-Bultmann-Gesellschaft, für die er 1998 sein Büro an der Marburger Universität zur Verfügung stellte, so dass wir dann in allen amtlichen Schreiben und Papieren den passenden Zusatz »Sitz Marburg an der Lahn« machen konnten. Prof. Dr. Erich Grässer gab uns Einblick in seine Forschungen zum Hebräerbrief, deren Ergebnis er in seinem dreibändigen, über 1000 Seiten zählenden Kommentar festgehalten hat. In einem längeren Abendgespräch mit ihm bekam ich einen Eindruck davon, was es heißt, auf Lebensjahre vorauszublicken, die alle von der Arbeit an einer wissenschaftlichen Aufgabe bestimmt sein würden! 1993 referierte Prof. Dr. Paul-Gerhard Klumbies zum ersten Mal. Er engagierte sich in den Folgejahren in verschiedenen Aufgaben sehr stark für die »Alten Marburger« und die Rudolf-Bultmann-Gesellschaft, wobei dieses Engagement offenbar durch ein leistungsfähiges Sekretariat unterstützt wurde! Durch seine ruhige und ungewöhnlich freundliche Art hat er ganz wesentlich zu einer freundschaftlichen Atmosphäre in dem Arbeitskreis und der Gesellschaft beigetragen! Unser ntl. Wissen wurde auch erweitert durch Gastbeiträge der Professoren Günter Baumbach, Egon Brandenburger, Cilliers Breytenbach, Erwin Dirscherl, Roman Heiligenthal, Dietrich-Alex Koch, Hans-Martin Schenke, Reinhard Weber, Hans Weder und Alfons Weiser.

Wenden wir uns nun dem Fach »Altes Testament« zu, über die vorhin schon genannten Professoren Gunneweg, Höffken und Oeming hinaus. 1979 referierte Prof. Dr. Hans-Heinrich Schmid. Er engagierte sich sehr für den Arbeitskreis und gehörte auch zu dem vierköpfigen Leitungsteam (mit Reinhard Kirste, Lindemann, Schmithals), das sich in den siebziger Jahren gebildet hatte. Als Mitglied dieses Leitungsteams hat er noch zur Tagung 1991 eingeladen. Nach seiner letzten Teilnahme 1987 musste er aber sein Engagement stark zurückfahren, weil er das Amt des Rektors der Zürcher Universität übernommen hatte. Er brachte seinen Schüler Martin Rose mit, der selber nach einigen Jahren im Pfarramt Professor wurde. Er referierte 1983 über das Deuteronomium und 1998 über Kohelet, biblische Bücher, zu denen er auch umfangreiche Kommentare veröffentlicht hat. Martin Rose bestach durch große Freundlichkeit und besonnenes Reden mit tiefer Stimme. Der altehrwürdige Prof. Dr. Otto Kaiser referierte 1995 über »Die Botschaft der beiden Testamente«.

3.6 Die Arbeit in der Praktischen Theologie und in der Systematik: Gerhard Krause, Ulrich Körtner, Wilhelm Eckey

Wir waren von einem Blick auf die Referenten der ersten Jahre nach 1977 ausgegangen und waren dabei von Schmithals zu Ebeling und zu Gunneweg und seinen Schülern gekommen. Dann nahmen wir die Nennung von Merk zum Anlass, die gesamte Arbeit in den beiden exegetischen Fächern zu überschauen. Ehe wir zu der noch fehlenden Systematik kommen, sei erwähnt, dass wir mit Prof. Dr. Gerhard Krause einen durch die Mit-Herausgeberschaft der »Theologischen Realenzyklopädie« bekannten Praktischen Theologen in unserem Arbeitskreis hatten. 1982 hielt er den Nachruf auf K. E. Løgstrup. Auf derselben Tagung referierte gastweise der Praktische Theologe Christian Möller zu dem klassischen Thema »Auf dem Weg vom Text zur Predigt«.

Über Gerhard Ebeling habe ich vorhin schon gesprochen. 1985 brachte Herr Lindemann erstmalig seinen Assistenten Ulrich H. J. Körtner mit. Er hat als brillanter Systematiker die Arbeit des Kreises stark geprägt und an der Umwandlung zur Rudolf-Bultmann-Gesellschaft entscheidend mitgewirkt, in der er lange Zeit der 1. Vorsitzende war und dafür gesorgt hat, dass die Vorträge der Tagungen, mitunter ergänzt durch andere Beiträge, in regulärer Buchform erschienen. 1989 referierte er das erste Mal und dann wieder, inzwischen Professor geworden, 1997 und 1998. Aus Wien brachte er stets eine erfreuliche Korona an Studenten und seinen auch in technischen Dingen sehr bewanderten Mitarbeiter Dr. Andreas Klein mit. Ulrich Körtner hat durch seine präzisen Beiträge all die Jahre die Diskussionen sehr bereichert. – Prof. Dr. Wilfried Eckey gehörte zu den treuesten Mitgliedern. Er nahm bis 1984 regelmäßig und oft auch mit seiner Frau Christel an den Tagungen teil. 1983 hielt er ein Referat über »Ethik im ev. Religionsunterricht«. Gastweise referierten die Systematiker Hans-Georg Drescher, Martin Honecker, Karl-Heinz zur Mühlen und Hans-Peter Müller.

3.7 Thematische Tagungen

Viele der Tagungen standen unter einem Thema, das die Referenten jeweils von ihrer Seite her beleuchten sollten. So war die Tagung 1985 dem Thema »Schuld« gewidmet. Antonius Gunneweg referierte über »Habakuk und das Problem des leidenden Gerechten«, Martin Honnecker über »Die Schuld der Kirche«, Wilhelm

Anz betrachtete unter diesem Aspekt »Schleiermacher und Kierkegaard« und Hermann Mörchen gab ein »Votum zu den Begriffen ›Schuld‹ und ›Sünde‹« ab. 1987 ging es um das Thema »Menschenrechte«. Dazu referierten der Politologe Alexander Schwan, der Alttestamentler Peter Höffken und der Jurist Prof. Dr. Malte Dießelhorst. Dieser war der Ehemann von Frau Gesine, einer Tochter von Rudolf Bultmann. Beide nahmen sehr regelmäßig an den Tagungen teil, und nicht selten eröffnete Herr Dießelhorst die Diskussion mit den Worten: »Wenn ich als Nicht-Theologe dazu etwas sagen darf...«.

Als wir im Januar 1987 über die Tagung des nächsten Jahres berieten, lag der 100. Geburtstag von Karl Barth erst ein halbes Jahr zurück. Wir beschlossen, Barths Theologie mit ihren Unterschieden zu der von Bultmann zu bedenken. So referierte Wilhelm Anz 1988 über Karl Barths Berufung auf Anselm, Michael Wolter über »Karl Barths und Rudolf Bultmanns Interpretation von Römer 5, 12-21« und Bernd Wildemann über »Zwei-Reiche-Lehre oder Königsherrschaft Jesu Christi«. Herr Schmithals sah darin, dass das Thema von allgemeinem Interesse und geeignet war, das Profil der »Alten Marburger« deutlich zu machen, und darin, dass alle drei Referenten »Alte Marburger« waren, einen Grund, die Vorträge und Zusammenfassungen der jeweiligen Diskussionen bei J. C. B. Mohr (Paul Siebeck) unter dem Titel »Existenz und Sein. Karl Barth und die Marburger Theologie« (Tübingen 1989) herauszugeben. (Von den Tagungen vor 1999 sind dieses Büchlein und das in der »Universitäts-Buchdruckerei Joh. Aug. Koch (Dr. E. Hitzeroth)«, (Marburg-Lahn 1932) gedruckte Protokoll mit den - nicht wörtlich übernommenen - Referaten von Bultmann und Krüger zur »Frage der natürlichen Theologie« auf der Tagung von 1931 die einzigen gedruckten Protokolle. Einzelne Referate wurden natürlich sehr oft nach der Tagung in wissenschaftlichen Zeitschriften veröffentlicht.)

Die Tagung 1989 war dem Thema »Gesetz« gewidmet, zu dem Johann Maier, François Vouga und Ulrich Körtner referierten. - 1990 Manfred Oeming und Otto Merk über den mehrfachen Schriftsinn. - Aus Anlass des 50. Jahrestages seines Erscheinens war die Tagung von 1991 Bultmanns Johanneskommentar gewidmet. Über diesen sprachen Hans-Martin Schenke (Gnosis), Walter Schmithals (Auslegungsgeschichte) und Reinhard Weber (Exegese von Joh 16, 4b-15). - 1992 stand die Frage im Mittelpunkt: »Antijudaismus im Neuen Testament?«. So auch der Titel von Günter Baumbachs einleitendem Referat, das ergänzt wurde durch Exegesen von Mt 21,23 - 22,14 und Joh 15,8 - 16,4 von Francois Vouga und Michael Wolter. - 1993 ging es um den Gottesbegriff, bedacht von Hermann Braun (in der gegenwärtigen Religionsphilosophie), Hans-Georg Drescher (in der neueren Theologie) und Paul-Gerhard Klumbies (bei Paulus, Römer 3, 21-31). - 1994 sprachen Hans-Peter Müller und Walter Schmithals über den Mythosbegriff. - 1995 ging es um die Biblische Theologie in Vorträgen von Otto Kaiser, Manfred Oeming und Andreas Lindemann. - Die klassische Thematik historischer Jesus - verkündigter Christus stand im Mittelpunkt der Tagung von 1996. Sie wurde bedacht von Erwin Dirscherl, Roman Heiligenthal und Alfons Weiser. – Die Tagung 1997 widmeten wir der Rechtfertigungslehre. Es trugen vor Peter Höffken (atl. Vorgeschichte), Ulrich Körtner (verlorenes Paradigma?), Hans Jörg Urban (»Kirche und Rechtfertigung«) und Bernd Wildemann (»Predigt der Rechtfertigung«).

3.8 Die Leitungskreise

Ich habe schon gelegentlich auf die jeweiligen Leitungskreise der »Alten Marburger« hingewiesen. In meinen Unterlagen finden sich Schreiben von Erich Dinkler vom Juli und September 1975, in denen er noch alleine zur Tagung von 1976 einlädt. Ein Schreiben betreffend 1977 fehlt, aber mit Datum vom 1. August 1977 lädt er zusammen mit Reinhard Kirste, Hans-Heinrich Schmid und Walter Schmithals zur Tagung 1978 ein. Nach dem Tod von Erich Dinkler im Jahre 1981, als Herr Schmithals die Leitung übernahm, ist wohl schon bei seiner ersten Teilnahme 1984 Andreas Lindemann zu seinem Nachfolger im Leitungsteam bestimmt worden. Leider liegt mir erst wieder die Einladung zu 1991 vor, in der dann Kirste, Lindemann, Schmid und Schmithals die Einladenden sind. Über Hans-Heinrich Schmid und sein Ausscheiden habe ich vorhin schon gesprochen. Zu den Tagungen von 1992 bis 1994 laden dann die drei Verbliebenen ein. Da von den Herren Lindemann und Schmithals auch schon ausführlich die Rede war, ist noch Pfarrer (einmal erscheint die Bezeichnung »Kreisschulpfarrer«) Dr. Reinhard Kirste kurz vorzustellen. Er hat bis einschließlich 1991 fast regelmäßig teilgenommen, danach nicht mehr. Ich erinnere mich, dass sein besonderes Anliegen das Gespräch zwischen Theologie und neuerer Literatur war. Er selbst hat auch Gedichte im Stil der modernen Lyrik veröffentlicht. 1994 konstituierte sich ein neuer Leitungskreis, dem jetzt Lindemann, Oeming, Schmithals und Wildemann angehörten. Sie luden das letzte Mal zu 1998, also zur letzten Tagung des alten Arbeitskreises ein, auf der dann die Umwandlung in die Rudolf-Bultmann-Gesellschaft nach längerem Vorlauf endgültig beschlossen wurde.

3.9 Weitere Mitglieder des Arbeitskreises »Alter Marburger«

Nachdem bisher überwiegend von den Referenten die Rede war, möchte ich nun doch auch noch Namen von (weiteren) Mitgliedern nennen. Als ich die Anschriftenliste führte, ergab sich in jedem Jahr etwa folgendes Bild: Von den rund 160 auf der Liste Genannten meldete sich etwa ein Drittel an, reagierte auf irgendeine Weise ein weiteres Drittel und gab es keine Reaktion von dem dritten Drittel. Für meine folgenden Namensnennungen verstehe ich unter »Mitgliedern« solche, die regelmäßig oder oft teilgenommen haben. In dem Arbeitskreis der »Alten Marburger« herrschte eine besonders vertraute, fast eine familiäre Atmosphäre, was sich auch bei dem Wechsel der Generationen durchhielt. Es bedurfte ja für Hochschullehrer und besonders auch für Pfarrer, die noch im Dienst waren, einer besonderen Leidenschaft für das theologische Gespräch, um unmittelbar nach den Diensten zu Weihnachten und zum Jahreswechsel nicht bei der Familie und »unter dem Weihnachtsbaum« zu bleiben, sondern zu einer Tagung aufzubrechen!

Ich hatte schon zu Anfang gesagt, dass es immer gewagt ist, Namen zu nennen, weil man leicht den Einen und Anderen vergessen kann. Darum möchte ich mich für etwaige Versäumnisse im Vorhinein entschuldigen! Ich bitte, Aufzählungen in keiner Weise als Rangfolge zu verstehen, und meine auch, dass es nicht nötig ist, auf alphabetische Anordnung zu achten. Auch die richtigen Titel und Berufsbezeichnungen kann ich nicht in allen Fällen ermitteln. Die Berufsbezeichnung »Pfarrer« oder »Pastor« lasse ich in der Regel weg, da sie bei mehr als der Hälfte der Namen zu nennen wäre.

Wir hatten die Freude, dass vier Ehefrauen von führenden Theologen bzw. des besonders treuen Philosophen immer dabei waren, die Damen Erika Dinkler-von Schubert, Marlene Schmithals, Irene Gunneweg und Margarethe Anz. Dass die Tochter Bultmanns Gesine Dießelhorst mit ihrem Ehemann regelmäßig teilnahm, erwähnte ich schon. Aus den USA kam gelegentlich die Tochter Prof. Antje Bultmann-Lemke. Pfarrer Ernst Bultmann nahm sehr oft, sein Sohn Dr. Christoph Bultmann gelegentlich teil. (Das Verwandtschaftsverhältnis zu Rudolf Bultmann ist mir nicht bekannt.) An Damen der früheren Zeit sind zu nennen Dr. Urner-Astholz, Prof. Dr. Helene Ramsauer, Dr. Ilse Delvendahl, Pfarrerin Dietgard Meyer. Zuwachs an jüngeren Damen hatten wir leider nicht, außer der treu und tüchtig mitwirkenden Pfarrerin und Religionslehrerin Annette Hirzel, geb. Bruch. Außer den leitenden und oft referierenden Professoren, die die Diskussionen und die Gesamtatmosphäre prägten, taten dies auch etliche andere Mitglieder. Die Brüder Christian und Joachim Vahrmeyer habe ich schon genannt. Ich denke weiter an Dekan Dr. Jürgen Heise, der durch seine freundlich-leidenschaftliche und meist auch humorvolle Redeweise zu einer guten Stimmung und wissenschaftlichem Niveau beitrug. Das Letztere gilt in besonderer Weise für die gelehrten philosophischen Beiträge von Dr. Hermann Mörchen. Ein sehr gelehrter Pfarrer war Hubertus von Bendemann, dabei sehr höflich und zurückhaltend. Er wurde in späteren Jahren gelegentlich begleitet von seinem Sohn Reinhard von Bendemann (später Prof. Dr.). Dr. Carl Peddinghaus trug sein großes Wissen und zugleich die Erfahrungen mit »seinen« Kumpeln im Ruhrpott bei, und das so, dass man genau aufpassen musste, wann die Ironie kam und wie sie gemeint war! Des Öfteren zu Wort meldeten sich auch Annette Hirzel, Dr. Wolfgang Eckle, Dozent Johannes Heidler und Dr. Dankwart Kirchner aus Berlin sowie gelegentlich mit meist kritischen Stellungnahmen Rainer Schumann aus Oldenburg. Als weitere treue Mitglieder in dem genannten Sinne würde ich gerne nennen (wie gesagt Vergesslichkeit und Übersehen nicht ausgeschlossen!): Dr. Martin Evang, Harm Fölster, Dr. Gerold Graf, Harald Hahne, Dr. Hermann von Lips, Georg Otten, Bibliothekar Dr. Eckhard Plümacher, Religionslehrer Frank Schumann, Bibliothekar Ernst Heyn, Hans-Hugo Rahne, Hans-Hermann Wischnath, Ralph Ruhtenberg, Kirchenrat Gerhard Wintermann, Wolfgang Gerdes und Paul-Hermann Ginsberg. Bis 1985 hat auch oft der (dann emeritierte) Bischof von Kurhessen-Waldeck, Erich Vellmer, der eine enge Beziehung zu Erich Dinkler hatte, an den Tagungen teilgenommen. (Zur Erinnerung: Alle diese Nennungen beziehen sich auf die Zeit bis 1998! Viele der Genannten, insbesondere die Jüngeren, sind dann freilich auch Mitglieder der Rudolf-Bultmann-Gesellschaft geworden.)

3.10 Die Gründung der »Rudolf-Bultmann-Gesellschaft für Hermeneutische Theologie e. V.«

Mit der Gründung der »Rudolf-Bultmann-Gesellschaft für Hermeneutische Theologie« kommt der »Theologische Arbeitskreis Alter Marburger« in seiner bisherigen Organisationsform zu seinem Ende. So möchte ich zum Schluss aus der »Niederschrift über die Gründungsversammlung der Rudolf-Bultmann-Gesellschaft für Hermeneutische Theologie« zitieren: »Am Donnerstag, dem 12. März 1998, fand in Marburg/Lahn im Theologischen Seminar der Universität die Gründungsversammlung des Vereins ›Rudolf-Bultmann-Gesellschaft für Hermeneutische Theologie‹ statt. Es waren sieben Personen erschienen, die aus der beigefügten Anwesenheitsliste namentlich ersichtlich sind.« Die Namensliste lautet: »Pfarrer Dr. Martin Evang (Düsseldorf), Prof. Dr. Ulrich Körtner (Wien), Prof. Dr. Andreas Lindemann (Bielefeld-Bethel), Prof. Dr. Dieter Lührmann (Marburg), Prof. Dr. Manfred Oeming (Heidelberg), Prof. Dr. François Vouga (Bielefeld-Bethel), Pfarrer Dr. Bernd Wildemann (Berlin)«. Ich zitiere weiter: »TOP 1: Aussprache über die Notwendigkeit der Gründung des Vereins und seine Ziele – Zunächst wurde die Notwendigkeit der Gründung der Rudolf-Bultmann-Gesellschaft für Hermeneutische Theologie diskutiert und von den Anwesenden bejaht. Die als Verein zu gründende Gesellschaft soll sich in Aufnahme und Weiterführung der theologischen Arbeit Rudolf Bultmanns das Ziel setzen, hermeneutische Theologie zu fördern und im Gespräch mit der Philosophie die geschichtlichen Verstehensbedingungen und die Gegenwartsbedeutung des biblischen Zeugnisses zu bedenken.«

In einem Brief vom 2. Januar 1976 an die Mitglieder der Arbeitsgemeinschaft hatte Erich Dinkler die Zielsetzung annähernd gleichlautend formuliert: »Die Pflege eines theologischen Denkens, das von der Exegese seinen Ausgang nimmt und sich in der Auseinandersetzung mit philosophischen Strömungen der jeweiligen Gegenwart formuliert.« Ich denke, wir können sehr dankbar sein, dass die Arbeit mit dieser Zielsetzung nun 90 Jahre lang erfolgreich von einem großen Kreis evangelischer Theologen mit Reden, Hören und Diskutieren getan worden ist!

Die Autoren

Bormann, Lukas, Prof. Dr. theol., geb. 1962,
seit 2014 Universitätsprofessor für Neues Testament an der Philipps-Universität Marburg, zuvor Lehrstuhlinhaber für Neues Testament bzw. Ev. Theologie/ Biblische Theologie an den Universitäten Erlangen (2009–2014) und Bayreuth (2004–2009), davor Universitätsprofessor für Evangelische Theologie an der Technischen Universität Braunschweig (2000–2004). Studium der Ev. Theologie in Frankfurt am Main, Mainz, Marburg und Heidelberg, Promotion 1993 an der Universität Frankfurt, Habilitation 2001 ebenda.

Veröffentlichungen: Theologie des Neuen Testaments, Göttingen 2017; Der Brief des Paulus an die Kolosser, Leipzig 2012; Das Neue Testament, Stuttgart 2003; Recht, Gerechtigkeit und Religion im Lukasevangelium, Göttingen 2001; Philippi - Stadt und Christengemeinde zur Zeit des Paulus, Leiden 1995.

Hammann, Konrad, Prof. Dr. theol., geb. 1955,
Studium der ev. Theologie in Marburg, Tübingen, München und Göttingen, 1984-2003 Pfarrer in Schwalmstadt-Trutzhain und Göttingen, 1988 Promotion in München, 1998 Habilitation in Göttingen, seit 2003 Professor für Systematische sowie Historische Theologie und ihre Didaktik an der Evangelisch-theologischen Fakultät der Westfälischen Wilhelms-Universität Münster.

Veröffentlichungen (Auswahl): Ecclesia spiritualis, FKDG 44, Göttingen 1989; Universitätsgottesdienst und Aufklärungspredigt, BHTh 116, Tübingen 2000; Rudolf Bultmann. Eine Biographie, Tübingen ³2012; Hermann Gunkel. Eine Biographie, Tübingen 2014; Rudolf Bultmann und seine Zeit, Tübingen 2016.

Hiller, Doris, PD Dr. theol., geb. 1968,
seit 2013 Seminardirektorin des Predigerseminars Petersstift der Evangelischen Landeskirche Baden in Heidelberg mit Fachdozentur für Homiletik und Pastorallehre. Studium der ev. Theologie in Erlangen und Heidelberg. Assistentin im Fach Systematische Theologie in Jena (Promotion 1997) und Leipzig; Habilitation 2011 in Bochum. Privatdozentin für Systematische Theologie an der Theologischen

Fakultät der Ruprecht-Karls-Universität Heidelberg; Pfarrerin der Evangelischen Landeskirche in Baden.

Veröffentlichungen: Konkretes Erkennen. Glaube und Erfahrung als Kriterien einer im Gebet begründeten theologischen Erkenntnistheorie, Neukirchen-Vluyn 1999; Gottes Geschichte. Hermeneutische und theologische Reflexionen zum Geschehen der Gottesgeschichte, orientiert an der Erzählkonzeption Paul Ricœurs, Neukirchen-Vluyn 2009; zus. mit EVE-MARIE BECKER (HG.), Handbuch Evangelische Theologie, ein enzyklopädischer Zugang, Tübingen 2006.

KINZIG, Jörg, Prof. Dr. iur., geb. 1962,
Studium der Rechtswissenschaft in Heidelberg, Lausanne, Freiburg und Speyer; 1. Juristisches Staatsexamen 1989, 2. Juristisches Staatsexamen 1992. Wissenschaftlicher Mitarbeiter des Max-Planck-Instituts für ausländisches und internationales Strafrecht in Freiburg/Brsg. von 1992 bis 2006. Promotion 1996 und Habilitation 2003 an der Albert-Ludwigs-Universität Freiburg, Verleihung der venia legendi für Strafrecht, Strafprozessrecht, Kriminologie, Jugendstrafrecht und Strafvollzug. Seit 2006 ordentlicher Professor an der Eberhard-Karls-Universität Tübingen. Seit 2011 Direktor des Instituts für Kriminologie und Inhaber des Lehrstuhls für Kriminologie, Straf- und Sanktionenrecht ebenda. Seit 2012 gewählter Vertreter im Forschungskollegium 113 Rechtswissenschaften der Deutschen Forschungsgemeinschaft.

Veröffentlichungen (Auswahl): Die Sicherungsverwahrung auf dem Prüfstand. Ergebnisse einer theoretischen und empirischen Bestandsaufnahme des Zustandes einer Maßregel. Freiburg i.Br. 1996; Die rechtliche Bewältigung von Erscheinungsformen organisierter Kriminalität. Berlin 2004; Die Legalbewährung gefährlicher Rückfalltäter. Zugleich ein Beitrag zur Entwicklung des Rechts der Sicherungsverwahrung. Berlin 2008. 2. Erweiterte Auflage Berlin 2010; Kommentierung der Vorbem. §§ 38-46a, der §§ 47-51, der §§ 56-66b, der §§ 67-67g, der §§ 68-72 (jeweils zus. mit WALTER STREE) sowie der §§ 46b, 66c, 67h StGB. In: ADOLF SCHÖNKE/HORST SCHRÖDER, Strafgesetzbuch, Kommentar, München. 29. Aufl. 2014 (30. Aufl. erscheint 2018).

LANDMESSER, Christof, Prof. Dr. theol., geb. 1959,
seit Oktober 2006 Universitätsprofessor für Neues Testament an der Evangelisch-theologischen Fakultät der Eberhard Karls-Universität Tübingen. Studium der ev. Theologie und Philosophie in München und Tübingen. 1988-1990 Vikariat in Tübingen, anschließend Assistenzzeit in Tübingen. Promotion 1998 und 2000 Habilitation an der Evangelisch-theologischen Fakultät in Tübingen. 2003-2006 Professor für Neues Testament an der Johannes-Gutenberg-Universität Mainz. Seit 2008 Vorsitzender des Vorstands der Rudolf-Bultmann-Gesellschaft für

Hermeneutische Theologie. Seit 2010 Mitglied in der Kommission für den bilateralen Dialog der Evangelischen Kirche in Deutschland mit dem Ökumenischen Patriarchat Konstantinopel. Seit 2013 Mitglied im Ökumenischen Arbeitskreis evangelischer und katholischer Theologen.

Veröffentlichungen (Auswahl): Wahrheit als Grundbegriff neutestamentlicher Wissenschaft, WUNT 113, Tübingen 1999; Jüngerberufung und Zuwendung zu Gott. Ein exegetischer Beitrag zum Konzept der matthäischen Soteriologie im Anschluß an Mt 9,9-13, WUNT 133, Tübingen 2001; gem. m. HANS-JOACHIM ECKSTEIN U. HERMANN LICHTENBERGER (HG.), Jesus Christus als die Mitte der Schrift. Studien zur Hermeneutik des Evangeliums, BZNW 86, Berlin 1997; gem. m. CHRISTINE HELMER (HG.), One Scripture oder Many? Canon from Biblical, Theological, and Philosophical Perspektives, Oxford/ New York 2004; gem. m. ANDREAS GROSSMANN (HG.), Rudolf Bultmann - Martin Heidegger, Briefwechsel 1925-1975, Frankfurt/Tübingen 2009; gem. m. MARTIN BAUSPIESS UND DAVID LINCICUM (HG.), Ferdinand Christian Baur und die Geschichte des frühen Christentums, WUNT 333, Tübingen 2014; Bultmann Handbuch (Hg.), Tübingen 2017.

LEONHARDT, Rochus, Prof. Dr. theol., geb. 1965,
Studium der evangelischen Theologie in Naumburg (Saale) und Leipzig; Promotion (1996) und Habilitation im Fach Systematische Theologie an der Theologischen Fakultät der Universität Rostock; 2003-2006 Lehrstuhlvertretung an der Universität der Bundeswehr Hamburg; 2007-2011 Heisenberg-Stipendiat der Deutschen Forschungsgemeinschaft; seit Oktober 2011 Professor für Systematische Theologie unter besonderer Berücksichtigung der Ethik an der Theologischen Fakultät der Universität Leipzig.

Veröffentlichungen (Auswahl): Grundinformation Dogmatik. Ein Lehr- und Arbeitsbuch für das Studium der Theologie, Göttingen 2001 (^{4}2009); ‚Hier stehe ich, ich kann nicht anders!‘ Zu Martin Luthers Staatsverständnis, Baden-Baden 2015 (hg. gem. mit ARNULF VON SCHELIHA); Religion und Politik im Christentum. Vergangenheit und Gegenwart eines spannungsreichen Verhältnisses, Baden-Baden 2017.

MENNECKE, Ute, Prof. Dr. phil., geb. 1958,
Studium der evangelischen Theologie und Germanistik an der Georg-August-Universität Göttingen, 1987 Promotion zum Dr. phil.; 2000 Habilitation imFach Kirchengeschichte; 2004 Ordination in der Ev.-Luth. Kirche in Thüringen; seit 2006 Professur für Kirchengeschichte an der Rheinischen Friedrich-Wilhelms-Universität Bonn.

Veröffentlichungen (Auswahl): Luthers Trostbriefe. Gütersloh 1988 (QFRG 56); *Conversio ad Ecclesiam.* Der Weg des Friedrich Staphylus zurück zur vortridentinischen katholischen Kirche, Heidelberg 2003 (QFRG 74); gem. m. STEFANIE FROST (HG.): Ekkehard Mühlenberg, Gott in der Geschichte. AKG 110, Berlin 2008; Zur protestantischen Erbauungsliteratur im 16. und 17. Jahrhundert. In: CHRISTINE WULF/SABINE WEHKING/NIKOLAUS HENKEL (HG.), Klöster und Inschriften. Glaubenszeugnisse gestickt, gemalt, gehauen, gravier, Wiesbaden 2010; Die Rezeption der „Zwölf Artikel" bei Johannes Brenz. In: GÖRGE HASSELHOFF/DAVID VON MAYENBURG (HG.), Die Zwölf Artikel von 1525 und das „Göttliche Recht" der Bauern – Rechtshistorische und Theologische Dimensionen. Studien des Bonner Zentrums für Religion und Gesellschaft, Bd. 8, Würzburg 2012; gem. m. STEFANIE FROST U. JÖRG SALZMANN (HG.): Streit um die Wahrheit. Kirchengeschichtsschreibung und Theologie. Kontexte. Neue Beiträge zur historischen und systematischen Theologie, Bd. 44, Göttingen 2014. Darin: „ich kann nicht anderst, hie stehe ich, Got helff mir, Amen" Der Streit um die Authentizität des Wormser Lutherdiktums; Orthodoxie und Rationalismus. In: HERMANN-PETER EBERLEIN (HG.); Territorialkirchen und protestantische Kultur 1648-1800. Evangelische Kirchengeschichte im Rheinland, Bd. 2. Schriftenreihe des VRKG, Bd. 173, Bonn 2015.

STÄBLEIN, Christian, Dr. theol., geb. 1967,
seit 2015 Propst der Evangelischen Kirche Berlin-Brandenburg-schlesische Oberlausitz (EKBO). Studium der evangelischen Theologie, Judaistik, Philosophie, Geschichte und Rechtswissenschaften in Göttingen, Berlin und Jerusalem. Pfarrer in Lengede. 2001 bis 2005 wissenschaftlicher Assistent im Fach „Praktische Theologie" an der Theologischen Fakultät der Georg-August-Universität Göttingen, Promotion 2002 an der Georg-August-Universität Göttingen. 2005–2008 Pfarrer in Nienburg an der Weser; 2008–2015 Studiendirektor des Predigerseminars der Evangelisch-lutherischen Landeskirche Hannovers im Kloster Loccum.

Veröffentlichungen (Auswahl): Predigen nach dem Holocaust. Das jüdische Gegenüber in der evangelischen Predigtlehre nach 1945, (APTh 44), Göttingen 2004; gem. m. ALEXANDER DEEG U. MICHAEL MEYER-BLANCK, Präsent predigen. Eine Streitschrift wider die Ideologisierung der „freien" Kanzelrede, Göttingen 2011; gem. m. TRAUGOTT WREDE, Lieder, Licht und Leidenschaft. Qualität im Kirchenraum, (Loccumer theologische Beiträge), Hannover 2012; gem. m. JOCHEN ARNOLD und FRANK FUCHS, Dem Leben auf der Spur. Mit Literaturgottesdiensten durch das Kirchenjahr, (Gemeinsam Gottesdienst gestalten 21), Hannover 2013.

WILDEMANN, Bernd, Dr. theol., geb. 1943
Studium der ev. Theologie (mit Schwerpunkt auch auf Philosophie) in Berlin und Tübingen. Vikariat. Ordination 1971. 1971-1977 Pfarrer in Berlin-Wilmersdorf. 1977-1981 wissenschaftlicher Assistent bei Prof. Dr. Schmithals (NT). Promotion 1982. 1982-2008 Pfarrer in Berlin-Steglitz. 1993-2013 Mitglied im Prüfungsamt der EKBO. 1978-1998 Sekretär der „Alten Marburger“, zeitweise im Leitungsteam. 1998 Gründungsmitglied der „Rudolf-Bultmann-Gesellschaft für Hermeneutische Theologie e. V.“, bis 2003 im Vorstand.

Veröffentlichungen: Der Glaube, der das Herz tröstet (Artikel 11 und 12 der CA), in: Es wird bei uns gelehrt. Berliner Predigten 1980 über das Augsburger Bekenntnis von 1530, 1981; Das Evangelium als Lehrpoesie. Leben und Werk Gustav Volkmars, 1983 (Promotionsschrift); Zwei-Reiche-Lehre oder Königsherrschaft Jesu Christi? In: Existenz und Sein. Karl Barth und die Marburger Theologie, 1989; Textbearbeitungen in den GPM: Nr. 48/3 (1994); Nr. 51/2 (1997); Nr. 52/3 (1998); Nr. 53/1 (1998); Die Predigt der Rechtfertigung heute. In: Protokoll der Tagung Alte Marburger 2. bis 4. Januar 1997 in Hofgeismar, 1997. (Hg. zusammen mit HANS-EBERHARD HESS: Walter Schmithals, Bekenntnis und Gewissen. Theologische Studien zur Ethik, 1983. Bearbeitet zusammen mit ECKHARD PLÜMACHER: Bibliographie Walter Schmithals 2003-2009. In: Verbindlichkeit und Pluralität. Die Schrift in der Praxis des Glaubens, 2015).